Joseph Goldstein

Achtsamkeit

Joseph Goldstein

ACHTSAMKEIT

Eine praktische Anleitung zum Erwachen

• • •

Band 1

KOHA

Wichtige Hinweise

Die im Buch veröffentlichten Empfehlungen wurden von Verfasser und Verlag sorgfältig erarbeitet und geprüft. Eine Garantie kann dennoch nicht übernommen werden. Ebenso ist die Haftung des Verfassers bzw. des Verlages und seiner Beauftragten für Personen-, Sach- und Vermögensschäden ausgeschlossen.

Der leichteren Handhabung zuliebe erscheint die deutsche Ausgabe dieses Werkes in zwei Bänden.

Im zweiten Band finden Sie folgende Themenbereiche:

Achtsamkeit auf die Dhammas – Die sieben Erwachensfaktoren
Achtsamkeit auf die Dhammas – Die vier edlen Wahrheiten
Achtsamkeit auf die Dhammas – Der edle achtfache Pfad: Weisheitsfaktoren
Achtsamkeit auf die Dhammas – Der edle achtfache Pfad: Faktoren ethischen Verhaltens
Achtsamkeit auf die Dhammas – Der edle achtfache Pfad: Konzentrationsfaktoren

Aus dem Englischen von
Nayoma de Haën

Titel der Originalausgabe:
MINDFULNESS. A Practical Guide to Awakening.

Sounds True, Inc., Boulder, CO 80306, USA

Deutsche Ausgabe:

Lektorat: Traudel Reiss
Layout: Birgit-Inga Weber
Gesamtherstellung: Karin Schnellbach
Druck: CPI Books GmbH, Leck
ISBN 978-3-86728-326-7

Sayadaw U Paṇḍita gewidmet,
dessen Meisterung der Achtsamkeit
und der Lehren des Buddha
so vielen Menschen
Inspiration geschenkt
und geholfen hat.

Möge das Verdienst
aus dieser Dharma-Gabe
allen Wesen überall zukommen.
Möge es dem Wohl, dem Glück
und dem Erwachen aller dienen.

Inhalt

Vorwort

Mein Interesse am Buddhismus und an der Meditation begann während meiner Zeit als Freiwilliger im Peace Corps in Thailand. Nach meiner Rückkehr 1967 versuchte ich, alleine weiterzupraktizieren, doch ich merkte schnell, dass ich einen Lehrer brauchte. Zu jener Zeit gab es im Westen nur sehr wenig buddhistische Lehrer. Also kehrte ich nach Asien zurück und suchte als Erstes in Indien jemanden, der mich in meiner Praxis anleiten konnte. Ich fuhr zunächst in die Hill Stations im Himalaja, doch leider war es Winter und alle tibetischen Lehrer waren gen Süden gereist. Nach dem Besuch in einigen Ashrams landete ich in Bodh Gaya, einem kleinen Ort in Nordindien, in dem Siddhartha Gautama zum Buddha, dem Erwachten, wurde.

Mein erster Lehrer, Anagārika Munindra, war gerade aus Burma zurückgekehrt, wo er neun Jahre lang gelebt hatte. Er hatte damit begonnen, *Vipassanā,* Einsichtsmeditation, zu unterrichten. Als ich bei ihm ankam, sagte er etwas so Einfaches und Direktes, dass ich wusste, ich hatte meine spirituelle Heimat gefunden: »Wenn du deinen Geist verstehen willst, setze dich hin und beobachte ihn.« Als er die Praxis erklärte, gefiel mir sein direkter Blick auf die Natur des Geistes und des Körpers, auf die Erschaffung von Leiden und darauf, wie wir davon frei sein können.

Die einfachen, wenn auch nicht immer leichten Praktiken des Vipassanā stammen alle aus einer wichtigen Lehrrede des Buddha: dem Satipaṭṭhāna Sutta. *Satipaṭṭhāna* wird oft übersetzt mit »die vier Grundlagen der Achtsamkeit«, aber eine andere, vielleicht hilfreichere Übersetzung lautet: »die vier Wege zur Entwicklung und Verankerung von Achtsamkeit«. Diese kleine Abweichung in der Übersetzung hat wichtige Folgen für das Gewahrsein der verschiedenen Aspekte unserer Erfahrung: Es wird mehr der Prozess der Bewusstheit betont und weniger das, worauf sich unsere Aufmerksamkeit richtet.

Ich hatte das Satipaṭṭhāna Sutta zwar im Laufe der Jahre viele Male gelesen, doch erst nach der Lektüre des wundervollen Buches *Satipaṭṭhāna: The Direct Path to Realization* (dt.: *Satipaṭṭhāna: Der direkte Weg*) von Anālayo fühlte ich mich inspiriert, es Zeile um Zeile auf seine Bedeutung hin zu ergründen. Anālayos klare Analyse und sein tiefes Verständnis weckten in mir den Wunsch, diese Lehre des Buddha systematisch und vollständig darzustellen.

Achtsamkeit – Eine praktische Anleitung zum Erwachen entstand aus einer Reihe von 46 Vorträgen, die ich im Forest Refuge, einem Retreat-Zentrum für erfahrene Praktizierende der Insight Meditation Society in Barre, Massachusetts, hielt. Im Verlauf dieser Vorträge bezog ich mich nicht nur auf die ursprünglichen Worte des Buddha, sondern auch auf Anālayos Buch und auf die Lehren anderer buddhistischer Lehrerinnen und Lehrer sowie Traditionen und Geschichten aus meiner eigenen Meditationserfahrung. Während der Vortragsreihe und bei der Zusammenstellung dieses Werkes lag mein Hauptaugenmerk darauf, wie all diese Lehren so umgesetzt werden können, dass sie unser Leben und unser Verständnis transformieren.

Einleitung

***Achtsamkeit* ist eher ein gewöhnliches Wort.** Es hat nicht das spirituelle Prestige von Worten wie *Weisheit*, *Mitgefühl* oder *Liebe* und ist erst in letzter Zeit mehr in den allgemeinen Sprachgebrauch eingegangen. In meiner Jugend in den 1950ern hatte ich das Wort nie gehört. Die 1960er-Jahre hatten ihr ganz eigenes Vokabular. Erst Anfang der 1970er kam der Begriff der Achtsamkeit auf. Es begann damit, dass immer mehr Leute in Meditations-Retreats von diesem Konzept – und der Praxis – erfuhren. Durch Programme wie MBSR (Mindfulness-Based Stress Reduction, Achtsamkeitsbasierte Stressminderung), MBCT (Mindfulness-Based Cognitive Therapy, Achtsamkeitsbasierte kognitive Therapie), Achtsamkeitsprogramme in Schulen, an Universitäten und in Unternehmen sowie durch Forschungsprojekte in modernen Laboren der Neurowissenschaft gewann das Potenzial, welches dieser Fähigkeit des Geistes zur Präsenz, zur Wahrnehmung des gegenwärtigen Geschehens innewohnt, immer mehr an Glaubwürdigkeit und Interesse.

Um nur ein Beispiel zu geben: Allen Patienten des »Duke Integrative Medicine«-Programms der Duke University werden die Beziehung zwischen Körper und Geist sowie das Konzept der Achtsamkeit vorgestellt. Der Gründer des Programms, Jeffrey Brantley, M.D., sagte: »Achtsamkeit bildet die Grundlage von allem, was wir tun. Wir glauben, je achtsamer Menschen angesichts gesundheitlicher Herausforderungen sein können, desto gesünder werden sie sein.«[1]

Vor ein paar Jahren entwickelte eine Freundin von mir ein Programm, mit dem Zweitklässlern die Achtsamkeit nahegebracht wurde. Diese jungen Praktizierenden kommentierten ihre Erfahrungen so:

»Achtsamkeit hilft mir, bessere Noten zu bekommen.«
»Achtsamkeit hilft mir, mich zu beruhigen, wenn ich mich aufrege. Sie hilft mir auch im Sport und abends beim Einschlafen.«
»Danke, dass Sie uns Achtsamkeit beigebracht haben. Achtsamkeit hat mein Leben verändert.«
»Achtsamkeit beruhigt mich wirklich.«
»Achtsamkeit ist das Beste, was ich in meinem Leben gemacht habe.«
»Ich liebe Achtsamkeit.«

Angesichts der großen Verbreitung, die Achtsamkeit derzeit erfährt, erscheint es hilfreich, ihre Wurzeln zu ergründen. Woher stammt diese Praxis? In welchem Umfang und in welcher Tiefe kann sie angewendet werden? Wie können wir die transformierende Kraft der Achtsamkeit verstehen, die uns aus den traumähnlichen Mustern unseres Lebens aufzuwecken vermag? Das vorliegende Buch dient zwar vorrangig der Vertiefung des Verständnisses der Achtsamkeit und als ein Leitfaden für die Praxis, doch der Umfang und die Tiefe dieser Lehren können auch im täglichen Leben neue Möglichkeiten und subtile Ebenen der Umsetzung von Achtsamkeit eröffnen. So wie die Wissenschaft und das Ingenieurwesen der Raumfahrt zu vielen neuen Erfindungen für die Allgemeinheit geführt haben, so kann auch das aus der Meditation hervorgehende klassische tiefe Verständnis zu neuen Praktiken und transformierenden Erkenntnissen über unser Leben in der Welt führen.

Bei einem Abendessen bat mich einmal jemand, mit wenigen Worten zu beschreiben, was Achtsamkeit sei. Phrasen wie »Das Leben im Augenblick« oder »Gegenwärtig sein« mögen zwar einen ersten Eindruck von Achtsamkeit vermitteln, doch die Frage »Was ist Achtsamkeit?« ist ein bisschen so, als würde man fragen: »Was ist Kunst?«, oder: »Was ist Liebe?«

Um wirklich die Tiefen von Achtsamkeit auszuloten, müssen wir ein wenig ausholen, und das erfordert Zeit. Die Erfahrung von

Achtsamkeit umfasst eine Fülle von Bedeutungen und Nuancen, die unser Leben auf unvorstellbare Weise bereichern können. Dieses Buch ist ein Versuch, diese Schätze zu heben.

Im Satipaṭṭhāna Sutta, der Lehrrede des Buddha über die vier Wege, Achtsamkeit zu entwickeln und zu verankern, finden wir eine große Bandbreite von Anregungen, wie wir den Geist-Körper-Prozess verstehen, und verschiedene Methoden, wie wir den Geist von den Ursachen von Leiden befreien können. Es geht dabei nicht darum, sie alle umzusetzen, und ganz sicher nicht alle gleichzeitig. Der Buddha selbst gab je nach Temperament und Neigung seiner Zuhörer unterschiedliche Anweisungen. Doch wenn wir einmal eine grundlegende Praxis haben, die zu uns passt und uns inspiriert, dranzubleiben, können wir unser Verständnis vertiefen, indem wir das Feld unseres Hinterfragens erweitern. Dabei kann es passieren, dass uns einzelne Anweisungen dieser Lehrrede zu unterschiedlichen Zeitpunkten besonders berühren und unsere Praxis auf ungeahnte Weise beleben.

Der Buddha beginnt diese Lehrrede mit einer erstaunlich kühnen und unzweideutigen Behauptung: »Dies ist der direkte Weg zur Läuterung der Wesen, zur Überwindung von Kummer und Klagen, zum Verschwinden von Schmerz und Trauer, zum Erlangen des wahren Weges, zur Verwirklichung von *Nibbāna* – nämlich die vier Grundlagen der Achtsamkeit.«[2]

Angesichts des Umfangs und der Bedeutung dieser Behauptung – dies ist der direkte Weg zur Befreiung – ist es nützlich, diese Lehrrede genauer zu betrachten und unser Verständnis anhand der eigenen Worte des Buddha zu vertiefen. Beim Betrachten des *Suttas* stellen wir fest, dass alle Lehren des Buddha darin enthalten sind. Im Zusammenhang mit jedem der vier Wege zur Entwicklung und Verankerung der Achtsamkeit lehrt der Buddha verschiedene Methoden und Techniken, die den Geist befreien. Im Verlauf der Lehrrede legt er diesen erstaunlichen Weg zum Erwachen vollständig dar. Verschiedene Traditionen des Vipassanā betonen die eine oder die andere Übung, aber jede von ihnen reicht aus, uns zum Ende des Wegs zu bringen. Jede Tür des Dharma, die wir öffnen, führt uns zu allem anderen.

EIN PAAR ANMERKUNGEN ZUM TEXT

Ein paar Worte zur Verwendung der Pali- und Sanskrit-Begriffe: Pali stammt von den Dialekten ab, die in Nordindien zur Zeit des Buddha und in den nachfolgenden Jahrhunderten gesprochen wurden. Sanskrit war die heilige und literarische Sprache des alten Indien.

Der Buddha legte Wert darauf, den Dharma so zu lehren, dass ihn auch die einfachsten Menschen verstehen können, und sprach deshalb in Pali.

Im Laufe der Jahrhunderte, während sich der Buddhismus entwickelte, wurden jedoch viele Lehren und Abhandlungen in Sanskrit verfasst, und viele der uns vertrauten buddhistischen Begriffe stammen aus dieser Sprache. Beide Sprachen sind eng verwandt, wie aus der Ähnlichkeit folgender Begriffe deutlich wird: *Dharma/Dhamma, Sutra/Sutta, Bodhisattva/Bodhisatta, Nirvāna/Nibbāna.* Zur leichteren Lesbarkeit verwende ich manchmal die bekannteren Sanskrit-Worte, außer wenn ich mich direkt auf Pali-Texte beziehe. So stehen manchmal beide Formen auf derselben Seite. Außer den sehr gebräuchlichen sind die meisten der Pali- und Sanskrit-Begriffe kursiv gesetzt.

Das Pali-Wort *Bhikkhu* wird in der Regel mit *Mönch* übersetzt, doch in den Kommentaren finden wir eine umfassendere Definition, welche uns alle, die wir auf dem Weg sind, einbezieht. Im Zusammenhang mit dem Satipaṭṭhāna Sutta steht *Bhikkhu* für jeden Menschen, der sich ernsthaft darum bemüht, die Praxis der Lehren zu verwirklichen: »Wer immer diese Praxis annimmt …, ist hier mit dem Begriff *Bhikkhu* gemeint.«

In manchen Übersetzungen der Suttas habe ich das maskuline Pronomen *er* durch eine geschlechtsneutralere Formulierung wie *man* ersetzt. Viele dieser Abhandlungen waren an die Mönche gerichtet, doch für westliche Leser und Leserinnen scheint mir diese andere Ausdrucksform, die sie einbezieht, nützlicher. Viele der Auszüge aus dem Satipaṭṭhāna Sutta sind Anālayos Buch *Satipaṭṭhāna: Der direkte Weg* entnommen. Im Anhang A finden Sie seine vollständige Übersetzung dieses Suttas. Manche Zitate habe ich unter Zuhilfenahme anderer Übersetzungen auch angepasst, um bestimmte Aspekte der Lehre zu betonen. Darauf wird jeweils in den Anmerkungen hingewiesen.

Dieses Buch folgt zwar dem Aufbau des Satipaṭṭhāna Sutta und kann der Reihe nach durchgelesen werden, doch die meisten Kapitel sind aus sich selbst heraus verständlich und vollständig. Sie können daher auch im Inhaltsverzeichnis nachschauen, welche Themen für Sie interessant sind, und diese Kapitel einzeln erkunden.

Beim Lesen der Worte des Buddha wird oft ein bestimmter Aspekt unserer kulturellen Aufmerksamkeitsstörung deutlich. Wenn ich die Suttas lese oder den Abhandlungen zuhöre, merke ich, dass mein Geist dazu neigt, Wiederholungen zu überspringen. »Ja, kenne ich schon«, denkt er dann und eilt zum nächsten Satz oder Absatz. Vielleicht sind diese Wiederholungen einfach Elemente der mündlichen Überlieferung, aber es könnte auch etwas anderes dahinterstecken: Womöglich versucht uns der Buddha mit diesen Wiederholungen zu sagen, dass dies wichtige Qualitäten des Geistes sind, die wir in unserer Praxis und in unserem Leben entwickeln und stärken sollten.

Können wir diese Worte des Buddha so lesen, als würde er direkt zu uns sprechen? Wenn uns das gelingt, haben sie die Kraft, uns neue Tore des Verstehens und neue Möglichkeiten der Freiheit zu eröffnen.

Die vier Qualitäten des Geistes

1

Unermüdlich

Der ausdauernde Geist

Nach der Behauptung, dass die Praxis der vier Wege, Achtsamkeit zu entwickeln und zu verankern, der direkte Weg zur Befreiung ist, finden wir im Satipaṭṭhāna Sutta eine präzise Definition dieses Weges und seiner wesentlichen Merkmale. Der Buddha verweist als Erstes auf die vier Felder zur Entwicklung der Achtsamkeit: Körper, Gefühle, Geist und *Dhammas* (Kategorien der Erfahrung). Haben wir in diesen vier Bereichen Achtsamkeit entwickelt und verankert, können wir sicher verweilen. Wenn wir nicht achtsam sind, nicht wach, verlieren wir uns in unheilsamen Reaktionen und erschaffen damit Leiden für uns selbst und für andere.

> »Welche vier? Hier, ihr Bhikkhus, verweilt ein Bhikkhu hinsichtlich des Körpers den Körper betrachtend, unermüdlich, wissensklar und achtsam, frei von Verlangen und Betrübtheit hinsichtlich der Welt. Hinsichtlich der Gefühle verweilt er die Gefühle betrachtend, unermüdlich, wissensklar und achtsam, frei von Verlangen und Betrübtheit hinsichtlich der Welt. Hinsichtlich des Geistes verweilt er den Geist betrachtend, unermüdlich, wissensklar und achtsam, frei von Verlangen und Betrübtheit hinsichtlich der Welt. Hinsichtlich der Dhammas

> verweilt er die Dhammas betrachtend, unermüdlich, wissensklar und achtsam, frei von Verlangen und Betrübtheit hinsichtlich der Welt.«[1]

In dieser Definition stellt der Buddha auch die mentalen Voraussetzungen für den Weg dar: Wir müssen unermüdlich sein, wissensklar und achtsam sowie frei von Verlangen und Trauer hinsichtlich der Welt. *Unermüdlich* verweist auf eine ausgeglichene, nachhaltige Anwendung des Bemühens; es geht damit jedoch auch eine gewisse Wärme einher, jene Begeisterung oder Hingabe, die daraus entstehen, dass wir den Wert und die Bedeutung von etwas erkannt haben.

Wenn der Buddha sagt, ein Bhikkhu (das heißt wir alle auf dem Weg) verweile unermüdlich, ruft er uns zu großer Sorgfalt auf, mit Beständigkeit und Beharrlichkeit bei unserem Tun zu bleiben.

Der große chinesische Ch'an-Meister Hsu Yun erlangte im Alter von 56 Jahren Erleuchtung und lehrte dann 64 Jahre lang. Er verstarb im Alter von 120 Jahren. Er nannte diese Qualität der Unermüdlichkeit den »ausdauernden Geist«. Dieser trägt uns durch all das Auf und Ab der Praxis.

Spirituelle Unermüdlichkeit ist die Quelle eines mutigen Herzens. Sie schenkt uns die Kraft, alle Schwierigkeiten der Reise durchzustehen. Daher stellt sich die Frage, wie wir Unermüdlichkeit praktizieren und kultivieren können, sodass sie in unserem Leben eine starke und vorwärtsführende Kraft wird.

BETRACHTUNG DER KOSTBARKEIT DES DHARMA

Eine Möglichkeit, Unermüdlichkeit zu kultivieren, besteht darin, über den Sinn und Zweck unserer Praxis nachzusinnen und die ungeheure Kostbarkeit des Dharma zu erkennen. Recht verstanden ist der Dharma der Ursprung jeglichen Glücks. Ajahn Mun, ein hoch anerkannter Meditationsmeister der thailändischen Waldtradition, erinnert uns daran, dass ein Verständnis des Geistes einem Verständnis des Dharma entspricht und die Erkenntnis der tiefsten Wahrheiten des Geistes zur Erleuchtung führt.

Wir können unsere Unermüdlichkeit auch stärken, indem wir uns bewusst machen, wie selten wir in unserem Leben mit Lehren in Berührung kommen, die Herz und Geist befreien. Dilgo Khyentse Rinpoche, einer der großen tibetischen Dzogchen-Meister des vergangenen Jahrhunderts, erinnert uns daran mit den Worten:

> »Fragt euch, wie viele der Milliarden von Erdbewohnern auch nur eine Ahnung davon haben, wie selten es ist, als Mensch geboren zu sein. Wie viele von jenen, die die Seltenheit der menschlichen Geburt begreifen, denken je daran, diese Chance zu nutzen, um den Dharma zu praktizieren? Wie viele von jenen, die daran denken, den Dharma zu praktizieren, tun es auch? Und wie viele von denen, die damit beginnen, machen auch weiter? … Doch wenn ihr einmal die einzigartige Möglichkeit erkannt habt, die das menschliche Dasein euch bietet, werdet ihr zweifellos mit aller Kraft danach streben, sie voll und ganz zu nutzen, indem ihr den Dharma praktiziert.«[2]

Diese Gedanken erzeugen große Achtung für den Dharma, für unsere Mitpraktizierenden und für uns selbst. Diese Achtung lässt uns in jedem Augenblick sorgfältiger und unermüdlicher werden.

BETRACHTUNG DER UNBESTÄNDIGKEIT

Wir können die Qualität der Unermüdlichkeit auch durch die Betrachtung der Vergänglichkeit aller Phänomene stärken. Betrachten wir nur all die Dinge, an denen wir anhaften – seien es Menschen, Besitztümer, Gefühle oder körperliche Zustände. Nichts von dem, was wir haben, niemand in unserem Leben und kein Geisteszustand ist frei von Veränderung. Nichts kann den universellen Prozess von Geburt, Wachstum, Verfall und Tod verhindern.

Solange wir die Wahrheit der Unbeständigkeit nicht wirklich verstehen, verbringen wir unser Leben und sogar unsere Meditationspraxis mit der Suche und dem Verlangen nach anderen Menschen, Besitztümern und Erfahrungen. Wir verheddern uns in all den Erscheinungen von *Saṃsāra,* den Zyklen von Geburt und Tod, und verfestigen dabei unser Empfinden eines Selbst. Da gibt es keinen Frieden.

Das Folgende ist ein Auszug aus *Das Leben des Shabkar,* einem Buch über die Lehren eines tibetischen Wander-Yogis aus dem 18. Jahrhundert. Es ist ein starkes Zeugnis über die Wahrheit der Veränderung:

> »An einem anderen Tag ging ich zu einer blumenübersäten Wiese, um etwas frische Luft zu atmen. … Beim Singen, im Zustand des Gewahrseins der vollkommenen Sicht, bemerkte ich in der Fülle von Blumen, die sich vor mir ausbreitete, eine besondere Blume, die sich sanft auf ihrem langen Stängel wiegte und einen süßen Duft verströmte. Während sie sich von Seite zu Seite neigte, hörte ich im Rascheln ihrer Blütenblätter dieses Lied:
>
> Hör mich an, Bergbewohner: …
> Ich möchte deine Gefühle nicht verletzen,
> Aber dir fehlt tatsächlich sogar das Gewahrsein
> Von Vergänglichkeit und Tod,
> Von der Verwirklichung der Leerheit ganz zu schweigen.
>
> Wer dieses Gewahrsein hat,
> Den lehren alle äußeren Phänomene Vergänglichkeit und Tod.
> Ich, die Blume, werde dir, dem Yogi,
> Jetzt einige hilfreiche Ratschläge
> Über Tod und Vergänglichkeit erteilen.
>
> Als Blume, die auf einer Wiese geboren wurde,
> Erfreue ich mich vollkommenen Glücks
> Mit meinen farbenfrohen Blütenblättern in voller Blüte.
> Umgeben von einer Wolke eifriger Bienen,
> Tanze ich fröhlich, sanft im Winde wiegend.
> Wenn feiner Regen fällt,
> Hüllen meine Blütenblätter mich ein;
> Wenn die Sonne scheint, öffne ich mich wie ein Lächeln.

Im Augenblick sehe ich ganz gut aus.
Aber das wird nicht lange vorhalten,
Überhaupt nicht.

Unwillkommener Frost wird diese lebhaften Farben
Stumpf werden lassen,
Bis sie braun werden und ich verwelke.
Wenn ich daran denke, bin ich beunruhigt.
Später noch werden Winde –
Stürmisch und gnadenlos –
Mich auseinanderreißen,
Bis ich mich in Staub verwandele. …

Du, Einsiedler, …
Bist von der gleichen Natur.

Umgeben von einer Menge Schüler,
Erfreust du dich eines schönen Aussehens,
Dein Körper aus Fleisch und Blut ist voller Leben;
Wenn andere dich loben, tanzt du vor Freude; …

Im Augenblick siehst du ganz gut aus.
Aber das wird nicht lange vorhalten,
Überhaupt nicht.

Ungesundes Altern wird dich
Deiner gesunden Lebenskraft berauben;
Dein Haar wird weiß werden
Und dein Rücken krumm. …

Wenn die unbarmherzigen Hände
Von Krankheit und Tod dich berühren,
Wirst du diese Welt
Für das nächste Leben verlassen. …

Weil du, durch die Berge streifender Einsiedler,
Und ich, eine Bergblume,

Berg-Freunde sind,
Habe ich dir diese guten Ratschläge angeboten.

Dann verfiel die Blume in Schweigen.
Als Erwiderung sang ich:
Oh prächtige, auserlesene Blume,
Dein Diskurs über Vergänglichkeit
Ist wahrlich wundervoll.
Aber was sollen wir beide tun?
Gibt es gar nichts, was getan werden kann? …
Die Blume antwortete: …
Unter allen Aktivitäten in Sāṃsara
Ist nicht eine von Dauer.

Was immer geboren wird, wird sterben;
Was immer zusammengesetzt wird, wird auseinanderfallen;
Was immer gesammelt wird, wird sich zerstreuen;
Was immer hoch ist, wird fallen.

Eingedenk dessen beschließe ich,
Nicht an diesen saftigen Wiesen anzuhaften.
Selbst jetzt, im vollen Glanz meiner Erscheinung,
Selbst während meine Blütenblätter sich prächtig entfalten …

Auch du, noch stark und gesund,
Solltest ablassen vom Anhaften. …
Suche das reine Feld der Freiheit,
Die große Gelassenheit.«[3]

BETRACHTUNG VON KARMA

Das Verständnis des Gesetzes des Karma ist die dritte Möglichkeit zur Erzeugung von Unermüdlichkeit in unserer Praxis. Dabei geht es um die grundlegende und wesentliche Erkenntnis, dass all unser willentliches Tun des Körpers, der Rede und des Geistes je nach dahinter stehender Absicht Konsequenzen nach sich zieht. Handeln wir aus Gier, Hass oder Verblendung, führt es zu unangenehmen Ergebnissen. Handeln wir aus Nicht-Gier, Nicht-Hass und Nicht-Verblendung, entstehen vielerlei Arten von Glück und Wohlbefinden.

Dem Gesetz des Karma entsprechend können wir nur von unseren Handlungen und deren Folgen wirklich sagen, dass sie zu uns gehören. Die Konsequenzen unseres Tuns verfolgen uns wie ein Schatten oder, um ein altes Bild zu verwenden, wie das Rad des Karrens, das dem Fuß des Ochsen folgt. Dieses Prinzip ist so grundlegend und weitreichend, dass es vom Buddha und anderen großen erleuchteten Wesen bis heute immer wieder betont wurde. Die allerersten Zeilen der Dhammapada verweisen auf genau diese Erkenntnis:

> »Der Geist ist der Wegbereiter aller Dinge. Sprich oder handele mit unreinem Geist, und Leiden folgt wie das Wagenrad dem Huf des Ochsen.
> Der Geist ist der Wegbereiter aller Dinge. Sprich oder handele mit friedvollem Geist, und Glück folgt wie ein Schatten, der nie weicht.«[4]

Es gibt die berühmte Aussage von Padmasambhava, dem großen indischen Adepten, der den Buddhismus nach Tibet gebracht hat: »Meine Sichtweise ist so weit wie der Raum. Meine Aufmerksamkeit auf das Gesetz des Karma ist so fein wie Gerstenmehl.« Der Dalai Lama sagte: Müsste er wählen, ob er in seinen Lehren den Schwerpunkt auf Leerheit oder auf Karma legen wolle, würde er die Lehren des Karma wählen, so wichtig das Verständnis der Leerheit auch sei. Der koreanische Zen-Meister Seung Sahn Sunim fasst die Quintessenz der Integration von Leerheit und Karma mit den Worten zusammen: »Es gibt weder richtig noch falsch, doch richtig ist richtig und falsch ist falsch.«

Es reicht jedoch nicht, Karma einfach zu verstehen; wir müssen dieses Verständnis auch in unserem Leben umsetzen. Denken wir daran, unsere Absicht zu erforschen, wenn wir handeln wollen oder wenn bestimmte Gedanken oder Gefühle dominieren? Fragen wir uns: »Ist dieses Handeln oder dieser Geisteszustand geschickt oder ungeschickt? Ist dies etwas, was ich kultivieren oder aufgeben will? Wohin führt diese Absicht? Will ich da wirklich hin?«

2

Wissensklarheit

Klares Verstehen kultivieren

S***ampajañña* ist der Pali-Ausdruck** für die zweite Qualität des Geistes, die der Buddha im ersten Absatz des Satipaṭṭhāna Sutta erwähnt. Er wird meistens mit »Wissensklarheit«, »klares Verstehen« oder »Wachheit« übersetzt und verweist auf die Fähigkeit, klar zu begreifen, was geschieht. Hier geht es um den Forschungs- und Weisheitsaspekt der Achtsamkeit. Wir werden uns diese Qualität im 9. Kapitel – »Achtsamkeit auf die Handlungen« – noch detailliert anschauen.

Das Kultivieren des klaren Verstehens – uns dessen bewusst zu sein, was wir tun und warum wir es tun – ist eine tiefe, transformierende Praxis. Dahinter steht ein Verständnis von Achtsamkeit, das über einfaches Präsent-Sein hinausgeht. Durch klares Verständnis kennen wir den Zweck und die Eignung dessen, was wir tun, und verstehen die Motivation hinter unseren Handlungen. Häufig merken wir, dass wir mitten in einem Verhalten stecken, ohne recht zu wissen, wie wir dorthin gekommen sind. Haben Sie sich je mit der Hand im Kühlschrank ertappt, ohne sich vorher über das Verlangen, die Entscheidung und die Angemessenheit dieses Tuns bewusst gewesen zu sein? Indem wir uns selbst bei kleinen Dingen unseres Handelns voll bewusst sind, wird es möglich, auch die dahinterliegende Absicht zu bemerken und uns zu überlegen:

Ist diese Absicht, dieses Handeln, geschickt oder nicht, ist es nützlich oder nicht?

Zur Zeit des Buddha lebten ein paar Mönche zusammen in einem Wald. Der Buddha besuchte sie und fragte sie, ob sie alle harmonisch zusammenlebten. Anuruddha, einer der großen Schüler des Buddha, antwortete: »Warum sollte ich nicht beiseitelegen, was ich tun will, und das tun, was diese Ehrwürdigen wünschen?« Und alle anderen Mönche antworteten auf dieselbe Weise. Wenn wir klar wissen, was wir tun, können wir liebende Güte im Alltag leben, statt sie nur auf dem Meditationskissen zu praktizieren.

Der eigenen Motivation bewusst zu sein, spielt auf dem Weg zur Befreiung eine zentrale Rolle. Mit zunehmendem Gewahrsein unserer selbst fangen wir an zu erkennen, dass unsere Praxis nicht nur uns selbst, sondern dem Wohlergehen und Glück aller Wesen dienen kann. Wie *kann* unsere Praxis dem Wohlergehen anderer dienen? Wie kann die Wahrnehmung des eigenen Atems oder ein achtsam gegangener Schritt irgendjemandem helfen? Das geschieht auf verschiedene Weise. Je mehr wir unseren eigenen Geist verstehen, desto besser verstehen wir alle anderen. Wir spüren immer mehr die Gemeinsamkeit unseres menschlichen Daseins, was Leiden erzeugt und wie wir davon frei sein können.

Unsere Praxis dient anderen auch durch die Transformation dessen, wie wir in der Welt sind. Indem wir akzeptierender, friedvoller, weniger verurteilend und weniger selbstsüchtig sind, wird die ganze Welt liebevoller und friedvoller, weniger verurteilend und weniger selbstsüchtig. Unser Geist-Körper ist ein schwingendes, vibrierendes Energiesystem. Wie wir sind, beeinflusst daher unausweichlich alle um uns herum.

Auf einem in einem Sturm schwankenden Schiff kann ein weiser, ruhiger Mensch alle in Sicherheit bringen. Diese Welt ist wie solch ein Schiff, das vom Sturm der Gier, des Hasses und der Angst umhergeworfen wird. Können wir einer der Menschen sein, die zur Sicherheit beitragen? Der Buddha trug seinen ersten sechzig erleuchteten Schülern Folgendes auf:

> »Geht, ihr Bhikkhus, in die Welt, vielen Wesen zum Wohl, vielen Wesen zum Glück, aus Mitgefühl mit der Welt, zum Wohl

> und Glück der Götter und Menschen. Geht nicht zu zweit denselben Weg. Lehrt, ihr Bhikkhus, den Dhamma, der vorzüglich am Anfang, vorzüglich in der Mitte und vorzüglich am Ende ist. … Verkündet das Heilige Leben, das vollkommen und rein ist.«[1]

In gewissem Maße können wir in ihre Fußstapfen treten.

3

Achtsamkeit

Das Tor zur Weisheit

Achtsamkeit, die dritte Qualität, die der Buddha erwähnt, ist die Übersetzung für den Pali-Begriff *Sati* und spielt in jeder buddhistischen Tradition eine zentrale Rolle. Durch *Sati* wird jeder spirituelle Weg erst möglich. Achtsamkeit hat verschiedene Bedeutungen und Funktionen, die alle entscheidend wichtig sind, um Weisheit zu entwickeln. Ein Verständnis dieser vielfältigen Bedeutungen eröffnet uns neue Möglichkeiten, wie die Kraft der Achtsamkeit unser Leben transformieren kann.

GEWAHRSEIN DES GEGENWÄRTIGEN AUGENBLICKS

Achtsamkeit wird meistens im Sinn von geistiger Präsenz, Wachheit, Bewusstheit des gegenwärtigen Augenblicks verstanden, also als Gegenteil von geistiger Abwesenheit. Wann immer wir verwirrt sind, können wir einfach zur Erfahrung des gegenwärtigen Augenblicks zurückkehren.

Nach einem meiner öffentlichen Vorträge kam eine Frau zu mir, die schon mehrere Retreats besucht hatte, und erzählte, sie sei kürzlich auf einer Kreuzfahrt gewesen. In ihrer Kabine habe eine Karte mit der Schiffsroute gehangen, auf der ein Pfeil die jeweilige

Position mit den Worten anzeigte: »Sie sind hier!« Wo auch immer sie im weiteren Verlauf der Reise gewesen sei, was auch immer sie getan habe, diese Worte hätten sie stets daran erinnert, einfach präsent zu sein: »Sie sind hier!«

Wir kennen diesen Aspekt der Achtsamkeit, der unverwandten Aufmerksamkeit, des reinen Gewahrseins, aus der Erfahrung des Musikhörens. Während wir einer Musik wirklich lauschen, ist unser Geist offen und zugewandt. Wir versuchen nicht zu beeinflussen, was als Nächstes kommt, wir sinnen auch nicht über die letzten paar Takte nach. In der Fähigkeit zuzuhören liegt eine große Kraft: Diese Qualität der Empfänglichkeit kann intuitive Weisheit hervorrufen.

Mutter Teresa wurde einst von einem Journalisten gefragt, was sie sage, wenn sie zu Gott bete. »Ich sage gar nichts«, antwortete sie. »Ich höre nur zu.« Der Journalist fragte daraufhin, was Gott denn im Gebet zu ihr sage. »Er sagt gar nichts«, erwiderte sie. »Er hört nur zu. Und wenn Sie das nicht verstehen, kann ich es Ihnen auch nicht erklären.«[1]

DIE PRAXIS DES ERINNERNS

Eine weitere Bedeutung von *Sati,* die nicht so oft mit Achtsamkeit assoziiert wird, ist »Erinnern«. Sie bezieht sich auf die Praxis, uns auf Heilsames zu besinnen, um uns auf dem Weg des Erwachens zu stärken. In den Texten gehören dazu sowohl die Tugenden von Buddha, Dharma und Sangha als auch die eigene Großzügigkeit und das eigene ethische Verhalten.

Durch die Betrachtung der Qualitäten von Buddha, Dharma und Sangha können wir im Geist Vertrauen und Zuversicht erzeugen und unser eigenes Bemühen in einen größeren Zusammenhang stellen. Wir erinnern uns dabei daran, dass alles Auf und Ab der Praxis zu einer viel weiteren Reise gehört. In der Nacht seiner Erleuchtung überwand der Buddha Māras Armeen, das heißt: die Kräfte der Sinnesbegierde und der Abneigung, der Ruhelosigkeit und des Hochmuts. Sooft wir in unserem eigenen Geist mit diesen Kräften konfrontiert sind, sitzen auch wir unter dem Bodhi-Baum des Erwachens. Wir verstehen, dass das Ringen des Bodhisattva auch unser eigenes Ringen ist.

Indem wir uns die ungeheure Bedeutung vergegenwärtigen, die dem Überwinden von engherzig und engstirnig machenden Gewohnheiten der Verführung innewohnt, erweitert sich unsere Perspektive. In der Umsetzung der befreienden Lehren des Buddha praktizieren wir den vom Buddha entdeckten Weg der Läuterung, den seither so viele gegangen sind.

Zu den Sätzen, die mich besonders inspirieren, gehört die traditionelle Erklärung des Erwachens, die von Männern und Frauen gesprochen wird, wenn sie die Reise vollendet haben: »Es ist getan, was zu tun war.«

Uns auf Buddha, Dharma und Sangha zu besinnen, erinnert uns daran, dass für uns Erwachen ebenso möglich ist. Zu dem Erinnerungsaspekt der Achtsamkeit gehört auch die Betrachtung unserer Selbstverpflichtung zu tugendhaftem Verhalten (*Sīla* auf Pali). Würdigen wir unsere *Sīla*-Praxis, stärkt dies unser Selbstvertrauen und unsere Selbstachtung. Wir erinnern uns daran, dass wir den Geist darin üben können, heilsame Handlungen von unheilsamen zu unterscheiden.

Natürlich mischt sich manchmal auch unsere westliche Neigung zur Selbstkritik darunter. Als ich einmal in Burma praktizierte und eine Weile Schwierigkeiten hatte, empfahl mir mein burmesischer Meditationsmeister Sayadaw U Paṇḍita, über mein *Sīla* nachzudenken. Er wollte mich unterstützen, meinen Geist aufzuhellen und mehr Freude zu empfinden. Doch als ich hörte, ich solle über mein *Sīla* nachdenken, war mein erster Gedanke: »Was habe ich falsch gemacht?«

Die meisten von uns erleben hin und wieder ethische Fehltritte. Doch unsere Bereitschaft, sie zu erkennen und uns dann wieder darauf auszurichten, weder andere noch uns selbst zu schaden, lässt uns weiter fortschreiten. Wie der Buddha sagte: »Denn es bedeutet Wachstum in der Disziplin der Edlen, wenn sie ihren Regelverstoß als solchen sehen und gemäß dem Dharma Wiedergutmachung leisten, indem sie künftig Zurückhaltung üben.« Dies ist ein sehr viel gesünderer und wohltuenderer Ansatz, als sich wegen vergangener Taten mit Schuldgefühlen zu grämen.

DIE SPIRITUELLEN FÄHIGKEITEN AUSGLEICHEN

Achtsamkeit bewirkt zugleich einen Ausgleich dessen, was der Buddha »die fünf spirituellen Fähigkeiten« nannte: Vertrauen/Glauben [engl. *faith*], Energie, Achtsamkeit, Konzentration und Weisheit. Wir können unsere ganze spirituelle Reise auch als Stärkung und Ausgleich dieser Fähigkeiten betrachten. Achtsamkeit lässt uns bemerken, ob eine davon zu schwach oder übermäßig ausgeprägt ist, und schafft beispielsweise einen Ausgleich zwischen Vertrauen und Weisheit oder Energie und Konzentration. Haben wir zu viel Glauben, dann können wir dogmatisch werden und zu sehr von unseren eigenen Ansichten überzeugt sein. Wir sehen nur allzu oft, wie solch blinder Glaube in unserer Welt zu Konflikten und Leid führt.

Solange Vertrauen nicht mit Weisheit einhergeht, kann es passieren, dass wir unsere Meditationserfahrungen überbewerten. Wir nennen diesen Zustand »Pseudo-Nirvāna«. Dann entwickelt sich zwar unsere Erkenntnisfähigkeit, aber in unserer Begeisterung vergessen wir, achtsam zu sein. Haften wir an diesen Zuständen an, werden die Einsichten verfälscht.

Beschrieben wir verschiedene Erkenntniszustände, pflegte Sayadaw U Paṇḍita uns oft zu fragen: »Hast du es bemerkt?« Der eigentliche Maßstab unserer Praxis war unsere Achtsamkeit, nicht die Erfahrung eines bestimmten Zustands.

Wir können auch eine übermäßige Anhaftung an unser Verständnis oder unsere Einsicht entwickeln und uns damit zufriedengeben. In diesem Fall ist unser Vertrauen schwach, das uns dafür öffnet, was jenseits unseres derzeitigen Begriffsvermögens liegt. Durch Verständnis ohne Vertrauen können wir uns – meistens unwissentlich – in falsche Ansichten verstricken. Auf ähnliche Weise ist ein Gleichgewicht zwischen Bemühen und Konzentration wichtig. Zu viel Bemühen ohne ausreichende Konzentration führt nur zu Rastlosigkeit und Unruhe, während ein Übermaß an Konzentration ohne entsprechende Energie träge macht. Durch Achtsamkeit werden all diese Faktoren in der Balance gehalten.

BESCHÜTZERIN DES GEISTES

Neben dem Ausgleich der spirituellen Fähigkeiten dient Achtsamkeit auch als Hüterin der Sinnestore, weil sie uns bemerken lässt, was durch die Sinne erscheint, und hilft, uns nicht in der Ausbreitung des Verlangens zu verlieren. Mit Achtsamkeit gehen wir friedvoller durch unser Leben.

Zum Beispiel kann uns das achtsame Schauen in alltäglichen Situationen sehr helfen. Ich hatte eine erhellende Erfahrung, als ich einmal in New York die Fifth Avenue entlangging und in den Schaufenstern viele verführerische Dinge entdeckte, die zum Verkauf standen. Nach einer Weile bemerkte ich, wie mein Geist ständig verlangend nach diesen Dingen griff. In gewisser Weise war das angenehm, doch als ich tiefer schaute, sah ich, dass der mit Verlangen erfüllte Geist nicht gelassen ist; er ist ständig in einer gewissen Unruhe. Es ergab sich, dass ich ein paar Wochen später dieselbe Straße entlangging, aber aus irgendeinem Grund war ich diesmal achtsamer. Ich sah alles, was in den Schaufenstern dargeboten wurde, aber diesmal schaute ich einfach. Es war ein sehr viel glücklicherer und friedvollerer Seinszustand.

Achtsamkeit dient auch dazu, den Geist vor anderen ungeschickten Gedanken und Gefühlen zu schützen. Ohne Achtsamkeit agieren wir einfach all die verschiedenen Muster und Gewohnheiten unserer Konditionierung aus. Ajahn Sumedho, einer der westlichen Senior-Mönche der thailändischen Waldtradition, wies zutreffend darauf hin, unser Ziel solle nicht sein, unserem Herzen zu folgen, wie es oft verkündet wird, sondern es komme darauf an, unser Herz zu trainieren. Wir alle leben mit gemischten Motivationen; nicht alles, was wir im Herzen haben, ist weise oder heilsam. Die große Kraft der achtsamen Unterscheidung ermöglicht es uns, das Unheilsame zu unterlassen und das Gute zu fördern. Diese Unterscheidung ist für unser Glück und unser Wohlbefinden von unschätzbarem Wert.

In der Lehrrede »Die zwei Arten von Gedanken« beschreibt der Buddha verschiedene Aspekte dieser überwachenden und schützenden Funktion der Achtsamkeit. Diese Aspekte können uns helfen, einige der Nuancen von Achtsamkeit zu verstehen und zu erkennen, wie wir unseren Geist daran hindern können, in unheilsame Zustände zu verfallen.

> »Ihr Bhikkhus, vor meiner Erleuchtung, als ich noch lediglich ein unerwachter Bodhisatta war, kam mir in den Sinn: ›Angenommen, ich teile meine Gedanken in zwei Klassen ein.‹ Auf die eine Seite brachte ich dann Gedanken der Sinnesbegierde, Gedanken des Übelwollens und Gedanken der Grausamkeit, und auf die andere Seite brachte ich Gedanken der Entsagung, Gedanken des Nicht-Übelwollens und Gedanken der Nicht-Grausamkeit.
> Während ich so umsichtig, eifrig und entschlossen weilte, erschien ein Gedanke der Sinnesbegierde in mir. Ich verstand folgendermaßen: ›Dieser Gedanke der Sinnesbegierde ist in mir entstanden. Dies führt zu meinem eigenen Leid, zum Leid anderer und zum Leid beider; es beeinträchtigt Weisheit, verursacht Schwierigkeiten und führt von Nibbāna weg.‹ Als ich erwog: ›Dies führt zu meinem eigenen Leid‹, verschwand es; als ich erwog: ›Dies führt zum Leid anderer‹, verschwand es; als ich erwog: ›Dies führt zum Leid beider‹, verschwand es; als ich erwog: ›Dies beeinträchtigt Weisheit, verursacht Schwierigkeiten und führt von Nibbāna weg‹, verschwand es. Wann immer ein Gedanke der Sinnesbegierde in mir erschien, gab ich ihn auf, entfernte ich ihn, beseitigte ich ihn.«[2]

Auf dieselbe Weise setzt der Buddha Achtsamkeit bei missgünstigen und grausamen Gedanken ein. Bei sich wiederholenden ungeschickten Gedanken brauchen wir eine aktiv eingesetzte Achtsamkeit, denn was immer wir häufig denken, wird zu unserer geistigen Neigung, wie der Buddha später in dieser Lehrrede erklärt. Achtsamkeit hat die Kraft, uns zu zeigen, welche Arten von Gedanken auftauchen, und bei unheilsamen Gedanken zu erkennen, wohin sich unser Geist unbemerkt geneigt hat. Die einfache Überlegung, dass solche Gedanken nur zum Leidwesen unserer selbst und anderer beitragen und Schwierigkeiten bereiten sowie uns von Weisheit und Erwachen wegführen, ist in solchen Situationen ein wirksames Werkzeug und nicht nur ein Satz, den wir lesen können.

In einem heilsamen Geisteszustand nimmt Achtsamkeit eine andere Form an. Dann brauchen wir sie nicht ganz so aktiv einzusetzen. Dies würde Geist und Körper nur stören. Der Buddha verglich diesen Aspekt der Achtsamkeit mit einem Kuhhirten, der seine Kühe nicht mehr ganz so sorgfältig überwachen muss, wenn die Ernte sicher eingefahren ist:

> »So wie im letzten Monat der heißen Jahreszeit, wenn alles Korn in die Dörfer eingebracht worden ist, ein Kuhhirte seine Kühe hüten würde, während er sich am Fuß eines Baums oder im Freien aufhält, da er nur darauf zu achten braucht, dass die Kühe anwesend sind; genauso bestand für mich nur die Notwendigkeit, achtsam darauf zu sein, dass jene Geisteszustände anwesend waren.
> Unerschöpfliche Energie wurde in mir hervorgebracht, und ununterbrochene Achtsamkeit wurde gegenwärtig, mein Körper war still und unbeschwert, mein Geist war konzentriert und einspitzig.«[3]

In unserer Praxis des unermüdlichen, wissensklaren und achtsamen Verweilens lernen wir, die angemessene Balance zwischen Aktivität und Empfänglichkeit, zwischen Tun und Nicht-Tun zu finden.

ERZEUGTE UND NICHT ERZEUGTE ACHTSAMKEIT

Diese geschickten Mittel können uns helfen, die verschiedenen Weisen zu verstehen, wie buddhistische Traditionen von Achtsamkeit sprechen und damit auf weitere Nuancen unserer eigenen Praxis hinweisen. Jede Tradition verwendet ihre eigene Sprache und Gleichnisse, aber sie verweisen alle auf Aspekte unserer Erfahrung.

Ein Aspekt der Achtsamkeit ist der kultivierte achtsame Zustand, in dem wir uns bemühen, aufmerksam zu bleiben. Wir brauchen diese Art der Achtsamkeit, um uns zurück in den Augenblick zu bringen. Tulku Urgyen Rinpoche, einer der großen Dzogchen-Meister des vergangenen Jahrhunderts, sagte: »Es gibt nur eines, was wir immer brauchen, das ist der Wächter namens Achtsamkeit, der aufpasst, wenn wir in die Achtlosigkeit abdriften.«

In der Dzogchen-Tradition wird dies *erzeugte Achtsamkeit* genannt, was vielleicht dem ähnelt, was im Theravāda Abhidhamma *veranlasste Bewusstheit* heißt: die absichtliche, durch Reflexion oder Willensentscheidung herbeigeführte Bemühung, einen bestimmten Zustand zu erzeugen. Es gibt noch eine andere Art von Achtsamkeit, die nicht willentlich herbeigeführt wird. Wurde Achtsamkeit gut kultiviert, entsteht sie spontan aus eigener Kraft, ohne zusätzliches Bemühen. In diesem Zustand mühelosen Gewahrseins können wir weiterhin unterscheiden, ob ein Bezugspunkt der Beobachtung anwesend oder abwesend ist, ob es das Empfinden von jemandem ist, der beobachtet oder achtsam ist.

Dzogchen-Lehren sprechen in diesem Zusammenhang auch von *nicht erzeugter Achtsamkeit,* womit in dieser Tradition die dem Geist natürlicherweise innewohnende Wachsamkeit gemeint ist. Sie ist »nicht erzeugt«, weil sie, diesen Lehren zufolge, nicht von uns erschaffen wird. Es ist vergleichbar mit der Fähigkeit eines Spiegels, jenes abzubilden, was vor ihn tritt. Diese Fähigkeit wohnt dem Spiegel naturgemäß inne. Aus dieser Perspektive ist dies nichts, was wir erwerben oder entwickeln müssten, sondern etwas, das wir erkennen und zu dem wir zurückkehren können.

Die Lehren der verschiedenen Traditionen mögen unterschiedliche metaphysische Hintergründe haben, doch statt uns in philosophischen Debatten zu verstricken, können wir sie alle einfach als geschickte Mittel betrachten, um den Geist zu befreien. All diese verschiedenen Aspekte der Achtsamkeit wirken harmonisch zusammen. Nur wenige Menschen können einfach ununterbrochen in nicht erzeugter Achtsamkeit verweilen, ohne sich darum bemühen zu müssen. Doch wenn unser Einsatz Früchte trägt, erleben wir Phasen großer Leichtigkeit, in denen unsere Praxis einfach darin besteht, loszulassen, uns zu entspannen und die Dinge sich entfalten zu lassen.

> »Tatsächlich ist an diesem Geist nicht viel dran. Er ist nur ein Phänomen. Der Geist ist von sich aus bereits in Frieden. Wenn er jedoch nicht in Frieden ist, kommt das daher, dass er Stim-

> mungen und Launen folgt. Er wird unruhig, wenn Stimmungen ihn trügen. Der ungeschulte Geist ist dumm; Sinneseindrücke verleiten ihn, und er verliert sich in Freude und Traurigkeit. Doch der Geist ist mit diesen Dingen nicht identisch. Freude oder Traurigkeit sind nicht der Geist selbst, sondern nur Stimmungen, die erscheinen und uns täuschen. Der ungeschulte Geist folgt diesen Dingen, und wir identifizieren uns dann jeweils mit dem Wohlsein oder Unwohlsein. Tatsächlich ist unser Geist von Natur aus bereits unbewegt und in Frieden, wirklich in Frieden. … Also müssen wir den Geist schulen, die Sinneseindrücke zu verstehen und sich nicht in ihnen zu verlieren. Dies ist das Ziel all der komplizierten Übungen, die wir uns auferlegen.«[4]

Am Anfang des zweiten Bands werden wir die Achtsamkeit noch weiter untersuchen und betrachten, wie sie als einer der sieben Faktoren der Erleuchtung wirkt.

4

Konzentration

Die gesammelte Natur des Geistes

In seiner Definition des Satipaṭṭhāna empfiehlt uns der Buddha die Betrachtung der vier Grundlagen der Achtsamkeit – Körper, Gefühle, Geist und Dhammas –, »frei von Verlangen und Unzufriedenheit in Bezug auf die Welt«. »Frei von Verlangen und Unzufriedenheit« bezieht sich auf *Samādhi,* die Qualitäten der Konzentration, der Haltung und der Sammlung des Geistes, die entstehen, wenn der Geist frei von dem so oft auftauchenden Verlangen und der Unzufriedenheit ist.

Es gibt verschiedene Wege, Konzentration zu entwickeln. Ajahn Sucitto, ein englischer Mönch der thailändischen Waldtradition, spricht davon, dass sich Samādhi auf natürliche Weise entwickelt, wenn wir uns unserer verkörperten Präsenz erfreuen, uns im Körper niederlassen und dem Stress und der Anspannung erlauben, sich aufzulösen, indem wir einfach uns dessen bewusst sind, was sich zeigt. Er sagt:

> »Freude empfangen ist ein anderer Ausdruck für Sich-Freuen, und Samādhi ist der Akt des verfeinerten Sich-Freuens. Es beruht auf Geschicklichkeit. Es bedarf eines sorgfältigen Sich-Sammelns in der Freude des gegenwärtigen Augenblicks. In Freude sein bedeutet, es gibt keine Angst, keine Anspannung,

> kein Sollen. Es gibt nichts, was wir damit anfangen müssten. Es ist einfach.«[1]

Samādhi beruht auf geschicktem Verhalten, denn ohne diese Grundlage des Nicht-Schadens ist der Geist voller Sorge, Bedauern und Unruhe. Als mein erster Dharma-Lehrer Munindra-ji zum ersten Mal die Vereinigten Staaten besuchte, war er verblüfft, wie die Leute meditieren und Erleuchtung erlangen wollten, ohne sich viel um diese moralischen Grundlagen zu kümmern. Er meinte, das sei, als versuche man, mit großer Anstrengung ein Boot über einen Fluss zu rudern, ohne es vorher loszubinden. Es bringt einfach nichts.

Jene von uns, die in der Welt leben, können diese ethische Grundlage entfalten, indem sie sich in den fünf Tugendregeln üben: nicht töten, nicht stehlen, kein sexuelles Fehlverhalten, nicht lügen und keine den Geist verwirrenden Drogen verwenden. Während eines Retreats wird unsere Praxis des Nicht-Verletzens – weder uns selbst noch andere – zunehmend verfeinert, denn in der Stille und Konzentration des Retreats treten Handlungen und ihre Konsequenzen mit größerer Prägnanz hervor und selbst gewöhnliche Dinge können zur Entwicklung von Sīla dienen.

In den vergangenen Jahren erlebten wir während der Retreats in der Insight Meditation Society manchmal etwas, das wir »Fenster-Kriege« nannten. Vor allem im Winter gab es unterschiedliche Meinungen darüber, wie sehr die Fenster geöffnet werden sollten, um frische Luft hereinzulassen. Eine Person betrat die Halle und schloss alle Fenster, weil ihr zu kalt war. Dann kam jemand anderes und öffnete einige wieder, weil er frische Luft brauchte. In Burma gab es mit den Ventilatoren ein ähnliches Phänomen: Manche wollten sie eingeschaltet, andere ausgeschaltet haben. In beiden Fällen können wir die verschiedenen Wünsche und Bedürfnisse verstehen. Können wir die Idee loslassen, dass unsere eigenen Vorlieben automatisch Vorrang haben sollten?

Auf der Grundlage von Sīla und einem ruhigen Geist können wir leichter in einem glücklichen, entspannten Zustand verweilen, welcher der Konzentration zuträglich ist. Obwohl wir häufig über die Schwierigkeiten der Praxis sprechen, ist sie letztlich ein Weg, um zunehmend glücklich zu sein.

DIE KONTINUITÄT DER ACHTSAMKEIT

Die Kontinuität der Achtsamkeit stärkt die Konzentration. Wir können diese Kontinuität in zweierlei Weise üben: Zum einen können wir das direkte Gewahrsein eines einzelnen Objekts kultivieren. Wir üben, mit dem Geist zuverlässig beim Atem zu verweilen oder bei den Bewegungen eines Schritts oder bei einem Klang. Zum anderen können wir ein wahlloses Gewahrsein entwickeln. Dabei stärken wir die Einspitzigkeit des Geistes in Bezug auf wechselnde Objekte. Das ist das sogenannte »momentane Samādhi«. Bei unserer Praxis verknüpfen wir beide Ansätze geschickt miteinander. Wenn der Geist träge oder abgelenkt ist, können wir uns auf ein einzelnes Objekt konzentrieren, um innere Freude und Gelassenheit zu kultivieren, um uns, wenn der Geist dann wieder gesammelt ist, für ein ungerichtetes Gewahrsein zu öffnen. Nach einer Weile bekommen wir ein intuitives Gespür dafür, was jeweils gerade angemessen ist.

Als ich mit der Meditationspraxis begann, verfügte ich über sehr wenig Konzentration. Ich genoss das Denken und verbrachte viel Zeit mit Träumereien. Im Laufe der Jahre fand ich eine Praxis, die mir besonders half, diesen Samādhi-Faktor zu stärken: Sowohl bei der Gehmeditation als auch beim freien Gehen lenkte ich meine Aufmerksamkeit von dem einfachen Wissen, dass ich gehe, auf das genaue Erspüren der Empfindungen jedes einzelnen Schrittes – die Leichtigkeit, die Schwere, den Druck, die Steifheit und so weiter. Dies ist eine Möglichkeit, die verkörperte Präsenz zu üben, die Ajahn Sucitto erwähnte.

KONZENTRATION ZU ENTWICKELN BRAUCHT ZEIT

Zu den großen Geschenken der vertieften Konzentration gehört es, dass sie die verschiedenen mentalen Hindernisse in Schach zu halten hilft, ähnlich wie ein Zaun unerwünschte Eindringlinge fernhält. Indem wir vorübergehend die Kräfte der Sinnesbegierde und des Verlangens, der Abneigung und der Rastlosigkeit dämpfen, eröffnen sich uns verfeinerte Annehmlichkeiten des Geistes. Dies wiederum motiviert uns, unsere Konzentrationsfähigkeit noch weiter zu entwickeln. Im Laufe der Zeit erkennen wir, wie das Ausgangsniveau unserer geistigen Konzentrationsfähigkeit steigt. Dadurch verändert sich unser Befinden und die Art, wie wir in der Welt sind. Wir erschaffen ein inneres friedliches Umfeld.

Konzentration ist zwar nicht das letztliche Ziel der Praxis, aber auf dem Weg des Erwachens spielt sie eine wesentliche Rolle. Der Buddha betont dies, wenn er sagt, die Würdigung der Konzentration gehöre zu den Dingen, die zur Langlebigkeit des Dharma, seinem Nicht-Verfall und seinem Nicht-Verschwinden beitragen.

Für die Dharma-Übertragungen an den Westen ist das ein wichtiger Punkt. Wir wollen alles sofort – selbst die Erleuchtung – und sind häufig nicht bereit, Zeit oder Mühe zu investieren, um unsere Konzentration zu entwickeln oder zu vertiefen. Doch je stärker das Samādhi in unserem täglichen Leben wird, desto mehr hilft es uns, jenen inneren Ort zu finden, an dem wir zunehmend frei von weltlichem Verlangen und Unzufriedenheit verweilen können. Diese friedvolle Haltung wird dann zur Grundlage von umfassenderem Glück und Freiheit.

Im zweiten Band werden wir uns das Thema »Konzentration« noch genauer anschauen.

Der Satipaṭṭhāna-Refrain

5

Betrachtung der vier Grundlagen

Ein Element des Satipaṭṭhāna Sutta sticht durch seine Wiederholung hervor: Es ist ein Refrain, der im Laufe der Lehrrede dreizehn Mal auftaucht. Er folgt immer auf eine Meditationsanleitung, die sich auf die vier Grundlagen der Achtsamkeit bezieht.

> »Auf diese Weise verweilt er, indem er den Körper [die Gefühle, den Geist, die Dhammas] innerlich als einen Körper [Gefühle, Geist, Dhammas] betrachtet, oder er verweilt, indem er den Körper [die Gefühle, den Geist, die Dhammas] äußerlich als einen Körper [Gefühle, Geist, Dhammas] betrachtet, oder er verweilt, indem er den Körper [die Gefühle, den Geist, die Dhammas] sowohl innerlich als auch äußerlich als einen Körper [Gefühle, Geist, Dhammas] betrachtet. Er verweilt, indem er die Ursprungsfaktoren im Körper [in den Gefühlen, im Geist, in den Dhammas] betrachtet, oder er verweilt, indem er die Auflösungsfaktoren im Körper [in den Gefühlen, im Geist, in den Dhammas] betrachtet, oder er verweilt, indem er die Ursprungs- und Auflösungsfaktoren im Körper [in den Gefühlen, im Geist, in den Dhammas] betrachtet. Die Achtsamkeit, dass da ein Körper [Gefühl, Geist, Dhammas] vorhanden ist [sind],

ist in ihm verankert in dem Ausmaß, das zum reinen Erkennen und für andauernde Achtsamkeit erforderlich ist. Und er verweilt unabhängig, an nichts in der Welt haftend.«

Durch die Wiederholung dieses Refrains erinnert uns der Buddha immer wieder daran, was die wesentlichen Aspekte der Praxis sind:

- Die Betrachtung unserer Erfahrung – innerlich, äußerlich und sowohl innerlich als auch äußerlich.
- Die Betrachtung der Natur der Unbeständigkeit – das Entstehen, das Vergehen und beides, Entstehen und Vergehen, in Bezug auf unsere Erfahrung.
- Die Entwicklung von ausreichend Achtsamkeit, um einfach zu erkennen, was sich von Augenblick zu Augenblick entfaltet – ohne mentale Kommentare –, und sich dessen bewusst zu bleiben, was geschieht.
- Verweilen, ohne an irgendetwas anzuhaften, was in unseren Erfahrungsraum tritt.

In diesem und im 6. Kapitel – »Reines Erkennen und andauernde Achtsamkeit« – werden wir jeden dieser Aspekte genauer erforschen. In dem Sutta taucht der Refrain das erste Mal nach der Anleitung für den Atem auf. Aus diesem Grund und um es übersichtlich zu halten, sind die Beispiele des 5. und 6. Kapitels auf den Körper fokussiert. Behalten Sie beim Lesen jedoch bitte im Sinn, dass die im Refrain ausgeführten wichtigen Elemente der Praxis sich auch auf all die Aspekte unserer Praxis beziehen, die in den anderen drei Grundlagen der Achtsamkeit erwähnt werden.

INNEN UND AUSSEN

Den Körper innerlich zu betrachten, erscheint selbstverständlich; so praktizieren wir meistens. Wir sind uns dessen bewusst, was in jedem Moment im Körper aufsteigt – seien es die Empfindungen des Atems oder andere Körperempfindungen, wie Wärme oder Kälte, Enge oder Druck. Aber was bedeutet die äußere Betrachtung des Körpers? Es gibt dazu ein paar interessante Aspekte, die sich Meditationspraktizierende nicht so oft vergegenwärtigen.

Die äußere Betrachtung des Körpers kann bedeuten, sich des körperlichen Verhaltens anderer bewusst zu sein, wenn es unsere Aufmerksamkeit auf sich zieht. Statt unserer gewöhnlichen Neigung zu folgen, das Verhalten anderer zu beurteilen oder darauf zu reagieren, können wir einfach in der Achtsamkeit dessen ruhen, was die andere Person jetzt tut. Wir können achtsam wahrnehmen, dass die andere Person gerade geht oder isst, ohne uns in Gedanken darüber zu verlieren, wie schnell oder langsam, wie achtsam oder unachtsam sie momentan sein mag.

Ein unnützes Muster, das ich bei mir selbst in Retreats bemerkt habe, sind meine inneren Kommentare darüber, dass jemand anderes nicht achtsam ist – oder es zumindest in meinen Augen nicht zu sein scheint –, ohne zu bemerken, dass ich in diesem Augenblick genau das tue, wofür ich den anderen verurteile: Ich bin nicht achtsam! Es dauert in der Regel nicht lange, bis ich mir der Absurdität des Musters bewusst werde und über diese Gewohnheit des Geistes lächeln kann. Es ist immer hilfreich, den eigenen mentalen Schwächen mit einem gewissen Humor zu begegnen. Durch diese schlichte Achtsamkeit auf das Außen schützen wir unseren Geist vor den verschiedenen Verunreinigungen, die auftauchen können.

Obwohl das Beobachten des Atems zum größten Teil nach innen gewandt ist, kann die nach außen gerichtete körperbezogene Achtsamkeit zum Beispiel hilfreich sein, wenn bei einem Retreat der Atem eines anderen Menschen laut ist und uns stört. Dann können wir es zu einem Teil unseres eigenen Weges zur Erleuchtung machen, auf den Atem eines anderen zu achten – ob er einatmet oder ausatmet, ob der Atem lang oder kurz ist.

Die nach außen gerichtete körperbezogene Achtsamkeit hat einen weiteren Vorteil: Haben Sie schon einmal bemerkt, dass Ihre Achtsamkeit auf vorsichtige, konzentrierte Bewegungen eines anderen Menschen auch bei Ihnen zu mehr Konzentration führt? Dies ist einer der Gründe, weshalb der Buddha empfahl, uns jenen anzuschließen, die achtsam und konzentriert sind: Es ist ansteckend. Auf diese Weise wird unsere eigene Praxis zu einem echten Geschenk für unsere Mitpraktizierenden.

Im letzten Teil der Anweisung geht es darum, den Gegenstand der Aufmerksamkeit sowohl innerlich als auch äußerlich zu betrachten. Anālayo vermutet, dass es sich hierbei nicht einfach um eine Wiederholung handelt, sondern dass dahinter das tiefere Verständnis steht, eine objektive Erfahrung an und für sich zu kontemplieren, ohne darauf zu achten, ob es um die eigene Erfahrung geht oder um die eines anderen. Die Aufforderung, innerlich, äußerlich und in Bezug auf beides achtsam zu sein, erinnert uns an das umfassende Wesen der Achtsamkeitspraxis – uns dessen bewusst zu sein, was da ist, ob es in uns oder außerhalb von uns ist. Und dann letztlich über diese Unterteilung hinauszugehen.

ENTSTEHEN UND VERGEHEN

Der zweite Teil des Refrains ruft uns auf, bei jedem Objekt unserer Aufmerksamkeit in der Betrachtung der Natur des Entstehens, der Natur des Vergehens und der Natur von beidem zu verweilen. Der große burmesische Meditationsmeister Ledi Sayadaw sagte: Entstehen und Vergehen nicht zu sehen, sei Verblendung, während das Erkennen der Unbeständigkeit aller Phänomene das Tor zu allen Stufen der Einsicht und des Erwachens sei. Der Buddha betonte die Wichtigkeit dieser Erkenntnis auf vielfältige Weise:

> »Die Vorstellung der Vergänglichkeit, ihr Mönche, wird sie entfaltet und häufig geübt, bezwingt alle Sinnlichkeits-Gier, sie bezwingt alle Körper-Gier, bezwingt alle Daseins-Gier, bezwingt alles Nichtwissen und vernichtet alle Unwissenheit und Verblendung.«[1]

> »Und lebt man hundert Jahre auch,
> Doch merkt nicht das Entstehn-Vergehn,
> Besser ein Lebenstag des Manns,
> Der das Entstehn-Vergehn erkennt.«[2]

Was bedeutet das hinsichtlich dessen, was wir in unserem Leben schätzen und wofür wir arbeiten, und was bedeutet das im Hinblick auf die befreiende Wirkung, die Wahrheit der Veränderung unmittelbar zu sehen – im jeweiligen Augenblick und in Bezug auf uns selbst?

Ānanda war ein Cousin des Buddha und stand ihm viele Jahre lang als Begleiter zur Seite. Als er einmal die vielen wundervollen Eigenschaften des Buddha aufzählte, antwortete der Buddha, indem er sich selbst als den Tathāgata (»der so Gegangene«) bezeichnete:

> »Nachdem das so ist, Ānanda, behalte auch dies als eine wunderbare und erstaunliche Eigenschaft des Tathāgata im Gedächtnis: Ānanda, da sind dem Tathāgata Gefühle bekannt, wie sie erscheinen, wie sie gegenwärtig sind, wie sie verschwinden; Wahrnehmungen sind ihm bekannt, wie sie erscheinen, wie sie gegenwärtig sind, wie sie verschwinden; Gedanken sind ihm bekannt, wie sie erscheinen, wie sie gegenwärtig sind, wie sie verschwinden. Ānanda, behalte auch dies als eine wunderbare und erstaunliche Eigenschaft des Tathāgata im Gedächtnis.«[3]

Ein tiefes Verständnis der Wahrheit der Unbeständigkeit – nicht als Konzept, sondern als direkte Erfahrung – eröffnet den Zugang zu noch tieferen Einsichten. In seiner ersten Unterweisung über Selbstlosigkeit an die fünf Asketen spricht er über jede der fünf Daseinsgruppen – materielle Formen, Gefühle, Wahrnehmungen, geistige Formationen und Bewusstsein –, verweist auf deren Unbeständigkeit und erklärt, wie das Unbeständige unweigerlich unzuverlässig und unbefriedigend ist und wie das Unzuverlässige und Unbefriedigende nicht wirklich als »ich« oder »mein« betrachtet werden kann. Als sie diese Lehre hörten, wurden alle fünf Asketen erleuchtet.

Wie geschieht das? Worin liegt die befreiende Kraft dieser Lehre? Wenn wir tief erkennen, dass alles, was dem Entstehen unterliegt, auch aufhören wird, dass, was immer erscheint, auch vergeht, dann wird der Geist ernüchtert, wir werden desillusioniert. Sind wir desillusioniert, werden wir leidenschaftslos. Durch Leidenschaftslosigkeit wird der Geist befreit.

Die Wörter *ernüchtert, desillusioniert* und *leidenschaftslos* haben alle einen negativen Beigeschmack. Doch bei näherer Betrachtung steckt in ihrer Bedeutung eine Verbindung zu Freiheit. Wenn wir ernüchtert werden, wird ein Bann gebrochen und wir erwachen zu einer größeren, reichhaltigeren Wirklichkeit. Die Ernüchterung ist das glückliche Ende vieler Märchen. Desillusioniert zu sein ist nicht dasselbe wie entmutigt oder enttäuscht zu sein. Es entspricht vielmehr einer Rückverbindung mit dem, was wahr und frei von Illusionen ist. Und leidenschaftslos zu sein ist nicht gleichbedeutend mit Gleichgültigkeit oder Apathie, sondern verweist auf eine große geistige Weite und Gelassenheit.

BETRACHTUNG DER UNBESTÄNDIGKEIT

Wenn wir uns anhaltend der Unbeständigkeit bewusst sind, verändert sich die Art und Weise, wie wir die Wirklichkeit wahrnehmen. Wir durchschauen die Illusionen der stabilen Existenz sowohl in dem Wahrgenommenen als auch in dem Wahrnehmenden. Das führt zu einer radikalen Umformung unseres Selbstverständnisses und unseres Weltbildes. Wie können wir das üben?

Wir können uns der Unbeständigkeit auf vielen Ebenen bewusst sein. Weisheit entsteht, wenn wir auf Aspekte der Unbeständigkeit achten, die wir zwar kennen, jedoch meistens übersehen. Da sind zum Beispiel die offensichtlichen Veränderungen in der Natur: Klimawandel, Wetterwechsel, Evolution und das Aussterben von Arten. Auf kollektiver Ebene gibt es große gesellschaftliche Veränderungen wie den Aufstieg und Zerfall von Zivilisationen und Kulturen. Auf der persönlichen Ebene werden Menschen geboren und sterben. In den Wäldern Neuenglands kann man meilenweit an alten Steinmauern und Fundamenten entlangwandern, aus denen jetzt Bäume wachsen. Welche Geschichten fanden dort statt? Welche Leben, die so lebhaft waren wie unser eigenes? Was ist geblieben? Wir können auch die Wechselhaftigkeit unserer Beziehungen oder unserer Arbeitsumstände oder der Vorgänge in unserem Körper und Geist betrachten.

Angesichts all dieser Beispiele, die wir ständig vor Augen haben, ist es erstaunlich, wie oft wir uns doch über Veränderungen in unserem Leben wundern. Irgendwie gehen wir davon aus, dass die

Dinge so bleiben oder, wenn sie sich schon verändern, dies zumindest auf eine uns angenehme Weise tun.

Bei genauerem Hinschauen erkennen wir, dass nicht nur jeden Tag oder jede Stunde, sondern in jedem Augenblick alles verschwindet und Neues auftaucht. Können wir, während wir aus dem Haus treten oder einfach von einem Zimmer in ein anderes gehen, diesen Fluss der sich wandelnden Erfahrung bemerken – den Strom der visuellen Formen, der verschiedenen Geräusche, Körperempfindungen, flüchtigen Gedanken und inneren Bilder entlang unseres Wegs? Was geschieht mit jeder dieser Erfahrungen? Bleiben sie? Die Wahrheit ihrer wechselhaften Natur ist so gewöhnlich, dass wir in der Regel aufgehört haben, sie überhaupt zu bemerken.

Wenn die Achtsamkeit und die Konzentration zunehmen, erkennen wir die Unbeständigkeit klarer und tiefer, bis auf mikroskopische Ebene. Wir erleben, wie das, was fest und stabil erscheint, tatsächlich substanzlos ist und sich in ständigem Wandel befindet. Die Wahrnehmung der Veränderung wird so schnell, dass jedes Objekt in dem Augenblick, in dem es wahrgenommen wird, schon wieder verschwindet. An diesem Punkt meinen manche Leute, ihre Achtsamkeit sei schwach, weil die Dinge nicht lange genug andauern, als dass die Aufmerksamkeit so richtig bei ihnen landen könnte. Doch es handelt sich dabei eher um eine verfeinerte Wahrnehmung der Veränderung. Wir erkennen dann, dass auf eine gewisse Weise nicht viel da ist.

Als Meditationsübung kann es besonders im Sitzen manchmal hilfreich sein, zu bemerken, welcher Aspekt der Unbeständigkeit gerade am meisten im Vordergrund steht. Erkennen wir das Auftauchen neuer Dinge schon, bevor die letzten vergangen sind? Sehen wir eher das Ende und weniger den Moment, in dem Dinge erscheinen? Oder bemerken wir das Erscheinen und Vergehen gleichermaßen? Keine dieser verschiedenen Perspektiven ist richtiger als eine andere. Im Verlauf unserer Praxis ist es manchmal so und manchmal so. Zu bemerken, wie wir Veränderung wahrnehmen, ist einfach eine weitere Möglichkeit, unsere Aufmerksamkeit zu verfeinern.

In einer seiner Lehrreden verweist der Buddha auf den Unterschied zwischen dem Zustand der Achtsamkeit – dem einfachen

Gewahrsein dessen, was ist – und der *Entwicklung* des Zustands der Achtsamkeit. In dieser Phase sind wir uns der Unbeständigkeit noch stärker bewusst als der Objekte selbst. Wir beginnen, von einer Achtsamkeit auf den Inhalt zu einer Achtsamkeit auf den Prozess überzugehen. Diese Stufe von Satipaṭṭhāna führt zu Weisheit und Erwachen, denn solange noch irgendein Aspekt der Erfahrung als beständig betrachtet wird, ist es unmöglich, sich dem Bedingungslosen, Nibbāna, zu öffnen.

Dieses Verständnis ist nicht auf Mönche und Nonnen beschränkt. Seit den Zeiten des Buddha bis heute haben auch viele Laien tiefe Stufen der Erleuchtung erfahren. In einem Gespräch mit dem Laienschüler Mahānāma/Mahānāmo geht der Buddha auf diese Möglichkeit ein:

> »Da ist, Mahānāmo, ein Anhänger der Weisheit nachgefolgt, die Aufgang und Untergang sieht, der edlen, durchbohrenden, die zur völligen Leidensversiegung ausreicht. So ist, Mahānāmo, ein Anhänger in Weisheit bewährt.«[4]

6

Reines Erkennen und andauernde Achtsamkeit

In der nächsten Zeile des Refrains heißt es: »Die Achtsamkeit, dass da ein Körper vorhanden ist, ist in ihm verankert in dem Ausmaß, das zum reinen Erkennen und für andauernde Achtsamkeit erforderlich ist.« Wie Anālayo anmerkt, steht reines Erkennen hier für eine objektive Betrachtung, die sich nicht in Assoziationen oder Reaktionen verliert. Es ist die einfachste und direkteste Art, sich des Geschehenden bewusst zu sein, ohne Geschichten über die Erfahrung zu erfinden. Dieses »klare Sehen« ist die eigentliche Bedeutung des Pali-Wortes *Vipassanā,* welches gewöhnlich mit »Einsichtsmeditation« übersetzt wird.

Die Schlichtheit des reinen Erkennens entgeht uns oft, weil wir auf der Suche nach etwas Besonderem sind oder etwas Bestimmtes erwarten und dabei übersehen, was direkt vor uns ist.

Es gibt dazu eine schöne Geschichte über Mulla Nasruddin, einen verrückten Weisen aus der Sufi-Tradition. Offenbar war Mulla im Handel zwischen seiner Heimatstadt und einem Nachbarland tätig. Die Zollbeamten beäugten ihn jedes Mal misstrauisch, weil sie vermuteten, dass er schmuggelte, aber sooft und so gründlich sie seine Satteltaschen auch durchsuchten, sie konnten nichts finden. Schließlich wurde Mulla von einem Freund gefragt, woher denn nun sein Reichtum käme. »Ich schmuggele Esel«, erwiderte er.

Manchmal verschleiern wir unsere Erfahrung des reinen Erkennens, indem wir das schlichte Gewahrsein mit einer unbemerkten Anhaftung oder Ablehnung des Geschehens vermischen. Dies kann geschehen, wenn die verschiedenen Hindernisse stark sind oder es subtile Anhaftungen an angenehme meditative Zustände gibt. Wenn wir der Anleitung des Refrains folgen, geht es darum, so viel Achtsamkeit zu entwickeln, wie notwendig ist, um mit reinem Erkennen bei dem zu sein, was sich von Moment zu Moment zeigt.

DAS MOMENTUM DER ACHTSAMKEIT

Die im Sutta erwähnte Kontinuität der Achtsamkeit wird auf zwei Weisen erlangt. Zum einen entsteht sie durch das Momentum vorheriger Augenblicke von Achtsamkeit. Was immer wir wiederholt üben, steht uns zunehmend auch spontan zur Verfügung. Von einem gewissen Punkt an entsteht die Achtsamkeit von alleine. Durch das wiederholte Bemühen, sich achtsam dem gegenwärtigen Augenblick zuzuwenden, gelangen wir an einen Punkt, an dem auch über längere Zeiträume hinweg mühelos die Achtsamkeit fließt.

Aus dieser Kontinuität der Achtsamkeit erwächst eine frühe Einsicht in die Natur des Geist-Körper-Prozesses: Wir verstehen aus eigener Erfahrung, dass das Erkennen und das Auftauchen eines Objektes gleichzeitig stattfinden. Da ist das Einatmen und gleichzeitig das Wissen darum; da ist das Ausatmen und gleichzeitig das Wissen darum. Ein visuelles Objekt erscheint, und im selben Augenblick erkennen wir es. Dies trifft auf jeden Aspekt unserer Erfahrung zu.

Diese Einsicht ist das erste Tor zu einem Verständnis der Selbstlosigkeit. In den Stufen der Einsicht wird sie *Reinheit der Erkenntnis* genannt. Wir fangen an zu erkennen, dass alles, was wir *Selbst* nennen, einfach diese paarige Abfolge von Erkennen und Objekt ist, das momenthafte Entstehen und Vergehen. Wir erkennen auch, dass in jedem Moment das Erkennen aus unpersönlichen Ursachen heraus entsteht und nicht, weil es da irgendwo einen »Erkennenden« gäbe. Wir können also sagen, dass in jedem Augenblick das Erkennen (Bewusstsein) spontan entsteht, wenn die entsprechenden Ursachen und Bedingungen gegeben sind. Auf einer noch tieferen Ebene bemerken wir, dass die Fähigkeit, zu erkennen, nicht von dem zu Erkennenden beeinflusst wird. Diese Erkenntnis hat befreiende Konsequenzen, sowohl für unsere Meditationspraxis als auch für unser Leben. Wenn wir in der Meditation die Abfolge der unangenehmen und angenehmen Empfindungen betrachten, wird deutlich, dass sich die grundlegende Qualität des Erkennens dabei nicht verändert – es nimmt einfach wahr, was sich zeigt.

Ein Beispiel für die grundlegenden Konsequenzen dieser Erkenntnis ist die Beschreibung von Henry David Thoreaus letzten Tagen. Er starb im Alter von 44 Jahren an Tuberkulose. In einer Biografie beschrieben Freunde seinen Geisteszustand:

> »Henry war [von seiner Krankheit] vollkommen unbeeindruckt, sie erreichte ihn nicht. … Ich hörte oft, wie er Besuchern sagte, er erfreue sich der Existenz so gut wie eh und je. Er bemerkte einmal in meiner Gegenwart, eine perfekte Krankheit sei genauso angenehm wie eine perfekte Gesundheit, der Geist passe sich immer dem Zustand des Körpers an. Der Gedanke an den Tod könne ihn noch nicht mal ansatzweise beunruhigen. …
> Während seiner langen Krankheit hörte ich nie auch nur ein Grummeln über seine Lippen kommen oder den leisesten Wunsch, bei uns zu bleiben. Seine vollkommene Zufriedenheit war wirklich wundervoll. …
> Einige seiner konventionelleren Freunde und Verwandten versuchten, ihn auf den Tod vorzubereiten, aber es gelang ihnen nicht so, wie sie es sich vorstellten. … Als ihn seine Tante Louisa fragte, ob er seinen Frieden mit Gott gemacht habe, antwortete er: ›Ich wüsste nicht, dass wir je im Unfrieden gewesen wären, liebe Tante.‹«[1]

Dieses Momentum der Achtsamkeit lässt sich ganz einfach aufbauen. Wir können mit einem ersten Objekt anfangen, auf welches wir unsere Aufmerksamkeit richten, zum Beispiel den Atem oder unsere Sitzhaltung. Den Geist damit zu beruhigen, dass wir uns auf ein einzelnes Objekt konzentrieren, ist in vielen spirituellen Traditionen üblich. Der heilige Franz von Sales schrieb: »Wenn dein Herz wandert oder leidet, bringe es behutsam an seinen Platz zurück … Und selbst wenn du in deinem Leben nichts getan hast, als dein Herz zurückzubringen, … obwohl es jedes Mal wieder fortlief, nachdem du es zurückgeholt hast, dann hast du dein Leben wohl erfüllt.«[2]

Sobald sich der Geist ein wenig beruhigt hat, können wir anfangen, auf irgendein anderes Objekt zu achten, das mehr in den Vordergrund tritt. Das können Körperempfindungen sein oder Geräusche oder verschiedene Gedanken und innere Bilder. Mit zunehmender Kraft der Achtsamkeit können wir allmählich das erste Objekt ganz loslassen und ein offenes Gewahrsein üben, indem wir einfach betrachten, was sich von Augenblick zu Augenblick zeigt. An diesem Punkt wird das Gewahrsein zunehmend panoramaartig; wir verlagern die Betonung vom Inhalt auf allgemeinere Qualitäten einer Erfahrung, insbesondere auf die Unbeständigkeit, Unzuverlässigkeit und Selbstlosigkeit von allem, was entsteht. Bei alldem wird die Kontinuität der Achtsamkeit durch die Achtsamkeit selbst gestärkt.

WAHRNEHMUNG

Wir können die Kontinuität auch durch den mentalen Faktor der Wahrnehmung fördern. Im Abhidhamma gilt starke Wahrnehmung als eine der unmittelbaren Ursachen für die Entstehung von Achtsamkeit. Wahrnehmung ist die mentale Qualität des Erkennens. Sie wählt die Merkmale eines bestimmten Objekts aus, durch die es sich von anderen unterscheidet, und wendet dann ein Konzept wie »blau oder rot«, »Mann oder Frau« an, um es für zukünftigen Gebrauch abzuspeichern. Angenommen, wir hören ein Geräusch, dann weiß unser Bewusstsein einfach um das Geräusch. Die Wahrnehmung erkennt es jedoch, benennt es mit »Vogel« und speichert dieses Konzept für das nächste Mal, wenn wir diese Art von Geräusch hören. Dann wird uns zwar nicht unbedingt gleich das Wort »Vogel« einfallen, aber wir werden eine Art vorsprachlichen Erkennens in uns haben, dass dieses Geräusch zu einem Vogel gehört.

All dies führt zu der interessanten Frage, inwieweit wir uns in der Praxis und in dem Verständnis unserer Meditation mit Konzepten befassen. Einerseits möchten wir eine Achtsamkeit entwickeln, die reines Erkennen ermöglicht – wozu vermutlich ein Geisteszustand nötig ist, der nicht von Konzepten überlagert wird. Andererseits ist der Faktor der Wahrnehmung mit allen daran hängenden Konzepten eine unmittelbare Ursache für die Entstehung von Achtsamkeit.

Die Lösung für diese scheinbar widersprüchlichen Ansichten liegt in einem tieferen Verständnis der Wahrnehmung. Wahrnehmung gehört zu jedem Augenblick des Bewusstseins. Geschieht Wahrnehmung ohne eine stark entwickelte Achtsamkeit – was die Art ist, wie ein ungeübter Geist gewöhnlich durch die Welt geht –, dann erkennen und erinnern wir nur die oberflächliche Erscheinung der Dinge. Im Moment des Erkennens geben wir dem, was sich zeigt, einen Namen oder ordnen ihm ein Konzept zu. Damit beschränken, verschleiern und verfärben wir unsere Erfahrungen.

Ein Beispiel für solch ein beschränktes Wahrnehmungspotenzial zeigt sich in der Geschichte, die mir eine Freundin von ihrem Sohn Kevin erzählt hat. Als Kevin sechs Jahre alt war, stellte die Lehrerin in der Schule eine einfache Frage: »Welche Farbe hat ein Apfel?« Die Schüler antworteten: »Rot«, »Gelb«, oder: »Grün.« Aber Kevin sagte: »Weiß.« Die Lehrerin versuchte, durch weitere Fragen und Bemerkungen Kevin zu einer richtigen Antwort zu bewegen. Kevin ließ sich jedoch nicht umstimmen und sagte schließlich mit einer gewissen Frustration: »Jeder Apfel ist doch innen immer weiß!«

Wahrnehmung kann auch der Stärkung von Achtsamkeit und Gewahrsein dienen. Konzepte können unsere Sicht auf die Dinge nicht nur einengen – richtig angewandt, können sie die momentane Erfahrung auch in ein Licht rücken, welches eine tiefere und sorgfältigere Betrachtung ermöglicht. Es ist, als würde man ein Bild rahmen, um es besser sehen zu können. Ein buddhistischer Mönch namens Ñāṇananda nannte es: »Um des höheren Zwecks der Entwicklung von Weisheit willen Konzepte einsetzen, die dann dabei selbst transzendiert werden.«

MENTALES BENENNEN

Die Idee, Konzepte zur Entwicklung von Weisheit einzusetzen, bildet auch die Grundlage der meditativen Technik des *mentalen Benennens*. In dieser Technik verwenden wir ein Wort, manchmal auch einen kurzen Satz, um das zu bezeichnen, was sich gerade zeigt. Dieses mentale Etikett – zum Beispiel »ein«, »aus«, »ein«, »aus«, »Denken«, »Schwere«, »ein«, »aus«, »Unruhe« – fördert das klare Wahrnehmen, was wiederum sowohl das achtsame Gewahrsein des Augenblicks stärkt als auch das Momentum der Kontinuität. Oder, wie Ajahn Sumedho, einer der ersten westlichen Schüler des großen thailändischen Meisters Ajahn Chaa, bemerkte: »Der Atem ist so«, »Schmerz ist so«, »Ruhe ist so.«

Das Benennen kann der Praxis auch auf andere Weise dienen. Allein der Tonfall des innerlichen Benennens kann unbewusste Haltungen verdeutlichen. Wir haben die innere Ungeduld, Frustration oder Freude vielleicht gar nicht bemerkt, während wir erfahren, wie sich verschiedene Dinge zeigen, bis wir den angespannten oder begeisterten Tonfall unserer inneren Stimme hören. Das Benennen hilft auch, unsere Identifikation mit der Erfahrung zu mindern, sowohl angesichts von Hindernissen als auch, wenn unsere Praxis sehr subtil und verfeinert geworden ist.

Das mentale Benennen liefert uns ein wichtiges Feedback: Sind wir wirklich auf kontinuierliche Weise präsent oder nicht? Üben wir, unser Sitzen beziehungsweise unseren Tag nahtlos ineinanderfließen zu lassen? Verstehen wir in unserer Anwendung der Achtsamkeit den Unterschied zwischen Lässigkeit und Entspannung? Wir sollten unsere starke Absicht, achtsam zu sein, nicht zu grimmig verfolgen. Wir können die Kontinuität der Achtsamkeit mit der Anmut von Tai-Chi-Bewegungen oder einer japanischen Teezeremonie praktizieren, indem wir uns selbst den kleinen regelmäßigen Alltagsaktivitäten zuwenden. Diese Kontinuität ist wichtig, weil durch sie das energetische Momentum aufgebaut wird, das zur Verwirklichung von Nibbāna erforderlich ist.

Dabei sollte immer bedacht werden, dass dieses Werkzeug des mentalen Benennens einfach ein geschicktes Mittel ist, um uns in unserer Achtsamkeit zu unterstützen – es ist nicht das, worum es eigentlich geht, nämlich einfach bewusst zu sein. In vielen buddhistischen Traditionen wird diese Technik nicht verwendet. Aber sie ist es wert, ausprobiert zu werden, und sei es auch nur für kurze Zeit, um herauszufinden, ob sie der eigenen Praxis zuträglich ist oder nicht.

Wir sollten uns auch ihrer Grenzen bewusst sein. Das Benennen sollte sich nicht zu einer intellektuellen Reflexion auswachsen, sondern auf ein einfaches, stilles Wort beschränkt bleiben. Der bekannte buddhistische Gelehrte David Kalupahana erklärt, dass ein Meditierender im Rahmen von Satipaṭṭhāna Konzepte nur so tief ergründen sollte, wie es zu Erkenntnis führt, und nicht darüber hinaus. »Denn Vorstellungen, die über ihre Grenzen hinaus verfolgt werden, können zu substanzialistischer Metaphysik führen.«[3] Konzepte, die zu weit verfolgt werden, verfestigen unsere Sicht der Realität und sperren uns in selbstgemachte Käfige.

Mit zunehmender Achtsamkeit bemerken wir vielleicht zu viele Dinge, als dass wir sie benennen könnten. Die Objekte verändern sich so schnell, dass wir gar nicht mehr die Zeit haben, sie zu benennen. In dieser Situation beginnen die Benennungen wegzufallen. Wenn das Gewahrsein gut etabliert ist und Achtsamkeit von alleine entsteht – was wir *das mühelose Bemühen* nennen könnten –, dann können wir einfach in der Kontinuität des reinen Erkennens verweilen. Ryokan, ein Zen-Meister, Dichter und Wandermönch aus dem 19. Jahrhundert, drückte es so aus: »Erkenne deinen Geist genau so, wie er ist.«

UNABHÄNGIGES VERWEILEN

Die letzte Zeile des Satipaṭṭhāna-Refrains verbindet die Praxis der Meditation mit ihrem Ziel: »Und er verweilt unabhängig, an nichts in der Welt haftend.« Diese Zeile umfasst den gesamten Weg.

»Unabhängig verweilen« bezieht sich darauf, dass der Geist an keiner Erfahrung anhaftet, sei es durch Verlangen oder durch Ansichten. »Verlangen« oder »Begehren« sind die üblichen Übersetzungen des Pali-Wortes *Taṇha;* zuweilen wird es auch mit »Durst« übersetzt, was mehr der körperlichen Dringlichkeit dieses machtvollen Geisteszustands entspricht. In späteren Kapiteln werden wir dieses Verlangen, diesen Durst genauer ergründen, um zu erkennen, wie es sich manifestiert und uns in einem Zustand der Abhängigkeit hält, sowohl in unserer Meditationspraxis als auch im alltäglichen Leben.

Auf einer gewissen Ebene sind Geburt und Tod, Existenz und Nicht-Existenz, »selbst« und »andere« die großen, bestimmenden Themen unseres Lebens. Auf einer anderen Ebene gelangen wir jedoch zu der Erkenntnis, dass jede Erfahrung nur eine Aufführung leerer Erscheinungen ist. Diese Erkenntnis führt uns zum anderen Aspekt des »unabhängigen Verweilens, An-nichts-in-der-Welt-Haftens«, nämlich dem Nicht-Anhaften an Ansichten, insbesondere der Ansicht über das Selbst.

Wenn wir in unserem normalen Wahrnehmungsmodus sehen, hören, riechen, schmecken oder spüren oder wenn wir Dinge kognitiv begreifen, entsteht sofort das irrige Empfinden von »ich« und »mein«: »Ich sehe«, »Ich höre.« Dann kommen wir irgendwann zu »Ich meditiere«, mit Nebenwirkungen wie »Ich meditiere gut (oder schlecht)« beziehungsweise »Ich bin ein guter (oder schlechter) Mensch«. Wir errichten auf den momentanen, veränderlichen Bedingungen einen ganzen Überbau des Selbst.

DAS BAHIYA SUTTA

In einer kurzen und befreienden Lehre, dem Bahiya Sutta oder der Lehrrede an Bahiya, zeigt der Buddha den Weg zur Befreiung von dieser Abhängigkeit durch Ansichten über das Selbst. Es heißt, zu Lebzeiten des Buddha erlitt ein Mann namens Bahiya an der Südküste Indiens Schiffbruch. Er verlor alles, sogar seine Kleidung, und bedeckte sich daher mit Baumrinde. Die Leute, die ihn sahen, hielten ihn für einen großen Asketen und begannen ihn als einen *Arahant,* ein voll erleuchtetes Wesen, zu verehren. Und irgendwann glaubte es Bahiya selbst.

Nach ein paar Jahren erschienen ihm seine früheren Gefährten, die jetzt Deva (himmlische Wesen) waren, und erklärten ihm, er sei nicht nur kein Arahant, sondern noch nicht einmal auf dem Weg dorthin. Bahiya war darüber sehr erschrocken, doch er trug ein ernsthaftes Bestreben in sich und fragte, was er tun solle. Die Deva erzählten ihm von einem Buddha, einem voll erleuchteten Wesen, das in Nordindien lebe, und rieten Bahiya, ihn aufzusuchen.

Als Bahiya endlich beim Buddha ankam, war dieser gerade von Haus zu Haus auf Almosenrunde unterwegs. Bahiya bat ihn an Ort und Stelle um Belehrung. Der Buddha erwiderte, dies sei nicht der passende Zeitpunkt, er solle ihn im Kloster aufsuchen. Doch Bahiya bat ihn ein zweites und ein drittes Mal: »Meister, ihr könntet sterben. Ich könnte sterben. Bitte lehrt mich jetzt!«, flehte er. Beeindruckt von dieser ernsthaften Dringlichkeit, sprach der Buddha:

> »So musst du dich üben: Wenn etwas gesehen wird, soll es nur Gesehenes sein; wenn etwas gehört wird, soll es nur Gehörtes sein; wenn etwas gedacht wird, soll es nur Gedachtes sein; wenn etwas erkannt wird, soll es nur Erkanntes sein. So musst du dich üben: Wenn das, was du siehst, (für dich) nur Gesehenes sein soll; wenn das, was du hörst, (für dich) nur Gehörtes sein soll; wenn das, was du denkst, (für dich) nur Gedachtes sein soll; wenn das, was du erkennst, (für dich) nur Erkanntes sein soll, dann bist du nicht dabei (beteiligt); wenn du nicht dabei (beteiligt) bist, dann bist du weder in dieser Welt noch in jener Welt noch zwischen beiden. Dies ist das Ende des Leidens.«[4]

In dieser Qualität des reinen Erkennens dessen, was gesehen, gehört, gefühlt oder erkannt wird, geht es nicht darum, verschiedene Sinneseindrücke auszuwerten oder zu vermehren. Indem wir auf diese Weise üben, verstehen wir die selbstlose Natur der Phänomene – wo es kein »Du« gibt – und wir leben und verweilen unabhängig, ohne uns an irgendetwas in der Welt zu klammern.

Achtsamkeit auf den Körper

7

Achtsamkeit auf den Atem

Die vier Elemente des Refrains beziehen sich zwar auf alle Aspekte unserer Erfahrung, doch im Satipaṭṭhāna Sutta gibt der Buddha auch eine Fülle von spezifischen Meditationsanleitungen. An dieser Stelle können wir die große Bandbreite an geschickten Mitteln wertschätzen, mit denen er seine Lehren an sein jeweiliges Publikum anpasste.

Der Rest dieses Buches besteht aus einer Erörterung dieser Lehren und Anweisungen (auf die jeweils der Refrain folgt). Während wir uns mit den verschiedenen Übungsansätzen befassen, kann es hilfreich sein, darauf zu achten, welche besonders zu unseren eigenen Erfahrungen und Vorlieben passen. Wie in der Einleitung erwähnt, stellt jeder von ihnen ein Tor dar, das zu allem Übrigen führt.

Die Achtsamkeit auf den Körper ist der erste der vier Wege zur Entwicklung von Achtsamkeit. Der Buddha spricht an vielen Stellen darüber, wie lohnend es sei, den Körper als Objekt der Kontemplation zu nehmen; dies sei eine Quelle der Freude, die zu tiefer Konzentration führt. Und er spricht von Achtsamkeit auf den Körper als dem einfachsten und direktesten Weg, die Angriffe Māras, der Kräfte der Ignoranz und der Verblendung des Geistes, zu überwinden:

> »Genauso, ihr Bhikkhus, findet Māra, wenn jemand die Achtsamkeit auf den Körper nicht entfaltet und geübt hat, eine Gelegenheit und einen Rückhalt in ihm.«[1]

> »Genauso, ihr Bhikkhus, kann Māra, wenn jemand die Achtsamkeit auf den Körper entfaltet und geübt hat, keine Gelegenheit und keinen Rückhalt in ihm finden.«[2]

Eine schwere Steinkugel, die leicht in einen weichen Haufen Lehm eindringt, ist das Bild für die Leichtigkeit, mit der Māra Gelegenheit und Rückhalt finden kann. Wenn Māra hingegen keinen Rückhalt findet, ist es, als würfe man ein Wollknäuel gegen eine Tür aus massivem Holz. Es hinterlässt keine Spur.

Der Buddha bezeichnete die Achtsamkeit auf den Körper als die Grundlage all dessen, was wir auf dem Weg zu Nibbāna, zum Erwachen, erreichen können. Das ist eine ziemlich starke Behauptung. Nach dem Tod des Buddha erwähnte Ānanda, sein Cousin und jahrelanger enger Begleiter, dass Achtsamkeit auf den Körper als unser bester Freund betrachtet werden kann. Inmitten der endlosen Abschweifungen der Gedanken, der emotionalen Stürme und des energetischen Auf und Ab können wir immer wieder zu genau diesem Atemzug, genau diesem Schritt zurückkehren. Ich war oft dankbar, dass es so einfach ist. Wir können immer einfach zu den simpelsten Aspekten dessen zurückkehren, was bereits da ist.

MIT DEM ATEM PRAKTIZIEREN

An diesem Punkt seiner Lehrrede erklärt der Buddha diese Praxis noch näher. Er beginnt mit der nachstehenden Frage, die er dann im Folgenden beantwortet:

> »Und wie, ihr Bhikkhus, wird die Achtsamkeit auf den Körper entfaltet und geübt, sodass sie von großer Frucht und großem Nutzen ist? Da setzt sich ein Bhikkhu nieder, nachdem er in den Wald oder zum Fuße eines Baumes oder in eine leere Hütte gegangen ist; nachdem er die Beine gekreuzt, den Oberkörper aufgerichtet und die Achtsamkeit vor sich gegenwärtig gehalten hat, atmet er völlig achtsam ein und achtsam atmet er aus.«[3]

In diesen wenigen Zeilen gibt uns der Buddha eine Menge Hinweise.

Wo praktizieren?

Als Erstes macht er Vorschläge dazu, wo wir praktizieren sollten. Im Wald, am Fuß eines Baumes, in einer leeren Hütte – all diese Orte vermitteln eine gewisse Abgeschiedenheit. Wir können uns überlegen, was dies im Zusammenhang unserer heutigen Lebensumstände bedeuten könnte. Es wäre ideal, sich in ein Retreat-Zentrum oder eine Waldhütte zurückziehen zu können. Aber wir können es auch als Empfehlung verstehen, uns in unserem Zuhause einen Platz einzurichten, welcher der Praxis gewidmet ist: ein Raum oder die Ecke eines Zimmers, wo wir eine Atmosphäre von Stille und Schönheit herstellen.

Als ich das erste Mal in Indien war, praktizierte ich in der burmesischen Vihāra in Bodh Gaya, jenem Ort, wo der Buddha Erleuchtung fand. Zu jener Zeit war es für burmesische Pilger schwer, nach Indien zu fahren, deshalb war die burmesische Vihāra für viele an Meditation interessierte Westler ein beliebter Aufenthaltsort. Sie lag zwar direkt an einer stark belebten Straße und in der Nähe eines Dorfes, wo über Lautsprecher ständig Hindi-Filmmusik lief, und direkt gegenüber war ein öffentlicher Trinkwasserbrunnen, aber ich war für diesen Ort zum Praktizieren unendlich dankbar. Er gab mir inmitten all der Geschäftigkeit ein Gefühl des inneren Rückzugs.

Sitzhaltung

Als Nächstes spricht der Buddha über die Sitzhaltung: die Beine kreuzen und den Oberkörper aufrecht halten. In vielen asiatischen Ländern sind es die Menschen von Kindheit an gewohnt, mit gekreuzten Beinen auf dem Boden zu sitzen, und es ist in der Tat eine gute Haltung für die Sitzmeditation. Doch vor dem Hintergrund unserer westlichen Erziehung und Gewohnheiten können wir diese Empfehlung anpassen und uns auf Sitzbänke oder Stühle setzen, falls wir es brauchen.

Am Anfang meiner Praxis war es mir unmöglich, auch nur zehn Minuten lang mit gekreuzten Beinen zu sitzen. Der Schmerz in meinen Knien war zu stark und meine Konzentration zu schwach, um einfach mit dem Schmerz zu sein. Ich setzte mich auf einen Stuhl, was das Meditieren deutlich erleichterte. Doch als große Person sitze ich auch auf den meisten Stühlen nicht bequem, vor allem, wenn ich längere Zeit sitze. Also legte ich Ziegelsteine unter die Stuhlbeine und ein, zwei Kissen auf den Stuhl, und um dem Ganzen die Krone aufzusetzen, drapierte ich noch ein Moskitonetz darüber. Es sah aus wie eine Kreuzung aus einem Thron und einem Schuhputzerstand.

Es war mir zwar immer etwas peinlich, wenn mein Lehrer mich so sah, aber es funktionierte. Ich konnte lange Zeit sitzen und mir so die Gelegenheit geben, meine Achtsamkeit und Konzentration zu vertiefen. Im Laufe der Zeit konnte ich schließlich auch für längere Zeit mit gekreuzten Beinen sitzen. Der Punkt ist hier jedoch, so zu sitzen, wie es für Sie funktioniert.

In den verschiedenen buddhistischen Traditionen wird die Bedeutung der Sitzhaltung unterschiedlich betont. Im Zen beispielsweise wird großer Wert auf eine korrekte Haltung gelegt: Die Form wird sowohl zum Gefäß als auch zum Ausdruck des erwachten Zustands. Im Theravāda gilt es als weniger wichtig, eine bestimmte Haltung einzunehmen. Doch wie das Satipaṭṭhāna Sutta empfiehlt, ist es in jeder Haltung sinnvoll, den Rücken aufrecht zu halten, ohne sich steif zu machen oder anzuspannen, um unermüdlich, wissensklar und achtsam zu bleiben, frei von Verlangen oder Unzufriedenheit in Bezug auf die Welt.

In unserer eigenen Praxis können wir eine Balance zwischen diesen beiden Ansätzen finden. Sind wir schläfrig oder abgelenkt, kann Zen-artiges Sitzen sehr unterstützend sein. Sowohl in der Meditation als auch im alltäglichen Leben kann weises Bemühen energetisieren. Wir meinen oft, wir bräuchten Energie, um uns zu bemühen. Doch auch das Gegenteil kann wahr sein. Denken Sie nur daran, wie es ist, wenn Sie müde und träge sind und sich dann aufraffen, Sport zu machen oder laufen zu gehen. Meistens fühlt man sich hinterher fitter und wacher: Das Bemühen hat Energie erzeugt.

Wenn Sie sich jedoch zu sehr anstrengen und bemühen, mag es hilfreich sein, die Haltung ein wenig zu entspannen, damit die Energie von innen aufsteigen kann. Mit zunehmender Achtsamkeit und Konzentration richtet sich der Körper von alleine auf. Der innere Energiefluss nimmt zu und hält den Körper mühelos aufrecht.

Als ich einmal in Burma praktizierte, hatte ich mich etwas festgefahren und drehte mich im Kreis. Ich hatte mit viel Willenskraft mit gekreuzten Beinen gesessen, aber es schien nichts zu nützen. Also wechselte ich zwischen dem Sitzen mit gekreuzten Beinen und dem Sitzen auf einem Stuhl. Es zeigte sich, dass dies gerade genug Entspannung war, damit sich die Praxis weiter entfalten konnte. Im Laufe der Zeit lernen wir, die Form zu nutzen und den aktuellen Bedürfnissen entsprechend anzupassen.

Die Aufmerksamkeit fokussieren

Also begeben wir uns an einen abgeschiedenen Ort und setzen uns auf die eine oder andere Weise mit aufrechtem Rücken hin. Nun empfiehlt das Sutta, »die Achtsamkeit vor sich gegenwärtig zu halten«. Dieser Ausdruck ist nicht eindeutig. In seinem Buch über die Satipaṭṭhāna-Lehrrede legt Anālayo verschiedene Interpretationen dar. Der Ausdruck »vor sich« lässt als Konzentrationspunkt zunächst an den Bereich der Nase denken – der Nasenspitze oder des Bereichs zwischen Nase und Oberlippe. Das traditionelle Bild dazu ist, diesen Bereich wie einen Torhüter zu betrachten, der aufpasst, wer die Stadt betritt oder verlässt. Der Torhüter folgt niemandem in die Stadt, und er verlässt seinen Posten auch nicht, um mit jemandem auf die Reise zu gehen.

Verschiedene Lehrer empfehlen andere Arten, Achtsamkeit »vor sich« zu entwickeln. Zwei der großen Meister der thailändischen Waldtradition, Ajahn Maha Boowa und Ajahn Dhammadaro, lehren ihre Schüler, die Aufmerksamkeit zunächst auf die Nase zu richten, sie jedoch später auf den Bereich der Brust oder des Solarplexus zu verlagern. In der Tradition von Mahasi Sayadaw liegt die Betonung auf dem Heben und Senken des Bauches. Genau genommen geht es hier weniger um die Achtsamkeit auf den Atem als vielmehr um die Kontemplation des Luftelements, was auch zu den Körper-Kontemplationen gehört.[4] Ich persönlich mochte immer den Pragmatismus meines Lehrers Munindra-ji, der sagte: »Beobachte den Atem dort, wo es dir am leichtesten fällt, wo du ihn am deutlichsten wahrnimmst.«

Geistige Gegenwärtigkeit entwickeln

Der Ausdruck »Achtsamkeit vor sich halten« bedeutet auch, innerlich eine meditative Haltung einzunehmen. Es geht darum, geistige Gegenwärtigkeit hervorzubringen, sich mit Wachheit zu umgeben. Im chinesischen Satipaṭṭhāna Sutta heißt es an dieser Stelle: »Mit gut kontrollierten, nicht abschweifenden Gedanken.«[5]

Nach dem Einnehmen der Haltung betont der Buddha an dieser Stelle des Suttas die Bedeutung, bewusst die Absicht zu setzen, achtsam zu sein. Sie soll uns daran erinnern: »Ja, dies ist, wozu ich hier bin; dies ist, was ich hier tue.« Es bedeutet, sich einen Augenblick lang auf die eigene Absicht zu besinnen, statt sich nur hinzusetzen und möglicherweise in den üblichen Strom der Gedanken und Fantasien abzudriften. Die Art, in der wir beginnen, bestimmt oft die ganze Richtung unseres Sitzens.

In einer Lehrrede aus der Mittleren Sammlung hören wir von dem jungen Brahmanen Brahmayu, der dem Buddha sieben Monate lang wie ein Schatten gefolgt war und seine Qualitäten sowie sein Verhalten beobachtet hatte. Brahmayu beschreibt daraufhin, wie der Buddha sich zur Meditation hinsetzt:

> »[Er setzt] sich mit gekreuzten Beinen und gerade aufgerichtetem Oberkörper hin und hält die Achtsamkeit vor sich gegenwärtig. Er denkt nicht daran, sich selbst Leid zuzufügen oder anderen Leid zuzufügen oder beiden Leid zuzufügen; er sitzt da, mit dem Geist auf sein eigenes Wohlergehen ausgerichtet, auf das Wohlergehen anderer und auf das Wohlergehen beider; sogar auf das Wohlergehen der ganzen Welt.«[6]

Wenn wir diese Worte auf unsere eigene Praxis anwenden, können wir all diese Aspekte des Achtsamkeit-vor-sich-gegenwärtig-Haltens einbeziehen: was den Ort betrifft, wo wir unsere Aufmerksamkeit hinrichten; was die Absicht anbelangt, achtsam zu sein; und was die Entwicklung des Wunsches für unsere Praxis angeht, dass sie allen Wesen dienen möge.

Achtsamkeit auf den Atem

An dieser Stelle des Satipaṭṭhāna Sutta haben wir also einen passenden Ort für unsere Praxis gefunden, eine angemessene Haltung eingenommen und Achtsamkeit vor uns entwickelt. Der Buddha lässt nun eine Reihe von weiterführenden Anweisungen für die Atmung folgen, was der ersten der Betrachtungen des Körpers entspricht. Wie in vielen anderen Lehrreden weist uns auch hier der Buddha auf einen unschätzbaren und häufig übersehenen Schatz hin: unseren eigenen Atem.

> »Ihr Bhikkhus, wenn die Achtsamkeit auf den Atem entfaltet und geübt wird, ist sie von großer Frucht und großem Nutzen. Wenn die Achtsamkeit auf den Atem entfaltet und geübt wird, vervollkommnet sie die vier Grundlagen der Achtsamkeit. Wenn die vier Grundlagen der Achtsamkeit entfaltet und geübt werden, vervollkommnen sie die sieben Erleuchtungsglieder. Wenn die sieben Erleuchtungsglieder entfaltet und geübt werden, vervollkommnen sie wahres Wissen und Befreiung.«[7]

Dieser einfache Atem ist so ein gutes Objekt der Meditation, weil er immer da ist und für alle Personen funktioniert. Er führt zu tiefer Konzentration und tiefschürfenden Einsichten. Er ist das Gegenmittel zu Ablenkungen und abschweifenden Gedanken und wirkt zum Zeitpunkt des Todes stabilisierend. Nicht nur der letzte Atemzug unseres Lebens, auch der letzte Atemzug unseres Tages kann ein achtsamer sein. Eine herausfordernde, aber interessante Praxis dazu ist, zu bemerken, ob wir beim Einatmen oder beim Ausatmen einschlafen.

Einatmend weiß ich, dass ich einatme …

Wir beginnen unsere Praxis mit der schlichten Wahrnehmung: »Einatmend weiß ich, dass ich einatme, ausatmend weiß ich, dass ich ausatme.« Wir kontrollieren unseren Atem nicht und üben keinen Druck aus. Beim Einatmen wissen wir, dass wir einatmen; beim Ausatmen wissen wir, dass wir ausatmen. Das ist ganz einfach und doch am Anfang nicht so leicht. Der Geist neigt dazu, sich von Plänen, Erinnerungen, Bewertungen und Kommentaren davontragen zu lassen – alles Varianten geistiger Abschweifungen. Doch sobald wir merken, wir sind nicht beim Atem, lassen wir bei diesem Teil der Praxis einfach sanft los und fangen wieder an.

In der zweiten Gruppe von Anweisungen zum achtsamen Atmen sagt der Buddha: »Lang einatmend weiß ich, dass ich lang einatme. Kurz einatmend weiß ich, dass ich kurz einatme.« Die Idee hierbei ist, den Atem auf keine Weise zu beeinflussen, sondern einfach zu bemerken, wie er ist. Allein diese Übung kann helfen, die Gewohnheit der Atmungskontrolle loszulassen. Wir bemerken einfach achtsam, wie sich jeder Atemzug zeigt, ob er kurz oder lang ist. Diese Anweisung erinnert uns, dass es hier nicht um eine Atemübung geht, sondern um Achtsamkeit. Jede Art von Atmung passt dazu.

Wie bei vielen Anweisungen in diesem Sutta wird auch diese von verschiedenen Lehrern und Lehrerinnen unterschiedlich interpretiert. Der burmesische Meister der Mahasi-Tradition Sayadaw U Paṇḍita spricht davon, wie der Geist auf sein Objekt zustürmt, es machtvoll ergreift und tief durchdringt. Andere Lehrer betonen eher eine empfängliche Herangehensweise, als ob man lauscht (nicht in dem Sinne, dass man die Geräusche des Atems hört, sondern im Sinne einer lauschenden, empfangenden Haltung).

Wir brauchen uns nicht darüber zu streiten, welcher Ansatz richtig ist, auch nicht innerlich. Wir können vielmehr all diese Ansätze als geschickte Mittel betrachten, Achtsamkeit, Konzentration und Einsicht zu entwickeln. Wenn sich der Geist zu sehr bemüht und sich anspannt, müssen wir etwas weicher und entspannter werden; wenn er viel abschweift oder schläfrig ist, kann das machtvolle Auf-das-Objekt-Zustürmen sehr hilfreich sein.

Der hoch verehrte Lehrer der thailändischen Waldtradition Ajahn Chaa verwendete ein bekanntes Beispiel für diese Art von Balance. Einmal kam jemand zu ihm und beschwerte sich über die widersprüchlichen Empfehlungen, die er seinen Schülern gab. Manchmal riet er zu einer Sache und etwas später zu genau dem Gegenteil. Ajahn Chaa antwortete: »Es ist so. Wenn ich sehe, wie jemand einen Weg entlangwandert und links in den Graben zu fallen droht, rufe ich: ›Geh rechts!‹ Geht später dieselbe Person oder jemand anderes einen Weg entlang und droht rechts in den Gaben zu fallen, rufe ich: ›Geh links, geh links!‹ Es dreht sich immer darum, auf dem Weg zu bleiben.«

Manchmal kann der Atem sehr fein werden, manchmal sogar nicht mehr wahrnehmbar sein. Wir sollten den Atem dann nicht verstärken, um ihn zu spüren, sondern eher den Geist von unserem Atem auf seine subtile Ebene sinken lassen. Es ist, als lauschte man auf das Flötenspiel von jemandem, der allmählich in der Ferne entschwindet. Die Feinheit des Atems kann genutzt werden, um den Geist zu verfeinern. Wenn der Atem tatsächlich verschwindet und wir ihn gar nicht mehr spüren, können wir einfach unseres sitzenden Körpers gewahr bleiben, bis der Atem von alleine wieder auftaucht.

Einatmend empfinde ich den ganzen Körper …

An diesem Punkt des Suttas gibt es einen interessanten Wechsel in der Sprache. Wie Anālayo anmerkt, verwendet der Buddha in den ersten zwei Übungen das Verb »wissen«: Einatmend weiß ich, dass ich einatme etc. Aber in den nächsten beiden Übungen der Achtsamkeit auf den Atem verwendet der Buddha das Verb »üben«.

> »Er übt sich so: ›Ich werde einatmen und dabei den ganzen Körper erleben‹; er übt sich so: ›Ich werde ausatmen und dabei den ganzen Körper erleben.‹ Er übt sich so: ›Ich werde einatmen und dabei die Gestaltung des Körpers beruhigen‹; er übt sich so: ›Ich werde ausatmen und dabei die Gestaltung des Körpers beruhigen.‹«[8]

Dieser Wechsel in der Sprache – von »wissen« zu »üben« – lässt darauf schließen, dass mit der Erweiterung unseres Gewahrseins auf den ganzen Körper auch eine Intensivierung der Absicht unserer Praxis einhergeht.

Aber auch hier gibt es zwei Interpretationen dahin gehend, was es in diesem Zusammenhang bedeutet, den ganzen Körper zu erleben. Man kann es wortwörtlich nehmen, das heißt den Atem im ganzen Körper spüren oder während des Atmens den ganzen Körper spüren. Die zweite Interpretation von »den ganzen Körper erleben« findet sich in den buddhistischen Kommentaren, denen zufolge sich dieser Ausdruck auf den ganzen »Atemkörper« bezieht – dass wir also üben, den Anfang, die Mitte und das Ende jedes Atemzugs wahrzunehmen. Von der einfachen Wahrnehmung, ob der Atem lang oder kurz ist, spüren wir den Atem jetzt unmittelbarer und bemerken bei jedem Ein- und Ausatmen den ganzen Fluss des Atems mit all seinen wechselnden Empfindungen.

Wie bereits erwähnt, können beide Interpretationen als unterschiedliche geschickte Mittel betrachtet werden, die zu gegebener Zeit angewendet werden können. Wenn wir den Atem zu sehr kontrollieren, ist es nicht hilfreich, sich ganz auf den Atem zu konzentrieren. Möglicherweise ist es dann besser, sich des Atems im größeren Zusammenhang des ganzen Körpers bewusst zu sein. Falls wir jedoch etwas gedankenverloren sind, kann es unsere Achtsamkeit und Konzentration stärken, unseren Fokus ganz auf den Strom der Empfindungen des Atems zu beschränken.

Beruhigung der Gestaltungen

Die letzte Anweisung in dieser Reihe besteht darin, zu üben, mit jedem Atemzug die Gestaltung des Körpers zu beruhigen. Wir können das auf zwei Arten tun. Wenn wir den Satz »Den ganzen Körper empfindend einatmen und ausatmen« so verstehen, dass wir uns unserer gesamten sitzenden Haltung bewusst werden, bedeutet die Beruhigung der Gestaltung des Körpers, eine ruhige, beständige Haltung einzunehmen und unsere Neigung zur Bewegung zu beruhigen. Wir können uns vornehmen, eine bestimmte Zeit lang keine absichtliche Bewegung durchzuführen.

Beziehen wir den Satz »Den ganzen Körper erleben« auf den Atemkörper, so bedeutet die Beruhigung der Gestaltung des Körpers, sich mit der Absicht zu verbinden, das Atmen selbst zu beruhigen. Manchmal hilft es dann, einfach leise die Worte »ruhig, beruhigend« zu wiederholen. Ist der Atem ruhig, dann wird auch der Körper ruhiger, und wenn die Körperhaltung ruhiger wird, beruhigt sich der Atem. Beides steht in Wechselwirkung miteinander.

Es ist überraschend, wie oft wir in unserem Leben den Atem übersehen und ihn in unserer Meditationspraxis manchmal langweilig finden. Nicht nur, dass jeder Atemzug uns am Leben erhält – die bewusste, achtsame Wahrnehmung des Atems bildete die Grundlage für das Erwachen des Buddha. Sie kann auch die Grundlage unseres eigenen Erwachens sein.

> »Wenn euch, ihr Mönche, andersfährtige Pilger etwa fragen sollten: ›Was war das, ihr Brüder, für ein Verweilen, in dem der Erhabene während der Regenzeit am meisten verweilte?‹, so mögt ihr Mönche auf solche Frage den Pilgern antworten: ›In der Einigung bedachtsamer Ein- und Ausatmung hat der Erhabene während der Regenzeit am meisten geweilt.‹ …
> Wenn man nun, ihr Mönche, zu Recht von etwas als ›Edles Verweilen‹ oder ›Göttliches Verweilen‹ oder ›Verweilen des Vollendeten‹ sprechen kann, so mag es bei der Einigung bedachtsamer Ein- und Ausatmung sein.
> Die da, ihr Mönche, übende Mönche sind und in geistiger Unermüdlichkeit verweilen, um den unübertrefflichen Yoga-Frieden zu erreichen, die führt die Einigung bedachtsamer Ein- und Ausatmung, entfaltet und ausgebildet, zur Triebversiegung.
> Die da aber, ihr Mönche, als Mönche Heilige sind, Triebversiegte, Endiger, die das Werk gewirkt, die Last abgelegt, das Heil sich errungen, die Daseinsfesseln versiegt haben, die durch vollkommenes höchstes Erkennen erlöst sind, die führt die Einigung bedachtsamer Ein- und Ausatmung, entfaltet und ausgebildet, schon zu Lebzeiten zu glücklichem Verweilen in achtsamer Klarbewusstheit.«[9]

8

Achtsamkeit auf die Körperhaltung

Im nächsten Absatz des Suttas erweitert der Buddha den Bereich der Achtsamkeit auf den Körper vom Atem auf die Körperhaltungen.

> »Sodann, ihr Mönche, weiß er beim Gehen: ›Ich gehe‹; beim Stehen weiß er: ›Ich stehe‹; beim Sitzen weiß er: ›Ich sitze‹; beim Niederlegen weiß er: ›Ich lege mich nieder‹, oder er weiß der Haltung entsprechend, in der sich der Körper gerade befindet.«[1]

In dieser schlichten Praxis liegt eine große Kraft. Statt uns so oft von Gedanken und Ideen davontragen zu lassen, erden wir uns damit im Gewahrsein des Körpers.

Mein erster Lehrer Munindra-ji sagte häufig: »Sitzt und wisst, dass ihr sitzt, und das gesamte Dhamma wird offenbar.« Das gilt für jede der vier Haltungen: Sitzen, Stehen, Gehen und Liegen.

Wie genau offenbart diese einfache Achtsamkeitspraxis das Dhamma?

SIE STÄRKT DIE STETIGKEIT DES GEWAHRSEINS

Die Achtsamkeit auf die Körperhaltungen – einfach zu bemerken, wie wir im Laufe des Tages von einer Haltung in eine andere übergehen – fördert die Stetigkeit unseres Gewahrseins. Es ist nicht kompliziert, wir brauchen dafür nicht in einem besonders konzentrierten Zustand zu sein, und wir können das gleichermaßen in der Zurückgezogenheit und außerhalb eines Retreats praktizieren. Wir sitzen und wissen, dass wir sitzen; wir gehen und wissen, dass wir gehen; wir stehen und wissen, dass wir stehen. Wir brauchen keine Meditationshochschule zu besuchen, um wach zu sein.

Zu Buddhas Zeiten gab es viele sieben Jahre alte Arahants, vollständig erwachte Wesen. Ich glaube, das lag daran, dass sie ganz einfachen Anweisungen folgen konnten.

SIE OFFENBART DEN ZUSTAND UNSERES GEISTES

Das achtsame Wahrnehmen der verschiedenen Körperhaltungen im Laufe eines Tages offenbart auch viel über den Zustand unseres Geistes.

Vielleicht bemerken wir beim Gehen manchmal, wie wir auf einen Ort oder eine Handlung zueilen. Dabei bedeutet »eilen« nicht unbedingt, dass wir schnell sind; es bezieht sich eher auf einen Zustand der Erwartung, des Wollens, des energetischen Vorwärtsstürzens, und sei es auch nur subtil, statt im jeweiligen Moment zu ruhen und wahrzunehmen, was gerade da ist.

Eine der hilfreichsten Anweisungen für die Gehmeditation lautet: »Beim Gehen einfach gehen.« Diese simple Erinnerung kann die Energie des Eilens und des vielleicht unbemerkten Verlangens nach einem meditativen Zustand durchbrechen. Beim Gehen nur gehen. Wir kehren zur Einfachheit dieses Augenblicks zurück. Oder im Stehen: Bin ich ruhelos oder ungeduldig – oder stehe ich präsent, gut geerdet und entspannt?

Die Achtsamkeit auf die Körperhaltungen bildet die Grundlage zur Überwindung unheilsamer Geisteszustände. Sie hilft sogar bei ziemlich intensiven Fällen. Vor seiner Erleuchtung, als der Buddha noch ein Boddhisattva war, ging er oft in entlegene Dschungel-Gebiete, um sich der Angst in seinem Geist zu stellen.

> »Und während ich mich dort aufhielt, kam gelegentlich ein wildes Tier in meine Nähe, oder ein Pfau schlug einen Ast ab, oder der Wind raschelte in den Blättern. Ich dachte: ›Was nun, wenn jetzt Furcht und Schrecken kommen?‹ Ich dachte: ›Warum weile ich immer in Erwartung von Furcht und Schrecken? Wie wäre es, wenn ich jene Furcht und jenen Schrecken unterwürfe, während ich die Stellung beibehalte, in der ich mich befinde, wenn sie über mich kommen?‹
> Während ich auf und ab ging, kamen Furcht und Schrecken über mich; weder blieb ich stehen, noch setzte ich mich, noch legte ich mich hin, bis ich jene Furcht und jenen Schrecken unterworfen hatte. Während ich stand, kamen Furcht und Schrecken über mich; weder ging ich auf und ab, noch setzte ich mich, noch legte ich mich hin, bis ich jene Furcht und jenen Schrecken unterworfen hatte. Während ich saß, kamen Furcht und Schrecken über mich; weder ging ich auf und ab, noch stand ich auf, noch legte ich mich hin, bis ich jene Furcht und jenen Schrecken unterworfen hatte. Während ich lag, kamen Furcht und Schrecken über mich; weder ging ich auf und ab, noch stand ich auf, noch setzte ich mich, bis ich jene Furcht und jenen Schrecken unterworfen hatte.«[2]

Es kann ermutigend sein, sich zu vergegenwärtigen, dass selbst der Bodhisattva in seiner Ausrichtung auf Erleuchtung mit denselben Schwierigkeiten konfrontiert war, denen wir in unserem Leben begegnen. Allein die Tatsache, dass Kleinigkeiten wie ein fallender Ast oder raschelndes Laub im Buddha starke Ängste weckten, verbindet die Reise des Buddha mit unserer eigenen.

Seine Worte machen deutlich, dass die Läuterung des Geistes nicht nur auf die Sitzpraxis beschränkt ist. Wir können diese unheilsamen Geisteszustände erkennen und durchschauen, wann immer und wo immer sie sich zeigen. Wir können die Flagge der Achtsamkeit hissen, egal, in welcher Haltung wir uns gerade befinden.

Die berühmte Künstlerin des amerikanischen Südwestens Georgia O'Keeffe beschrieb dieselbe mutige Haltung gegenüber der Angst so: »Ich habe jeden einzelnen Augenblick meines Lebens schreckliche Angst gehabt, und ich habe nie zugelassen, dass sie mich von irgendetwas abhielt, was ich tun wollte.«

SIE FÖRDERT UNSER VERSTÄNDNIS DER DREI DASEINSMERKMALE

Die Achtsamkeit auf die Körperhaltungen – »Im Gehen weiß ich, dass ich gehe; im Stehen weiß ich, dass ich stehe« – ebnet auch den Weg zum Verständnis der drei Daseinsmerkmale jeglicher Existenz.

Unbeständigkeit, *Anicca,* ist offensichtlich, wenn wir von einer Haltung in eine andere wechseln. Das betrifft nicht nur die großen Übergänge vom Sitzen zum Stehen oder vom Stehen zum Liegen, sondern auch die unzähligen kleinen Veränderungen, die mit dem Prozess des Wechsels von einer Haltung in eine andere einhergehen. Wenn wir entschleunigen, können wir all diese Mikro-Empfindungen in jedem Augenblick wahrnehmen.

Sie können einmal ausprobieren, Ihren Arm einfach vor sich hin und her zu bewegen. Während Sie das ganz langsam tun, werden Sie eine Menge unterschiedlicher Empfindungen des Gewichts, der Schwere, des Pulsierens und der Muskelbewegungen bemerken. In jedem einzelnen Moment passiert so viel.

Die Achtsamkeit auf die vier Körperhaltungen erhellt auch ganz unmittelbar die Wahrheit von *Dukkha,* Unzufriedenheit. Wir brauchen nur darauf zu achten, warum wir uns bewegen oder die Haltung verändern. Schauen wir genau hin, so erkennen wir, dass fast allen Bewegungen die Absicht zugrunde liegt, dem Unwohlsein zu entgehen oder Schmerz zu lindern. Wenn wir sitzen, machen wir kleine Positionswechsel, um Anspannungen zu lösen, und falls der Schmerz unerträglich wird, machen wir größere Bewegungen. Indem wir zum Essen gehen, wollen wir das Leiden des Hungers beenden. Durch das Aufsuchen der Toilette erlösen wir uns von einem Unwohlsein. Wir legen uns hin, um die Müdigkeit loszuwerden. Doch selbst wenn wir meinen, endlich Ruhe zu finden, will sich der Körper nach einer Weile umdrehen oder strecken. Und nach etlichen Stunden wollen wir wieder aufstehen, weil der Körper vom langen Liegen steif geworden ist. All dies wird in dem Dharma-Spruch zusammengefasst: »Bewegung kaschiert Dukkha.« Es lohnt sich, zu erforschen, was uns zu den vielen Bewegungen motiviert, die wir im Laufe eines Tages machen.

Achtsamkeit auf die Körperhaltungen vertieft auch die Einsicht in die Selbstlosigkeit, *Anattā.* Während wir gehen, können wir innerlich die unausgesprochene Frage in uns tragen: »Wer geht und wer steht?« In der beständigen Achtsamkeit auf den Körper in seinen verschiedenen Haltungen beginnen wir, seine unpersönliche Natur zu erkennen.

Es gibt eine wichtige Stufe der Einsicht, die »Reinheit der Erkenntnis« genannt wird. Es ist die erste tiefe Erkenntnis der selbstlosen Natur aller Phänomene. Es ist die Einsicht in *Nāmarūpa,* was häufig mit »Geist und Materie« übersetzt wird. Auf dieser Stufe der Meditation erkennen wir, dass alles, was geschieht, einfach der Prozess des Wissens und seines Objekts ist: die Empfindungen des stehenden Körpers und das Wissen darum, die Empfindungen des sitzenden Körpers und das Wissen darum. Wir erkennen, dass es niemanden gibt, dem all dies widerfährt, nur das gemeinsame Fortschreiten von Wissen und Objekt.

Durch die Erkenntnis der wechselseitigen ursächlichen Bedingtheit zwischen dem Geist und den materiellen Elementen des Körpers vertiefen wir unser Verständnis der Selbstlosigkeit. Der Körper bewegt sich aufgrund der Absicht des Geistes, welche die Bewegung initiiert. Es ist der Geist, der die Materie prägt. Zu anderen Zeiten versetzt eine körperliche Erfahrung – ein Anblick, ein Geräusch, eine Empfindung – den Geist in einen Zustand der Freude oder der Abneigung. Dann prägt der Körper den Geist.

In der Meditationspraxis erleben wir diese Einsicht in die Selbstlosigkeit des Prozesses zum Beispiel, wenn wir das Gefühl haben, »gegangen zu werden«, wenn die Gehbewegung ganz von alleine zu geschehen scheint. Manchmal fühlt es sich an, als würden wir vorwärtsgeschoben oder gezogen. Dies ist die Erfahrung, dass niemand da ist, der etwas tut, dass es nur das Spiel zwischen mentalen und physischen Elementen gibt, die in verschiedenen Ursache-Wirkungs-Beziehungen miteinander agieren.

Die beständige Achtsamkeit auf die sich verändernden Körperhaltungen stärkt unser stetiges Gewahrsein der Unbeständigkeit, was wiederum hilft, uns von der Identifikation mit dem Körper als einem beständigen Selbst zu befreien. Wir beginnen, die Lehre zu leben, die der Buddha seinem Sohn Rāhula gab: »Alle Phänomene sollten mit angemessener Weisheit gesehen werden – dies ist nicht mein, dies bin ich nicht, dies ist nicht mein Selbst.« Das Verständnis, dass der Körper nicht »mein« ist, hilft, den Geist von Verlangen und Anhaftung zu befreien. Dann behaupten wir nicht länger, Eigentümer der physischen Elemente des Körpers oder des darum wissenden Geistes zu sein.

Der Sinn und Zweck unserer ganzen Praxis ist, den Geist von hinderlichen, ungeschickten Zuständen zu läutern – in den Worten des Buddha: »Übelwollen und Hass zu vermeiden und voller Mitgefühl zum Wohle aller Wesen zu verweilen.«

ĀNANDAS ERWACHEN

In den Lehrreden gibt es viele Geschichten von Mönchen und Nonnen, die durch die Achtsamkeit auf die Körperhaltungen Erleuchtung erlangten. Ānanda war der geliebte Cousin des Buddha und sein enger Begleiter. Schon früh erlangte er den Stromeintritt, die erste Stufe der Erleuchtung, aber es gelang ihm nicht, ganz zu erwachen. Nach dem Tod des Buddha wurde eine große Versammlung einberufen, um alle Lehren zu rezitieren. Es kamen 499 Arahants. Ānanda wurde eingeladen, weil er ein so überragendes Gedächtnis hatte und bei allen Lehren des Buddha anwesend gewesen war. Ānanda schämte sich ein wenig, dass er die Lehren noch nicht voll und ganz verwirklicht hatte, und verbrachte die Nacht vor der Versammlung in Gehmeditation. Spät in der Nacht erkannte er, dass er sich zu sehr bemühte, und beschloss, sich etwas auszuruhen. Er ging sehr achtsam zu seinem Bett und begann sich in voller Achtsamkeit hinzulegen. Genau in dem Augenblick, als er sich hinlegte, kurz bevor sein Kopf das Kissen berührte und seine Füße im Bett waren, öffnete sich sein Geist dem vollständigen Erwachen und er erlangte auch all die verschiedenen übersinnlichen Kräfte. Nachdem er eine Weile dort gelegen und die Seligkeit seines Erwachens genossen hatte, erschien er spontan vor der Versammlung, und alle wussten, dass Ānanda sein Ziel erreicht hatte.

In unserer Meditation ziehen wir zwar häufig die Sitzhaltung vor, doch der Pfad des Erwachens ist nicht auf eine bestimmte Haltung beschränkt. Dieser Abschnitt des Satipaṭṭhāna Sutta über die Achtsamkeit auf die Körperhaltungen beschreibt einen der wirksamsten Wege, die Einsichten einer intensiven Retreat-Praxis in die Aktivitäten des täglichen Lebens einfließen zu lassen. Ajahn Chaa sagte dazu: »Manche Leute meinen, dass man umso weiser wird, je länger man sitzen kann. Ich habe Hühner gesehen, die tagelang auf ihren Nestern sitzen. Weisheit erwächst aus Achtsamkeit zu jeder Zeit und in allen Körperhaltungen.«[3]

Diesem Abschnitt der Achtsamkeit auf die Körperhaltungen folgt wieder der Refrain, der uns an die wichtigen Elemente der Praxis erinnert. Wir betrachten die Körperhaltungen innerlich, äußerlich und sowohl innerlich als auch äußerlich. Wir betrachten das Entstehen und Vergehen, ihre Unbeständigkeit und beachten auch die Haltungen in dem Maße, wie es für das reine Wissen und die beständige Achtsamkeit notwendig ist. Wir verweilen unabhängig, ohne dabei an irgendetwas in der Welt anzuhaften.

9

Achtsamkeit auf die Handlungen

Das Gewahrsein der Körperhaltungen führt ganz natürlich zum nächsten Aspekt von Satipaṭṭhāna: der Achtsamkeit auf das Tun.

> »Sodann, ihr Mönche, handelt er wissensklar beim Vorwärts- und Zurückgehen; er handelt wissensklar beim Hinblicken und Wegblicken; er handelt wissensklar beim Beugen und Strecken seiner Glieder; er handelt wissensklar beim Tragen von Obergewand, Essensschale und Robe; er handelt wissensklar beim Essen und Trinken, beim Kauen und Schmecken; er handelt wissensklar beim Entleeren von Kot und Urin; er handelt wissensklar beim Gehen, Stehen und Sitzen, beim Einschlafen und Aufwachen, beim Sprechen und Schweigen.«[1]

»Wissensklarheit«, wie der Pali-Begriff *Sampajañña* in der Regel übersetzt wird, kann auch als »klares Begreifen« verstanden werden. Damit ist gemeint, etwas ganz genau zu sehen oder durch und durch zu begreifen, mit allen fünf spirituellen Fähigkeiten (Vertrauen/Glauben, Energie, Achtsamkeit, Konzentration und Weisheit) gleichermaßen.

KLARES BEGREIFEN ÜBEN

Es gibt vier Möglichkeiten, diese Geistesqualität, von der der Buddha so oft gesprochen hat, zu entwickeln.

Die Motivation hinter einer Handlung erkennen

Als Erstes können wir Wissensklarheit entwickeln, indem wir um den Zweck einer Handlung wissen, bevor wir sie ausführen, und verstehen, ob sie uns selbst und anderen dient oder nicht. Diese Praxis führt unsere Meditation einen Schritt weiter, als uns lediglich unserer Körperhaltung bewusst zu sein. Hier werden wir aufgefordert, unsere Motivation für unser Handeln zu erkennen und zu reflektieren: Ist es geschickt? Ist es ungeschickt? Diese Unterscheidung zu üben, hat enorme Auswirkungen auf unser Leben in der Welt. Weil unsere Motivation oft subtil und schwer zu erkennen ist – häufig handelt es sich um eine Mischung oder eine Reihe widersprüchlicher Motive –, braucht es viel Ehrlichkeit, Klarheit und Achtsamkeit, um den inneren Antrieb hinter unserem Tun und Lassen deutlich zu erfassen.

Ein Ereignis, welches ich auf einem langen Selbst-Retreat erlebte, mag helfen, die Komplexität unserer Motivationen zu erhellen. Ich hatte einiges an Dharma-Lektüre studiert und dabei eine Geschichte gefunden. Mein erster Gedanke war, dass diese genau richtig sei für meine Kollegin Sharon Salzberg, die zu jener Zeit ein Buch schrieb. Gute Geschichten sind für Dharma-Lehrer Gold wert, von daher freute ich mich, dass mein erster Impuls war, ihr diese Geschichte zukommen zu lassen. Doch unmittelbar danach tauchte der Gedanke auf: »Nein, ich behalte diese Geschichte und nutze sie selbst.« Andere Gedanken folgten rasch darauf: »Das ist egoistisch. Ich sollte ihr davon erzählen. Aber vielleicht erzähle ich ihr auch von diesem inneren Prozess, dann fühlt sie sich ein bisschen in meiner Schuld. Nein, das ist nur noch egoistischer.« Und so weiter. Irgendwann begann ich mich zu fragen, wo es in diesem ganzen Prozess eigentlich eine reine Motivation gab. Im Rückblick erkannte ich, dass jener allererste Impuls, ihr die Geschichte mitzuteilen, eine gewisse Reinheit hatte. Wissensklarheit oder klares Begreifen befreit unseren Geist also nicht automatisch von ungeschickten Gedanken. Es erlaubt uns vielmehr, zu erkennen, was in unserem Geist vor sich geht, und auf der Basis dieses klaren Erkennens weisere Entscheidungen zu treffen. Klares Begreifen ist ein großartiger Verbündeter in unseren täglichen Begegnungen mit Māra.

Māra ist die Verkörperung der Verblendung, doch im Gegensatz zum Teufel oder Satan der westlichen Religionen, der als Herr der Unterwelt gilt, betrachtet die buddhistische Tradition Māra als den Herrn der höchsten himmlischen Reiche. Seine Aufgabe besteht darin, uns mit vielen verführerischen und verwirrenden Tricks in den saṃsārischen Anhaftungen gefangen zu halten.

Māra kann sich zum Beispiel als die schlichte Verlockung von Verlangen und Gier manifestieren. Wir können das rund um das Thema »Nahrungsmittel« erleben, wenn wir weiteressen, obwohl wir satt sind, oder im Übermaß ungesunde Sachen zu uns nehmen.

Auf einer subtileren Ebene können sich hinderliche Geisteszustände in unserer Praxis auch als Freunde einschleichen. Ein dumpfer, matter Geist kann beispielsweise vorgeben, mitfühlend zu sein, indem er uns, wenn wir bei der Praxis müde und frustriert sind, einflüstert, wir könnten doch einfach aufhören. »Ich habe genug getan. Ich habe mich wirklich angestrengt. Jetzt will ich mal ausruhen.« Manchmal brauchen wir wirklich eine Pause, aber es kann auch ein Trick sein, um uns einer Herausforderung nicht zu stellen.

Mir hat der in mehreren Suttas erwähnte Satz »Māra, ich sehe dich« in solchen Situationen häufig geholfen, mich der Verlockung unheilsamer Geisteszustände zu entziehen. Natürlich beruht unsere Fähigkeit, all diese Aspekte von Māra zu erkennen und uns von ihnen zu befreien, auf der Klarheit, mit der wir bemerken, was gerade vor sich geht.

Um den Zweck unseres Handelns als förderlich oder nicht förderlich zu erkennen, brauchen wir auch ein Verständnis der ethischen Dimensionen der Achtsamkeit – genauer gesagt: der Unterscheidung zwischen heilsamen und unheilsamen Geisteszuständen und Handlungen, die jeweils zu Glück oder Leiden führen. Ein tibetisches Gebet, ein Segensspruch bringt dieses Verständnis zum Ausdruck: »Mögest du Glück erfahren und die Ursachen von Glück. Mögest du frei sein von Leiden und den Ursachen von Leiden.«

Dieser Abschnitt des Satipaṭṭhāna Sutta über Achtsamkeit und ein klares Verständnis all unserer täglichen Aktivitäten ist der Anfang der Umsetzung dieses Gebets in unserem Leben.

Wenn wir den Zweck und den Nutzen unseres Tuns klar begreifen, verfügen wir über mehr Möglichkeiten zu weisen Entscheidungen. »Wohin führt dieses Handeln? Will ich dorthin?« Der bekannte vietnamesische buddhistische Meister, Dichter und Aktivist Thich Nhat Hanh brachte es ganz einfach auf den Punkt: »Buddhismus ist ein kluger Weg, das Leben zu genießen. Glück steht zur Verfügung. Greifen Sie zu!«

Um die Angemessenheit einer Handlung wissen

Die zweite Möglichkeit bezieht sich auf die Angemessenheit einer Handlung. Selbst wenn etwas heilsam ist, müssen wir prüfen, ob Zeitpunkt und Ort passend sind. Der Buddha betont diesen Aspekt in seinen Lehren zur rechten Rede, die sich in zwei Fragen zusammenfassen lassen: »Ist es wahr? Ist es nützlich?« Selbst wenn etwas wahr ist, muss es nicht zu jedem Zeitpunkt passend sein, es zum Ausdruck zu bringen. Ein Bewusstsein seiner Angemessenheit stellt unser Handeln in einen größeren Zusammenhang, bei dem zugleich die Wirkung auf andere berücksichtigt wird.

Dieses weise Bedenken hilft uns auch, uns aus spirituellen Selbstbildern zu befreien. Diese Lektion prägte sich mir ein, als ich in Bodh Gaya in Indien sah, wie mein Lehrer Anagārika Munindra im Basar unnachgiebig mit einem Erdnussverkäufer verhandelte. Aus meiner westlichen Sicht schien es mir unziemlich, dass ein großer Meditationsmeister wegen ein paar Cent mehr für Erdnüsse feilschte.

Als ich ihn daraufhin ansprach, antwortete er nur: »Der Weg des Dhamma ist, simpel zu sein, aber kein Simpel.« Er hatte keine Selbstbild-Probleme; er tat, was an jenem Ort zu jenem Zeitpunkt angemessen war.

Die Übungsfelder kennen

Als Drittes können wir durch das Wissen um die rechten Übungsbereiche für die Meditation Wissensklarheit üben. Der Buddha hat diese im Satipaṭṭhāna Sutta mit den vier Anwendungsgebieten der

Achtsamkeit klar umrissen: Körper, Gefühle, Geist und die verschiedenen Kategorien von Erfahrung (Dhammas).

Es gibt die Geschichte von einem Mönch, der jedes Mal, wenn er etwas unachtsam tat, zurückging und die Handlung wiederholte. Nachdem er zwanzig Jahre auf diese Weise praktiziert hatte, wurde er ein Arahant. Ich mag diese Geschichte sowohl als Anregung für die Praxis als auch, weil sie von einer großen Hingabe an den Weg des Erwachens erzählt.

Das klare Wissen um die angemessenen Übungsfelder macht außerdem deutlich, wie wichtig es ist, die Sinneseindrücke einzuschränken, damit der Geist nicht achtlos durch die verführerischen Reiche der Sinneswahrnehmungen schweift. Zurückhaltung wird in unserer Kultur gering geschätzt. Wir betrachten Entsagung als etwas Mühsames, das wir tun, weil wir meinen, es sei gut für uns, obwohl wir eigentlich keine Lust dazu haben. Wir können den Wert der Entsagung jedoch auch als eine Praxis der Suchtlosigkeit betrachten. Das könnte uns helfen, die Freiheit zu schmecken, die darin liegt.

Nicht-Verblendung verstehen

Der letzte Aspekt des klaren Begreifens ist die Nicht-Verblendung, das heißt das klare Erkennen der zuvor erwähnten drei universellen Daseinsmerkmale. Wir alle wissen um die unbeständige, unzuverlässige und selbstlose Natur aller Phänomene. Nicht-Verblendung bedeutet, zu verstehen, dass es bei all den erwähnten körperlichen Handlungen niemanden gibt, der etwas tut – Handeln geschieht ohne Handelnden. Es sind alles nur leere Phänomene, die sich gemäß dem großen Gesetz von Ursache und Wirkung entfalten. Dogen, der berühmte japanische Zen-Meister aus dem 13. Jahrhundert, beschrieb es im Genjo Koan so: »Der Weg des Buddha ist, das Selbst zu erforschen. Das Selbst zu erforschen heißt, das Selbst zu vergessen. Das Selbst zu vergessen heißt, von allen Dingen erleuchtet zu sein.«

In diesem Abschnitt des Suttas über die Achtsamkeit auf die Handlungen wird deutlich, wie wichtig dem Buddha war, dass die Mönche und Nonnen sich ruhig und würdevoll verhalten. Damit ist keine gestellte Steifheit gemeint, sondern vielmehr eine »gelassene

Würde«, wie es der tibetische Dzogchen-Meister Tsoknyi Rinpoche nannte. Im Westen mag heutzutage für manch einen schon die Idee von Haltung und Würde einen altbackenen Beigeschmack haben, doch in Asien sind sie deutliche und schöne Bestandteile der buddhistischen Kultur. Vor allem jene, die als Laien oder Ordinierte Achtsamkeit praktizieren, weisen in ihren Bewegungen eine große Anmut und in ihren Beziehungen eine deutlich sichtbare Ehrerbietung auf. Das soll nicht heißen, dass dort nicht dieselben Verfehlungen geschehen wie im Westen. Sie sind jedoch in eine kulturelle Norm eingebettet, die eher Bewusstheit, klares Begreifen und Verkörperung fördert als Ablenkung.

Nach diesem Abschnitt über die Achtsamkeit auf Handlungen wiederholt der Buddha den Refrain. Darin erinnert er uns daran, all diese Aktivitäten innerlich und äußerlich und sowohl innerlich als auch äußerlich zu betrachten, ihr Entstehen und Vergehen zu erkennen; so achtsam zu sein, wie es für reines Erkennen und beständige Achtsamkeit notwendig ist, und dabei ungebunden zu bleiben, ohne Anhaftung an irgendetwas Weltliches.

10

Achtsamkeit auf die körperlichen Merkmale

In diesem Kapitel werden wir erörtern, wie wir mit den verschiedenen Bestandteilen des Körpers so meditieren können, dass wir das Konzept »Körper« überwinden können. In diesem Abschnitt des Satipaṭṭhāna Sutta analysiert der Buddha genauer, was wir »Körper« nennen: seine anatomischen Teile, die in ihm enthaltenen Elemente sowie seine Natur, zu sterben und zu zerfallen. Diese kraftvollen Meditationen helfen, unsere starke Identifikation mit dem Körper zu lösen und uns damit von dem Leiden zu befreien, das aus dieser Identifikation entsteht.

DIE ANATOMISCHEN TEILE

In den nächsten Anweisungen dieser ersten Grundlage der Achtsamkeit auf den Körper wird unsere Aufmerksamkeit auf eine Analyse der Bestandteile des Körpers gelenkt, indem wir seine anatomischen Komponenten betrachten.

> »Sodann, ihr Mönche, untersucht er prüfend ebendiesen Körper, von den Fußsohlen aufwärts und von den Haarspitzen abwärts, von Haut umschlossen, angefüllt mit vielen Arten von

Unreinheit: In diesem Körper gibt es Kopfhaare, Körperhaare, Nägel, Zähne, Haut, Fleisch, Sehnen, Knochen, Knochenmark, Nieren, Herz, Leber, Zwerchfell, Milz, Lunge, Gedärm, Gekröse, Mageninhalt, Exkremente, Galle, Schleim, Eiter, Blut, Schweiß, Fett, Tränen, Talg, Speichel, Nasenschleim, Gelenkflüssigkeit und Urin.«[1]

In diesem Sutta werden 31 Bestandteile des Körpers erwähnt, an anderen Stellen finden wir 32 oder 36. Und manche Lehrreden enden einfach mit dem Ausdruck »... und was es sonst noch für Teile geben mag«.

Warum fand der Buddha die *Asubha*, die unschönen Aspekte des Körpers, solch detaillierter Erwähnung wert? Und warum sollten wir uns damit befassen wollen? Nun, was wir »Körper« nennen, scheint uns oft so attraktiv und verlockend, doch aus einer anderen Perspektive ist es nur eine Ansammlung zusammenhängender Teile, von denen keines an und für sich besonders reizvoll ist. Diese Betrachtung dient also dazu, die Macht dieser starken Prägung zu mindern.

Wenn wir unsere eigenen und die Körper der anderen aus dieser Sicht sowohl innerlich als auch äußerlich kontemplieren, erkennen wir auch die unbeständige, bedingte Natur all dieser anatomischen Teile. Wir verstehen, dass dieser Körper, den wir so oft für unser Selbst halten, ein auf wechselseitiger Bedingtheit beruhendes System von Organen, Knochen, Blut, Nervenbahnen und anderen Komponenten ist. So gesehen brauchen wir die Abnutzung oder die beeinträchtigte Funktion von Teilen dieses Systems nicht mehr als Versagen des Selbst oder als Niederlage des Körpers zu betrachten, sondern wissen, dass dies einfach der Natur aller bedingten Dinge entspricht. Sie folgen schlicht dem zweiten Gesetz der Thermodynamik: Alle Systeme unterliegen dem Gesetz der Entropie und neigen damit zur Unordnung.

Angesichts all dessen ist es erstaunlich, wie schwer es uns trotz der überwältigenden Menge an Beweisen fällt, diese grundlegende Wahrheit über die Natur der Dinge anzunehmen. Dieser Abschnitt des Satipaṭṭhāna Sutta erinnert uns mit Nachdruck daran, wie unpersönlich und unzuverlässig der Körper naturgemäß ist. Die Kontemplation darüber hilft uns, klarer zu erkennen, was der Körper wirklich ist, und uns damit von körperbezogener Eitelkeit, Lust, Geringschätzung und Angst zu befreien.

Die Gefahr einer falschen Einstellung

Bei dieser Praxis gilt es jedoch, eine gewisse Vorsicht walten zu lassen. Wird sie mit der falschen Einstellung geübt, kann sie statt zu Gelassenheit, Freiheit und Beruhigung der Begierde unabsichtlich unheilsame Ablehnung und Ekel fördern.

Vor Jahren besuchte der bekannte kambodschanische Mönch Maha Ghosananda während des alljährlichen Drei-Monats-Retreats die Insight Meditation Society. Während einer Sitzmeditation führte er die Praktizierenden durch eine ungewöhnliche Ess-Meditation. Er lud die Teilnehmenden zu der Vorstellung ein, sie hätten etwas zu essen vor sich, würden es aufnehmen und in den Mund stecken und dann genau beobachten, was mit dem Essen passiert, während sie es kauen. Nicht sehr angenehm. Er fuhr fort, sie sollten innerlich vor sich sehen, was dann weiter mit dem Essen passiert, wenn es geschluckt wird, durch den Verdauungstrakt wandert, bis letztlich die Abfallstoffe ausgeschieden werden.

Das Interessante daran waren die Reaktionen der Meditierenden. Eine fragte Maha Ghosananda, warum er solch eine Abneigung gegen das Essen habe. Tatsächlich hatte er jedoch überhaupt keine Abneigung dagegen; er tat nichts anderes, als uns durch den Prozess dessen zu führen, was jeden Tag in uns geschieht. Manche Leute projizierten auf ihn jedoch ihre eigene Abneigung und ihren Widerwillen, sich die unattraktiven Aspekte des Essens bewusst zu machen.

Wir können lernen, die Dinge so zu sehen, wie sie wirklich sind, ohne Verlangen nach dem Angenehmen oder Ablehnung des Unangenehmen. In diesem Abschnitt des Suttas verweist der Buddha auf die angemessene innere Einstellung:

> »Gerade so, als wäre da ein Beutel mit einer Öffnung an jedem Ende, gefüllt mit vielen Arten von Körnern, wie Hügelreis, roter Reis, Bohnen, Erbsen, Hirse und weißer Reis, und ein scharfsichtiger Mann würde ihn öffnen und ihn so untersu-

> chen: Das ist Hügelreis, das ist roter Reis, das sind Bohnen, das sind Erbsen, das ist Hirse, das ist weißer Reis – so sieht er auch ebendiesen Körper …«[2]

Diese ausgeglichene Betrachtung der unschönen Eigenschaften des Körpers kann uns alle zum Erwachen führen, weil wir dabei erkennen, dass es in Bezug auf den Körper nichts gibt, was wir als »ich« oder »mein« bezeichnen könnten. So kann der Geist in einem Augenblick oder im Laufe der Zeit alles Anhaften loslassen und frei sein. Wie der Buddha sagte: »Bhikkhus, wer anhaftet, ist gefesselt von Māra; wer nicht anhaftet, ist befreit.«

DIE ELEMENTE

Die nächste Anleitung des Buddha zur Betrachtung des Körpers führt den Geist auf noch subtilere Ebenen:

> »Sodann, ihr Mönche, untersucht er prüfend ebendiesen Körper, gleich wo und in welcher Haltung er sich befindet, als aus Elementen bestehend: In diesem Körper gibt es das Erdelement, das Wasserelement, das Feuerelement und das Windelement.«[3]

Hier verwendet der Buddha das alte indische Konzept, dass die Materie grundsätzlich aus den vier Elementen besteht. Aus Sicht der modernen Wissenschaft könnten wir diese vier Elemente auch als fest, flüssig, plasmatisch und gasförmig bezeichnen. Im *Jhāna,* einem Zustand äußerst intensiver Vertiefung, ist es auch möglich, den Körper auf subtilen Ebenen zu erfahren, die weit jenseits unserer normalen Wahrnehmung liegen. Die vier Elemente korrespondieren mit bestimmten Aspekten dieser Erfahrungen. Es wäre interessant, einmal einen genaueren Vergleich zwischen der aktuellen wissenschaftlichen Sicht der kleinsten Bausteine der Materie und diesen meditativen Wahrnehmungen anzustellen. Doch auch in unserer gewöhnlichen Art, die Dinge wahrzunehmen, sind die vier Zustandsformen der Materie nützlich, um unser subjektives Empfinden des Körpers und der physischen Welt zu beschreiben.

Das Erdelement bezieht sich auf die Erfahrung des Festen und seiner Merkmale wie Steifheit, Härte oder Weichheit.

Das Wasserelement steht für die Eigenschaften der Bindekraft und der Fließkraft. Trockenes Mehl beispielsweise verbindet sich nicht, fügt man jedoch Wasser hinzu, verkleben die Teilchen zu einem Teig. Den Kommentaren zufolge ist das Wasser weniger ein eigenständiges Element, sondern vor allem das, was alle anderen Elemente zusammenhält.

Das Feuerelement bestimmt die Temperatur: Hitze und Kälte. Es steht auch für das Empfinden von Leichtigkeit im Körper. Das Feuerelement wirkt wärmend und lässt die Dinge altern. Zu viel Hitze verbrennt. Dann sprechen wir im asiatischen Raum noch vom »Verdauungsfeuer«: Ist es stark, wird die Nahrung gut verdaut; ist es schwach, haben wir Magenprobleme oder Bauchweh. Dieses Verständnis hilft, die burmesische Vorliebe für scharfe Chilis zu verstehen. Sie brennen zwar beim Essen, aber die Leute mögen sie, weil sie gesund sind.

Das Luftelement bewirkt sowohl Bewegung im Körper als auch Empfindungen von Erweiterung, Ausdehnung, Aufblähung oder Druck. Wenn wir in der Meditation auf das Heben und Senken der Bauchdecke achten, befassen wir uns mit dem Luftelement.

Betrachtung der Elemente

Wir finden in den Suttas und Kommentaren zwar detaillierte Informationen zu den Elementen, aber es ist letztlich nicht so wichtig, genau zu wissen, welche Empfindung zu welchem Element gehört. Es ist in Ordnung, unsere Empfindungen mit den gewohnten Begriffen zu bezeichnen, wissend, dass in ihnen das eine oder andere Element zum Ausdruck kommt.

Wir können die Betrachtung der vier Elemente auf unterschiedliche Weisen angehen, von denen uns jede zu Erkenntnissen über die drei Daseinsmerkmale führt, was wiederum der Befreiung des Geistes von Anhaftungen dient.

In der Gehmeditation beispielsweise können wir in der Leichtigkeit, die wir spüren, wenn wir den Fuß und das Bein heben, das Feuerelement bemerken. Während wir den Fuß nach vorne schieben, spüren wir Bewegung und Druck: das Luftelement. Und sobald wir den Fuß wieder auf dem Boden absetzen, spüren wir die Härte oder Weichheit des Erdelements.

Die gewohnte Tätigkeit des Gehens auf diese Weise zu erleben, bewirkt eine wichtige Veränderung unserer Meditationspraxis. Im Alltag sagen wir beispielsweise: »Ich spüre mein Bein.« Doch tatsächlich gibt es keine Empfindung »Bein«. Wir spüren vielleicht Druck, Schwere oder Leichtigkeit und erzeugen daraus das innere Konzept »Bein«. In der Meditation verlassen wir jedoch den Körper als Konzept und werden uns mehr des Körpers als einem sich ständig verändernden Energiefeld bewusst. Auf dieser Ebene verflüchtigt sich das Empfinden des Körpers als feste Substanz.

In unseren persönlichen Berichten forderte uns Sayadaw U Paṇḍita auf, so genau wie möglich zu beschreiben, was wir spüren, wenn wir einen Schritt machen, und dann zu bemerken, was mit jeder dieser Empfindungen passiert. Durch diese achtsame Präzision wird das Wechselspiel der Elemente im Körper deutlich. Je mehr wir uns von dem Konzept »Körper« befreien und unmittelbarer spüren, was gerade passiert, desto weniger anfällig sind wir für die damit einhergehenden Reaktionen wie Anhaftung, Verlangen, Ablehnung und Hochmut.

Mit dem Empfinden des »Ich bin« arbeiten

Die Betrachtung der Elemente ist auch ein höchst wirksames Mittel gegen die tief verankerten Konditionierungen des Hochmuts oder Dünkels. Im buddhistischen Sinne stehen Hochmut oder Dünkel für die tiefe Überzeugung des »Ich bin«, »Ich war« und »Ich werde sein«. Dies ist eine der letzten Geistestrübungen, die es zu entwurzeln gilt, und einer der letzten Schleier der Unwissenheit, die es vor dem vollen Erwachen zu beseitigen gilt.

Achten Sie einmal darauf, wie häufig das Empfinden des »Ich bin« in Ihnen auftaucht, wenn es um Ihren Körper geht, vor allem, wenn Sie ihn mit dem Körper anderer vergleichen.

Achten Sie dann weiter darauf, wie viele verschiedene Gedanken und Gefühlsmuster durch diese Vergleiche ausgelöst werden, in wie viele Projektionen wir uns dadurch verlieren: »Kaufen Sie dieses Produkt, und Sie werden aussehen wie die perfekt gestylten Wesen, die dafür Werbung machen.« Dass diese Vergleiche funktionieren, obwohl sie mit derart offensichtlichen Tricks arbeiten, ist ein Hinweis darauf, dass sie einem tief in unserer Psyche sitzenden Muster entsprechen.

Indem wir den Körper als eine Ansammlung von Teilen betrachten, die für sich genommen kaum verlockend sind, und den Körper einfach als ein Zusammenspiel von Elementen wahrnehmen, löst sich der Hochmut des »Ich bin« von alleine auf. Auf den Körper bezogene Gefühle wie Stolz oder Minderwertigkeit sind dann nicht mehr sinnvoll. Bhikkhu Ñāṇananda sprach im Zusammenhang mit dem Hochmut, die Elemente als Selbst zu bezeichnen, von der »widerrechtlichen Aneignung öffentlichen Eigentums«. Sāriputta, einer der bedeutendsten Schüler des Buddha, beschreibt es so:

> »Es kommt die Zeit, in der das Wasser im großen Ozean nicht ausreicht, auch nur ein Fingerglied zu benetzen. Wenn sogar dieses äußere Wasserelement, groß wie es auch ist, als vergänglich gesehen wird, als der Vernichtung, dem Verschwinden und der Veränderung unterworfen, um wie viel mehr dann dieser Körper, an dem durch Begehren angehaftet wird und der nur kurze Zeit überdauert? Jenes kann nicht als ›Ich‹ oder ›Mein‹ oder ›Ich bin‹ betrachtet werden.«[4]

Dies ist eine nachdrückliche Erinnerung an die grundsätzliche Instabilität der Elemente. Die Beschreibung ähnelt verblüffend derjenigen vom Ende unserer Sonne als Stern. Was bedeutet das im Hinblick auf das, worauf wir uns verlassen, wo wir Zuflucht suchen in der Welt? Die Betrachtung der Elemente führt zu einer radikal anderen Weltsicht, die selbst das Konzept des »Seins« hinter sich lässt.

Im zweiten Teil der Anleitung zu den Elementen verwendet der Buddha ein anschauliches Bild, um diesen Perspektivwechsel zu verstärken:

> »So wie sich ein geschickter Metzger oder sein Gehilfe, der eine Kuh geschlachtet hat, an der Wegkreuzung niedersetzt, mit der Kuh, zerlegt in Einzelteile; genauso untersucht ein Bhikkhu systematisch diesen seinen Körper, an welchem Ort, in welcher

> Stellung er sich auch immer befindet, wie er aus den Elementen besteht: ›In diesem Körper gibt es das Erdelement, das Wasserelement, das Feuerelement und das Windelement.‹«[5]

Manche mögen von dem Bild der geschlachteten Kühe unangenehm berührt sein (es mutet ja auch nicht besonders buddhistisch an!), doch der Buddha verweist mit diesem Bild aus dem Alltag der Landbevölkerung auf tiefe Dharma-Weisheiten. Selbst im heutigen Indien finden Geburt, Leben und Sterben auf der Straße statt. Sie werden nicht versteckt oder geschönt, wie es im Westen häufig geschieht.

Was will uns der Buddha mit diesem Beispiel sagen? Solange die Kuh noch ganz ist, bezeichnen wir sie als Kuh, egal ob tot oder lebendig. Doch wenn sie in Teile zerhackt am Straßenrand verkauft wird, reden wir nur noch von Fleisch. Dieses vielleicht nicht so angenehme Bild kann als Beispiel dafür dienen, was passiert, wenn wir den Körper aus Elementen bestehend erleben: Wir lösen uns vom Konzept eines Wesens, einer Person. Wir können das in der Gehmeditation erleben, wenn wir einfach nur spüren, wie die Empfindungen der verschiedenen Elemente entstehen und vergehen. In solchen Momenten empfinden wir den Körper nicht als festes Objekt, sondern bemerken die Empfindungen im Raum und das Erkennen dieser Empfindungen.

In dem berühmten buddhistischen Kommentar aus dem 5. Jahrhundert *Der Weg zur Reinheit* wird die Wirkung dieser Kontemplation der Elemente erklärt:

> »Der der Analyse der vier Elemente hingegebene Mönch aber durchdringt die Leerheit und rottet aus die Vorstellung eines Wesens. Insofern er aber die Vorstellung eines Wesens in sich ausgerottet hat …, meistert er Furcht und Angst, meistert er Lust und Unlust, wird er bei erwünschten und unerwünschten Dingen weder freudig erregt noch niedergeschlagen. Und von hoher Einsicht erfüllt ist er der Todlosigkeit oder himmlischer Fährte gewiss.«[6]

Relative und absolute Wahrheit

Durch unsere Praxis der Kontemplation der vier Elemente eröffnet sich uns ein Verständnis für zwei Prinzipien, die 2600 Jahren buddhistischer Weisheit zugrunde liegen. Es sind die Prinzipien von relativer und absoluter Wahrheit. Das Satipaṭṭhāna Sutta erwähnt diese zwei Verständnisebenen zwar nicht ausdrücklich, sie liegen jedoch etlichen der Anweisungen in dieser Lehrrede zugrunde.

Unter relativer Wahrheit verstehen wir die gewöhnliche Welt der Subjekte und Objekte, des Selbst und der anderen, der Geburt und des Todes. All unsere vertrauten Lebenserfahrungen sind Bestandteile dieser Wahrheit. Die absolute Wahrheit betrachtet dieselbe Welt, jedoch ganz anders. Auf der Ebene der absoluten, ultimativen Wahrheit gibt es keine Trennung zwischen Subjekt und Objekt – genau genommen überhaupt keine »Dinge«. Ihr tiefster Aspekt ist das Unmanifeste, das Ungeschaffene, das Ungeborene und Ungestorbene.

Um zu verstehen, wie sich diese beiden Wahrheiten aufeinander beziehen, können Sie sich für einen Augenblick in ein Kino versetzen. Stellen Sie sich vor, Sie sind ganz in die Geschichte des Films vertieft. Sie sind glücklich oder traurig, aufgeregt oder verängstigt, je nachdem, welche Geschichte gezeigt wird. Und stellen Sie sich dann vor, Sie schauen auf und bemerken, dass der Film auf eine Leinwand projiziert wird. Sie erkennen, dass eigentlich außer ein paar farbigen Lichterscheinungen nichts passiert. Niemand verliebt sich gerade, niemand stirbt. Doch solange wir uns auf die Geschichte einlassen, erscheint uns alles ganz real. Und wir können das noch weiterführen: Was passiert mit unserer Erfahrung des Lichts, wenn es nirgends widergespiegelt wird, wenn es keine Leinwand gibt, noch nicht einmal Staubpartikel in der Luft? Ohne Objekt, auf dem es »landen« kann, ist das Licht unmanifest.

Auf der relativen Ebene verhalten wir uns als Individuen und beziehen uns aufeinander im Kontext unserer persönlichen Geschichte und Geschichten. Auf der absoluten Ebene gibt es kein Selbst, kein »Ich«, es ist niemand da. Alles ist ein Spiel sich unaufhörlich wandelnder Elemente. Im Sutta Nipāta, einer der ältesten Sammlungen der Lehren des Buddha, verweist der Buddha ganz direkt auf diese Praxis der Freiheit:

> »Was früher war, das trockne aus! Nicht sei dir künftig irgendwas!
> Wenn in der Mitte du nicht greifen wirst, befriedet wirst du leben dann!
> Für wen bei allem, was da Geist und Körper, es nichts mehr gibt, was er als ›Mein‹ noch liebt,
> Wer über nicht Vorhandenes nimmer klagt, der leidet nimmer in der Welt Verlust.
> Für wen es nichts dergleichen gibt: Ein ›Dies ist mein‹ und ›Dies gehört den andern‹,
> Wer Eigentum nicht finden kann, der klagt nicht also: ›Ich besitz' es nicht!‹«[7]

»Sich um nichts sorgen, was es nicht gibt.« Die Betrachtung der Elemente verdeutlicht die Ebene, auf der es einfach kein »Ich« oder »Selbst« gibt. Auf dieser Ebene sind wir wirklich frei von den Dramen unseres Lebens.

Eine Geschichte von einem der großen tibetischen Meister des vorigen Jahrhunderts, Seiner Heiligkeit dem 16. Gyalwa Karmapa, liefert ein wunderbares Beispiel dafür. Als er in einem Krankenhaus in Illinois im Sterben lag, trauerten seine um ihn versammelten Schüler um den bevorstehenden Verlust ihres geliebten Lehrers. Irgendwann wandte sich der Karmapa ihnen zu und sagte: »Macht euch keine Sorgen, nichts geschieht.« Aus der Sicht eines erwachten Wesens ist niemand da, der geboren wird oder stirbt. All das gehört zu dem Film auf der Leinwand.

Auch hier gilt es jedoch vorsichtig zu sein: Es ist möglich, dass wir zu dieser absoluten Wahrheit eine Anhaftung entwickeln, bevor wir wirklich frei sind. Auch die Perspektive, dass alles leer und nichts wirklich wichtig ist, kann ein begrenztes Verständnis sein und zur Vernachlässigung der Praxis führen. Dann verlieren wir die Verbindung zu dem, was die Taoisten »die zehntausend Freuden und die zehntausend Sorgen« nennen.

Der große indische Gelehrte des 2. Jahrhunderts Nārgārjuna warnte vor dieser Gefahr, als er schrieb: »Es ist traurig, jene zu sehen, die irrigerweise an eine stoffliche, greifbare Wirklichkeit glauben, doch noch viel erbärmlicher sind jene, die der Leerheit verhaftet sind.«[8] Nyoshul Khen Rinpoche, der bekannte Dzogchen-Meister und Lehrer vieler westlicher Praktizierender, führte diese potenzielle Falle der Anhaftung an die Leerheit noch weiter aus:

> »Jenen, die an *Dinge* glauben, kann durch verschiedene Arten der Praxis, durch geschickte Mittel geholfen werden. Doch jene, die in den Abgrund der Leerheit fallen, kommen kaum wieder daraus hervor, weil es keine Haltegriffe, keine Stufen, keinen allmählichen Fortschritt zu geben scheint, nichts, was man tun könnte.«[9]

Eine reife spirituelle Praxis erkennt die Einheit der relativen und absoluten Ebene, die einander informieren und zum Ausdruck bringen. Die Entwicklung dessen, was »die vier himmlischen Verweilzustände« genannt wird – liebende Güte, Mitgefühl, Mitfreude und Gleichmut –, beruhen alle auf der konzeptionellen Ebene der Wesen: »Mögen alle Wesen glücklich sein. Mögen alle Wesen frei sein von Leiden.« Je tiefer jedoch unser Verständnis der Selbstlosigkeit wird, desto freier und spontaner treten diese wundervollen Geisteszustände auf. Auf der relativen Ebene sind Liebe und Mitgefühl Zustände, die wir kultivieren; auf der absoluten Ebene entsprechen sie dem natürlichen Wesen des Geistes. Dilgo Khyentse Rinpoche lehrte: Wenn wir die leere Natur der Phänomene erkennen, entfaltet sich die Energie, das Gute in anderen hervorzubringen, ungehindert und mühelos.

Dieses Verständnis lässt die seltene Blume des *Bodhicitta* erblühen, des erwachten Herzens, welches die eigene Praxis und das eigene Leben dem Wohle aller widmet. Es gilt dabei, ganz bescheiden anzufangen und einfach den Samen dieses Bestrebens in uns zu pflanzen, ohne Anmaßung und ohne große Erwartungen. Die Verwirklichung von *Bodhicitta* ist eine lebenslange Übung.

Seine Heiligkeit der Dalai Lama sagte dies sogar über sich selbst: »Ich kann nicht behaupten, ich sei fähig, wirklich *Bodhicitta* zu praktizieren, aber ich bin davon enorm inspiriert. Tief in mir weiß ich, wie kostbar und segensreich es ist, das ist alles.«[10]

DER ZERFALLENDE KÖRPER

Die letzte Anweisung des Buddha über die Achtsamkeit auf den Körper ist die Betrachtung verschiedener Zerfallsstufen von Leichen.

Die meisten von uns haben kaum die Möglichkeit, sich dieser Praxis zu widmen, deshalb will ich hier nur die Anweisungen aufführen und es dem Leser und der Leserin überlassen, diese auf für sie angemessene Weise zu kontemplieren.

> »Sodann, ihr Mönche, als sähe er einen Leichnam, hingeworfen auf einem Leichenfeld – einen Tag, zwei oder drei Tage tot, aufgedunsen, bläulich verfärbt, aus dem Flüssigkeiten sickern …, wie er von Krähen, Falken, Geiern, Hunden, Schakalen oder verschiedenen Arten von Würmern verschlungen wird …, ein Skelett mit Fleisch und Blut, von Sehnen zusammengehalten …, ein fleischloses Skelett, blutverschmiert, von Sehnen zusammengehalten …, ein Skelett ohne Fleisch und Blut, von Sehnen zusammengehalten …, voneinander gelöste Knochen, in alle Richtungen zerstreut …, weiß gebleichte Knochen, von der Farbe der Muschelschalen …, aufeinander gehäufte Knochen, über ein Jahr alt …, morsche Knochen, zu Staub zerfallend – vergleicht er ebendiesen Körper damit: Auch dieser Körper ist von derselben Art, so wird er sein, er ist von diesem Schicksal nicht ausgenommen.«[11]

Besonders der letzte Satz der Anweisung kann uns eine deutliche Erinnerung daran sein, tief über die zerfallende Natur des Körpers und seiner Zustände nach dem Sterben nachzusinnen. Wir können uns Leichen in verschiedenen Verwesungszuständen vorstellen und uns daran erinnern, dass auch unser Körper dieser Natur ist. Manchmal sind wir so identifiziert mit dem Körper, dass uns diese Vorstellung schwerfällt. Doch auch der Zerfall ist ein Werk der Natur. Er betrifft alles, was lebendig ist.

Je mehr wir uns dieser Wahrheit öffnen können, desto weniger klammern wir uns an die unmögliche Idee, unser Körper solle sich nicht verändern, und umso weniger leiden wir, wenn er es tut.

Eine interessante Praxis dazu könnte sein, sich am Straßenrand liegende, überfahrene Tiere genauer anzuschauen. Manchmal sehen sie ganz friedlich aus, als würden sie sich nur ausruhen, doch häufig wurden sie schwer verletzt oder sie sind bereits von Raubtieren angefressen. Es ist kein angenehmer Anblick, doch es offenbart die Natur des Körpers – unseres Körpers – und hilft, uns für die universelle Wahrheit von Tod und Zerfall zu öffnen. Es geht dabei jedoch nicht darum, eine morbide Faszination zu entwickeln, sondern zu lernen, den Körper ohne Anhaftung zu nutzen und gut zu versorgen. Allein diese Betrachtung kann uns zum vollständigen Erwachen führen.

Achtsamkeit auf die Gefühle

11

Befreiung durch Gefühle

Um das Satipaṭṭhāna Sutta tiefer zu verstehen hilft es, sich vor Augen zu halten, dass der Buddha diese Lehren gab, um den Geist vom Leiden zu befreien. Es ging ihm um Befreiung, nicht um ein bequemeres Leben oder um die Bewältigung unserer persönlichen Geschichte. Dies können nützliche Nebenprodukte der Praxis sein, doch das eigentliche Thema sind die essenziellen Fragen nach Geburt, Altern, Krankheit und Tod und wie wir in diesem großen zyklischen Kreislauf der Existenz Freiheit finden können.

Die meisten von uns sind in ihrem Leben in viele Verpflichtungen eingebunden, tragen Verantwortung und leben mit den damit verbundenen Schwierigkeiten und Freuden. Trotzdem ist es möglich, mit höchstem Bestreben zu praktizieren. Dabei ist nicht wichtig, ob wir dieses höchste Bestreben »Glück«, »Frieden« oder »Erwachen« nennen. Die dabei gewonnenen Erkenntnisse verändern unser Leben in der Welt, unabhängig davon, ob wir nur eine Ahnung des Möglichen erhaschen oder es vollständig verwirklichen.

Der Buddha beginnt den nächsten Abschnitt des Suttas mit einer rhetorischen Frage: »Und wie, ihr Bhikkhus, verweilt er hinsichtlich der Gefühle, die Gefühle betrachtend?« Was meint er mit dem Wort *Gefühle,* der deutschen Übersetzung des Pali-Wortes *Vedanā?*

Im Englischen [bzw. Deutschen] verwenden wir dieses Wort auf vielfältige Weise. Webster's Dictionary listet 14 verschiedene

Bedeutungen auf. Manchmal sind damit Emotionen gemeint: »Ich fühle mich glücklich, traurig, friedlich oder genervt.« Manchmal bezieht es sich auf körperliche Empfindungen: »Ich fühle Hitze oder Kälte, Druck oder Enge.« Oder es beschreibt eine Meinung oder innere Einstellung: »Die ganze Gruppe hatte das Gefühl, es sei Zeit einzugreifen.«

Im Buddhismus wird *Vedanā* genauer definiert, und in dieser spezifischen Bedeutung liegt der große Wert für unsere Praxis. Die Achtsamkeit auf die Gefühle ist einer der zentralen Schlüssel zu den tiefsten Mustern unserer Konditionierung. *Vedanā* bezieht sich besonders auf die Qualität des Angenehmen, Unangenehmen oder Neutralen, welches im Kontakt mit der Erfahrung des jeweiligen Augenblicks entsteht. Diese Gefühle werden sowohl von physischen als auch von mentalen Phänomenen hervorgerufen. Da ist ein Körperempfinden, ein Geräusch, ein Gedanke oder eine Emotion, und wir empfinden sie als angenehm, unangenehm oder neutral.

GEFÜHLE UND KONDITIONIERTE REAKTIONEN

Warum ist das wichtig? Warum konzentriert sich der Buddha auf Gefühle als eine der vier Grundlagen der Achtsamkeit, als eine der fünf Daseinsgruppen der Existenz, als wesentlichen Zugang zu den Lehren des bedingten Entstehens? Die Gefühlsfärbung einer Erfahrung ist so entscheidend wichtig, weil sie unsere Reaktion bestimmt, sowohl in unserem Denken als auch in unserem Handeln in der Welt.

Wenn wir nicht achtsam sind, lösen angenehme Gefühle aus Gewohnheit Verlangen und Anhaftung aus, unangenehme Gefühle hingegen Abneigung und Ablehnung, und neutrale Gefühle führen zu Verblendung – das heißt, sie lassen uns im Unklaren darüber, was gerade los ist. Doch wenn wir achtsam sind, können genau dieselben Gefühle uns zur Freiheit verhelfen.

Der Buddha spricht in diesem Zusammenhang von zwei Arten von Menschen: dem unerfahrenen, gewöhnlichen Menschen und dem edlen, erfahrenen Schüler. Wenn der unerfahrene, gewöhnliche Mensch ein schmerzhaftes Gefühl erlebt, regt sich Abwehr in ihm, er spürt Abneigung, Sorgen und Kummer und reagiert betrübt. Der Buddha verwendet das Bild der zwei Pfeile: Das schmerzhafte Gefühl ist der erste Pfeil, der uns trifft. Wenn wir nicht achtsam sind, trifft uns danach noch der zweite Pfeil in Form einer unangenehmen mentalen Reaktion. Zwei Pfeile, zwei Treffer, von denen der zweite mehr Leiden erzeugt als der erste.

Und das Leiden hört damit nicht auf. Der Buddha fährt fort:

> »Wird er nun von einem Wehgefühl getroffen, dann sucht er Sinnesfreuden. Und warum? Nicht kennt ja, ihr Bhikkhus, der unerfahrene gewöhnliche Mensch ein anderes Entrinnen vor dem Wehgefühl als Sinnesfreuden.
> Den nennt man, ihr Bhikkhus, einen unerfahrenen gewöhnlichen Menschen. Gefesselt ist er durch Geburt, Alter und Sterben, durch Trauer, Jammer, Schmerz, Trübsal und Verzweiflung. Gefesselt ist er, sag' ich, ans Leiden.«[1]

Wenn wir die anfängliche Gefühlsfärbung nicht achtsam bemerken, läuft unsere Reaktion unseren gewohnten Neigungen entsprechend ab. Es wäre interessant, zu bemerken, wie viel unseres täglichen Verhaltens, bis hin zu winzigen Veränderungen der Körperhaltung, davon ausgelöst wird, unangenehme Gefühle zu vermeiden.

Wir könnten jetzt fragen, was denn daran ein Problem sei, unangenehmen Gefühlen durch verschiedene Sinnesfreuden auszuweichen. So läuft es ja gewöhnlich in der Welt. Wir werden uns dieser Frage später noch sehr viel detaillierter zuwenden, wenn wir jenes erforschen, was der Buddha »die Befriedigung, die Gefahr und das Entkommen im Fall der Sinnesfreuden« nannte. Für den Augenblick soll es genügen, sich einfach der Unbeständigkeit angenehmer Gefühle bewusst zu werden. Damit wird deutlich, dass sie sich letztlich nicht als Zuflucht vor Leiden eignen.

Der Buddha sprach auch von dem erfahrenen, edlen Schüler – also von uns in unseren achtsameren Momenten:

> »Ist er von einem Wehgefühl getroffen worden, leistet er keinen Widerstand. ... Wird er nun von einem Wehgefühl getroffen, so sucht er nicht die Sinnesfreuden. ...

> Fühlt er nun ein Wohlgefühl, so fühlt er es als Entfesselter; fühlt er ein Wehgefühl, so fühlt er es als Entfesselter; fühlt er ein Weder-weh-noch-wohl-Gefühl, so fühlt er es als Entfesselter. Den nennt man, ihr Mönche, einen edlen Jünger: Entfesselt ist er von Geburt, Altern und Sterben, von Trauer, Jammer, Schmerz, Trübsal und Verzweiflung. Entfesselt ist er, sag' ich, vom Leiden.
> Das ist nun, ihr Mönche, die Besonderheit, die Zielsetzung, der Unterschied zwischen einem erfahrenen edlen Jünger und einem unerfahrenen gewöhnlichen Menschen.«[2]

In den Versen, die dieser Lehre folgen, fasste der Buddha diese Weisheit des Nicht-Reagierens des edlen Schülers in zwei Zeilen zusammen:

> »… bedrängen Wunschesdinge nicht das Herz,
> bei Unerwünschtem ist er ohne Widerstand.«[3]

Die Achtsamkeit auf die Gefühle ist also kein Kinderspiel. Die Lehre ist klar. Das Erstaunliche ist, wie stark die Konditionierung dieser Neigung zur Unterscheidung zwischen Angenehmem und Unangenehmem ist.

Während eines zweimonatigen Selbst-Retreats hatte ich einmal eine sehr schwierige Phase. Ich fühlte mich in meinem Körper sehr unwohl und durchlebte viele unangenehme Geisteszustände wie Verzweiflung und Hoffnungslosigkeit. Während ich mit meiner Sitz- und Geh-Praxis fortfuhr, wurde mir klar, wie sehr ich mich in der Reaktivität des Geistes verlieren würde, wenn ich den Triggerpunkt nicht mitbekam, wenn ich den ersten Pfeil nicht bewusst wahrnahm.

In gewissen Momenten kehrte die Achtsamkeit dann zurück, und ich erlebte ein offenes, weites Bewusstsein, in dem ich all die äußerst unangenehmen körperlichen Empfindungen einfach achtsam bemerkte, ohne dass dadurch ablehnende Geisteszustände aufkamen. Ich spürte den Unterschied zwischen der Achtsamkeit auf die unangenehmen Gefühle und dem Abdriften in Reaktivität klar und deutlich.

Wie kommt es, fragte ich mich, wenn ich mir doch der Möglichkeit bewusst bin, entweder Leiden oder Leichtigkeit zu erleben, dass der Geist trotzdem immer wieder in diese Muster aus Angst und Hoffnung verfällt: Angst, die unangenehmen Gefühle würden nie vergehen, und Hoffnung, sie würden endgültig verschwinden? Warum kann der Geist nicht einfach in der Leichtigkeit der achtsamen Bewusstheit verweilen?

Diese Erfahrung war mir eine wichtige Lektion über die Macht und Tiefe gewohnter Reaktionen, und auch eine Bestätigung, dass es möglich ist, den Geist umzuerziehen. In jedem Augenblick – selbst inmitten einer schmerzhaften Erfahrung oder inmitten unserer gewohnten Reaktionsmuster – können wir die Gefühle achtsam wahrnehmen. Der Buddha betonte dies in der sehr zugespitzten Aussage:

> »Ihr Bhikkhus, hier und jetzt dem Leiden ein Ende zu bereiten, ohne die Neigung zur Begierde nach angenehmem Gefühl zu überwinden, ohne die Neigung zur Abneigung gegenüber schmerzhaftem Gefühl zu vernichten, ohne die Neigung zur Unwissenheit in Bezug auf weder-schmerzhaftes-noch-angenehmes Gefühl auszurotten, ohne Unwissenheit zu überwinden und wahres Wissen zu erwecken – dies ist unmöglich.«[4]

Er fuhr dann fort, es *sei* durchaus möglich, Leiden zu beenden, indem diese Neigungen aufgegeben werden.

GEWAHRSEIN DER GEFÜHLE VON MOMENT ZU MOMENT

Vielleicht denken Sie jetzt, es sei unmöglich, diese Neigungen aufzugeben: »Wie könnte ich mich je vollständig von Verlangen und Abneigung befreien?«

Doch der Buddha sagt, es sei möglich, und zwar im jeweiligen Augenblick. Damit stellt sich die Frage, wie wir diese Lehre in die Praxis umsetzen können. In den Worten des Suttas:

> »Wenn er ein angenehmes Gefühl empfindet, weiß er: ›Ich empfinde ein angenehmes Gefühl‹; wenn er ein unangenehmes Gefühl empfindet, weiß er: ›Ich empfinde ein unangenehmes Gefühl‹; wenn er ein neutrales Gefühl empfindet, weiß er: ›Ich empfinde ein neutrales Gefühl.‹«[5]

Dies ist die einfache, direkte und klare Erkenntnis des Gefühlsaspektes einer Erfahrung. Wir brauchen nicht zu analysieren, zu bewerten, zu vergleichen oder besonders zu verstehen, warum diese Gefühle da sind. Wir stellen einfach fest: Ein angenehmes Gefühl ist so, ein unangenehmes Gefühl ist so, ein neutrales Gefühl ist so.

In formalen Meditationssitzungen konzentrieren wir uns manchmal eine Weile nur auf die Gefühlsfärbung unserer augenblicklichen Erfahrung: »Angenehm, angenehm, unangenehm, angenehm, unangenehm«, und so weiter. Wichtig dabei ist, dies nicht mechanisch zu tun, sondern unser Gewahrsein dieses Gefühlsaspektes unserer körperlichen Empfindungen oder mentalen Ereignisse zu verfeinern. Selbst wenn wir es nur kurz machen, wird die unbeständige Natur der Gefühle deutlich. Zu Zeiten, in denen wir aktiver in der Welt tätig sind, können wir unsere offensichtlicheren Reaktionen des Mögens und Nicht-Mögens als Erinnerung dafür verwenden, die Gefühle zu bemerken, die diese Reaktionen hervorgerufen haben. Diese Reaktionen können ein Signal dafür sein, dass wir das Gefühl übersehen haben, das ihnen vorausging.

Eine Möglichkeit, uns auf *Vedanā,* die Gefühle, einzustimmen, ist das Bemerken deutlicher angenehmer oder unangenehmer Gefühle. Die Winter in Neu-England eignen sich dazu sehr gut. An einem frostigen, stürmischen Tag entstehen im Freien schnell unangenehme Gefühle. Wende ich jedoch dem Wind den Rücken zu und halte mein Gesicht in die Sonne, erlebe ich das angenehme Gefühl der Wärme.

Auch im Zusammenhang mit den Mahlzeiten können wir es bemerken, beispielsweise das angenehme Gefühl des Duftes und guten Geschmacks von leckerem Essen oder die unangenehmen Gefühle, wenn wir zu viel gegessen haben.

Die wechselhafte Natur der Gefühle erkennen

Diese Praxis des Erkennens und des achtsamen Gewahrseins von Gefühlen führt uns zu tieferen und direkteren Einsichten in ihre unbeständige Natur. Wenn wir uns der Vergänglichkeit des jeweils auftauchenden Gefühls bewusst sind, identifizieren wir uns weniger damit. Wir klammern uns weniger an die angenehmen Gefühle und fürchten uns weniger vor den unangenehmen.

Wir alle haben das zu einem gewissen Maß während unseres Heranwachsens vom Kind zum Erwachsenen erfahren; vielleicht erinnern Sie sich an Ihre Kindheit oder Sie kennen es von Kindern in Ihrem Bekanntenkreis: Kinder können in wenigen Augenblicken von Lachen zu Tränen und wieder zurück zum Lachen wechseln, je nachdem, wie ihr Geist auf Wohlbefinden und Unbehagen reagiert. Im Laufe des Älterwerdens begreifen wir zunehmend, wie schnell Angenehmes und Unangenehmes vergeht. Dann reagieren wir nicht mehr mit den starken Stimmungsumschwüngen der Kindheit, sondern mit mehr Gelassenheit.

An einer Stelle vergleicht der Buddha das Entstehen und Vergehen der Gefühle mit der Wechselhaftigkeit des Winds.

> »Gleich wie im Raume Winde wehen,
> verschiedene und vielfältige,
> von Osten oder Westen her,
> von Norden und von Süden auch,
>
> mit Staub und ohne Staub sind sie,
> einige sind kühl, die andern heiß,
> gar heftige gibt's und sanfte auch,
> verschiedene Arten Brisen wehen,
>
> ganz ebenso in diesem Leib,
> da steigen die Gefühle auf,
> Wohl oder Wehe steigt da auf,
> und auch, was weder weh noch wohl,
>
> wenn unermüdlich ist ein Mönch,
> bewusstseinsklar und ohne Bezug,

der wird als Weiser dann durchschauen,
was irgend an Gefühl es gibt.

Wer die Gefühle so durchschaut,
wird triebfrei schon diesem Sein;
was solcher Großer nach dem Tod,
das fassen Worte nimmer mehr.«[6]

Obwohl leicht zu verstehen ist, dass alle Gefühle unbeständig sind, angenehme, unangenehme und neutrale, ist es nicht immer leicht, sich dessen bewusst zu bleiben. Unser Geist reagiert auf diese Gefühle und verwickelt sich in Anhaftung und Abneigung. Wir machen Gehmeditation, und der Gedanke taucht auf: »Eine Tasse Tee wäre jetzt schön.« Wenn wir die mit diesem Gedanken einhergehenden angenehmen Gefühle achtsam bemerken, gehen wir weiter. Wenn sie uns entgehen, könnte uns die Idee, eine Tasse Tee würde uns glücklich machen, verführen und wir würden nicht bemerken, dass es sich nur um ein weiteres flüchtiges Gefühl handelt.

DEN GEIST TRAINIEREN

In der Meditation haben wir Gelegenheit, unsere geistigen Reaktionen auf verschiedene Arten von Gefühlen zu beobachten. Wie reagiert der Geist auf angenehme sexuelle Empfindungen, die im Körper aufsteigen, oder auf angenehme Fantasien? Schwelgen wir darin oder widerstehen wir? Sind wir achtsam und reagieren nicht, im klaren Bewusstsein ihrer Unbeständigkeit? Wie reagiert der Geist auf unangenehme Gefühle, auf Schmerz oder Unbehagen? Wie reagiert der Geist, wenn wir krank sind? Der Buddha gibt uns dazu eindeutige Hinweise: »So sollt ihr üben: Auch wenn der Körper leidend ist, soll der Geist nicht leidend sein.«

Häufig meinen wir, in bestimmten Situationen könnten wir nicht praktizieren – entweder weil sie besonders angenehm oder weil sie besonders unangenehm sind. Ich habe es bei letzteren als hilfreich empfunden, sie als Übung für das Sterben zu betrachten. Wir möchten alle in einem friedlichen Geisteszustand sterben, aber die Wahrscheinlichkeit ist groß, dass das Sterben mit einem gewissen Maß an Schmerz oder anderen Unannehmlichkeiten einhergehen wird. Wenn wir in alltäglichen Situationen geübt haben, diese Gefühle auf der körperlichen und auf der mentalen Ebene achtsam wahrzunehmen, werden unser Herz und unser Geist im Augenblick des Todes gelassener bleiben können.

Auch bei äußeren Anlässen können wir Achtsamkeit auf die Gefühle üben. Es gibt dazu eine Geschichte von Ajahn Chaa.

Eines Abends, während er alleine in einer kleinen Hütte im Wald im Retreat war, feierten die Bewohner des nahen Dorfes bis spät in die Nacht, und die Musik beschallte über die Lautsprecher die ganze Umgebung. Zuerst war Ajahn Chaa verärgert und dachte: »Sie wissen doch, dass ich hier im Retreat bin!« Dann besann er sich jedoch und erkannte, dass sein Geist das eigentliche Problem war und nicht die Musik. Er dachte: »Sie amüsieren sich einfach da unten. Und ich sitze hier oben und habe schlechte Laune. Doch wenn ich mich aufrege, macht mein Ärger nur noch mehr inneren Lärm.« Dann hatte er eine Erkenntnis: »Oh, die Geräusche sind einfach Geräusche. Ich bin es, der hier Ärger macht. Wenn ich die Geräusche in Ruhe lasse, stören sie mich auch nicht. Sie tun nur, was sie zu tun haben. Geräusche machen eben Geräusche. Das ist ihre Aufgabe. Wenn ich aufhöre, die Geräusche zu belästigen, belästigen sie mich auch nicht.«[7]

Wir bemerken oft nicht, dass unsere Vorliebe oder Abneigung den Gefühlen gilt und nicht den Objekten selbst. Wir meinen vielleicht, wir hängen an einer Fantasie oder wir mögen dieses Geräusch nicht, aber bei näherer Betrachtung sehen wir, dass sich all diese Bewegungen des Geistes um die Gefühlsfärbungen drehen. Wir mögen das angenehme Gefühl und wollen es festhalten, wir wollen das unangenehme Gefühl wegdrängen, und von dem neutralen Gefühl wissen wir nicht einmal, dass wir es haben.

Doch indem wir üben, diese Gefühle achtsam wahrzunehmen, während sie hochkommen, und ihre Unbeständigkeit direkter erfahren, verfangen wir uns weniger in ihnen und reagieren nicht mehr so schnell.

In seinen direkten und deutlichen Anweisungen zur Achtsamkeit auf die Gefühle weist der Buddha den Weg zur absoluten Freiheit:

»Was für ein Gefühl er auch immer empfinden mag, ob angenehm oder schmerzhaft oder weder schmerzhaft noch angenehm; er … betrachtet das Aufhören, betrachtet das Loslassen. Indem er so betrachtet, haftet er an nichts in der Welt an. Wenn er nicht anhaftet, ist er nicht aufgeregt. Wenn er nicht aufgeregt ist, erlangt er persönlich Nibbāna.«[8]

12

Weltliche und überweltliche Gefühle

Im weiteren Verlauf der Lehren über Achtsamkeit auf die Gefühle eröffnet uns der Buddha ein tieferes Verständnis für Glück und Leiden in unserem Leben. Er unterteilt die angenehmen, unangenehmen und neutralen Gefühle in weltliche und überweltliche. Jetzt geht es nicht mehr nur darum, achtsam zu bemerken, ob das Gefühl angenehm, unangenehm oder neutral ist, sondern den Ursprung dieser Gefühle zu erkennen. Die damit verbundene Unterscheidung hat weitreichende Konsequenzen.

UNTERSCHEIDUNG ZWISCHEN WELTLICHEN UND ÜBERWELTLICHEN GEFÜHLEN

Weltliche Gefühle entstehen aus den Sinneskontakten: Sie beruhen auf Gesehenem, Gehörtem, Gerochenem, Geschmecktem, im Kontakt Gespürtem und daraus hervorgehenden Gedanken. Beim Genießen einer guten Speise oder einer sanften Berührung erleben wir ein angenehmes weltliches Gefühl. Einen Gestank oder einen Schmerz hingegen erfahren wir als unangenehmes weltliches Gefühl. Und der Anblick eines vertrauten Objekts, das weder besonders angenehm noch unangenehm ist, ruft ein neutrales weltliches

Gefühl hervor. All diese weltlichen Gefühle entspringen einfach unserem Alltagsgeschehen.

Überweltliche Gefühle hingegen haben mit Entsagung zu tun. In unserer westlichen Kultur wird Entsagung nicht immer als inspirierend empfunden, und wir tendieren dazu, sie als Entbehrung zu verstehen, die uns nicht viel Freude bereitet. Wir können Entsagung jedoch auch als die Befreiung von der Sucht nach Sinnesfreuden betrachten. So gesehen liegt in der Entsagung die Möglichkeit, hier und jetzt glücklich zu sein. Je weniger wir nach Sinnesfreuden süchtig sind, desto weniger Unruhe ist im Geist. Wir erleben größere Leichtigkeit und ein einfacheres Leben.

Stellen Sie sich vor, der Geist würde alles wollen, wofür im Fernsehen Werbung gemacht wird. Wir wären ständig in einem Zustand der Unzufriedenheit. Deswegen hätten wir vermutlich alle lieber ein werbungsfreies Fernsehprogramm. Mit den Worten eines tibetischen Lehrers: Wir lernen, unseren müden Geist ausruhen zu lassen. Wenn er sagt: »Was die Welt Glück nennt, nenne ich Leiden. Was die Welt Leiden nennt, nenne ich Glück«, betont der Buddha dieses Verständnis.

Die verborgenen Gefahren weltlicher Freuden

Die Unterscheidung zwischen weltlichen und überweltlichen Gefühlen – das heißt zwischen Gefühlen, die mit Sinneseindrücken verbunden sind, und Gefühlen, die mit Entsagung im Zusammenhang stehen – führt zu verfeinerten Wahrnehmungen in unserer Meditation und einem völlig anderen Verständnis von Freude und Glück. Von allen Seiten wird uns in unserem Leben vermittelt, Glück entstehe durch angenehme Sinneserfahrungen. Und die meisten von uns erleben das auch so, zumindest vorübergehend. Doch diese Freuden bergen Gefahren.

Welche Gefahren? Bei vielen Süchten beispielsweise ist der Genuss als solcher letztlich schädlich. Es gab mal eine Zigaretten-Reklame: Eine schöne Frau und ein gut aussehender Mann standen mit Zigaretten in der Hand in einer idyllischen Szenerie. Darüber stand: »Ich lasse mir meinen Genuss nicht nehmen.«

Es ist klar, was daran gefährlich ist. Eine andere Gefahr besteht darin, uns so an die angenehme Erfahrung zu klammern, dass wir leiden, sobald sie sich verändert. Wenn wir das Entstehen angenehmer weltlicher Gefühle nicht achtsam bemerken, verstärkt sich unbewusst die Gewohnheit der Begierde:

> »Wenn man von einem angenehmen Gefühl berührt wird, falls man es genießt, es willkommen heißt und daran hängen bleibt, dann liegt die Neigung zur Begierde zugrunde.«[1]

ÜBERWELTLICHE GEFÜHLE: DER WEG ZUR ERLEUCHTUNG

In der Lehre über überweltliche Gefühle verweist der Buddha auf eine andere Art von Genuss, eine tiefere Form von Glück, in dem keine Gefahren lauern. Diese angenehmen überweltlichen Gefühle bilden die Grundlage für unser Erwachen. Dies war dem Bodhisattva auf seinem Weg zur Erleuchtung zunächst nicht klar. Nachdem er im Alter von 29 Jahren sein Zuhause verlassen hatte, verbrachte Siddhartha Gautama, der zukünftige Buddha, zunächst sechs Jahre in den zu jener Zeit üblichen Formen intensiver Askese. Es gibt lebhafte Beschreibungen dieser Praktiken, durch welche das Ego durch Kasteiung ausgetrieben werden sollte. Doch am Ende der sechs Jahre merkte der Buddha, dass er seinem Ziel nicht näher gekommen war.

> »Ich dachte: ›Welche Mönche oder Brahmanen in der Vergangenheit auch immer schmerzhafte, quälende, bohrende Gefühle aufgrund ihres Strebens gefühlt haben, dies hier ist das äußerste, nichts übertrifft dies. Und welche Mönche oder Brahmanen in der Zukunft auch immer schmerzhafte, quälende, bohrende Gefühle aufgrund ihres Strebens fühlen werden, dies hier ist das äußerste, nichts übertrifft dies. Und welche Mönche oder Brahmanen in der Gegenwart auch immer schmerzhafte, quälende, bohrende Gefühle aufgrund ihres Strebens fühlen, dies hier ist das äußerste, nichts übertrifft dies. Aber durch diese quälende Praxis der Askese habe ich keinerlei übermenschliche Geisteszustände erlangt, keinerlei Klarheit des Wissens und

> der Schauung, die der Edlen würdig ist. Könnte es einen anderen Pfad zum Erwachen geben?‹
> Ich überlegte: ›Ich erinnere mich an eine Begebenheit, als mein Vater, der Sakyer, beschäftigt war, während ich im kühlen Schatten eines Rosenapfelbaums saß; ganz abgeschieden von Sinnesvergnügen, abgeschieden von unheilsamen Geisteszuständen, trat ich in die erste Vertiefung ein, die von anfänglicher und anhaltender Hinwendung des Geistes begleitet ist, und verweilte darin, mit Verzückung und Glückseligkeit, die aus der Abgeschiedenheit entstanden sind. Könnte das der Pfad zum Erwachen sein?‹ Dann, auf diese Erinnerung folgend, kam das Bewusstsein: ›Das ist der Pfad zum Erwachen.‹
> Ich dachte: ›Warum habe ich Angst vor jener Glückseligkeit, die nichts mit Sinnesvergnügen und unheilsamen Geisteszuständen zu tun hat?‹ Ich dachte: ›Ich habe keine Angst vor jener Glückseligkeit, die nichts mit Sinnesvergnügen und unheilsamen Geisteszuständen zu tun hat.‹«[2]

Und tatsächlich erklärte der Buddha nach seiner Erleuchtung, er lebe in Glückseligkeit.

Hierin liegt eine wichtige Botschaft über die Rolle, die Freude und Glück in unserer Praxis spielen. Häufig liegt die Betonung auf der großen Wahrheit über das Leiden und den Ursachen von Leiden, auf der Notwendigkeit rechten Bemühens, auf den Gefahren des ständigen Schwelgens in Sinnesbegierden, und es wird übersehen, dass es sich eigentlich um einen Weg der Freude handelt, der zu Glück führt. In einer Lehrrede hören wir von König Pasenadi, einem Herrscher zur Zeit des Buddha. Pasenadi besucht den Buddha und beschreibt, was er sieht:

> »Aber hier sehe ich Bhikkhus, lächelnd und heiter, voll aufrichtiger Freude, einfach entzückend, mit klaren Sinnen, die unbeschwert leben, gelassen, die von dem leben, was andere geben, mit einem Gemüt, so unbekümmert, wie das eines wilden Hirsches.«[3]

Nützliche und unnütze Arten von Vergnügen

Die in der Anleitung über den achtsamen Umgang mit Gefühlen getroffene Unterscheidung zwischen weltlichen und überweltlichen Gefühlen betont den Unterschied zwischen nützlichen und unnützen Arten von Vergnügen. Zur Zeit des Buddha lebte in der alten Stadt Rajāgaha der wohlhabende Kaufmann Visākha. Seine Frau und er erreichten die dritte Stufe der Erleuchtung, die sogenannte »Nicht-Wiederkehr«. Später wurde seine Frau unter dem Namen Dhammadinnā als Nonne ordiniert, vollendete bald darauf ihren spirituellen Weg und wurde zu einer Arahant.

Visākha suchte einmal die Nonne Dhammadinnā auf und stellte ihr eine Reihe von Fragen. Visākha fragte: »Welche Neigungen liegen angenehmen, unangenehmen und neutralen Gefühlen zugrunde?« Sie antwortete erwartungsgemäß: »Die Neigung zur Begierde liegt dem angenehmen Gefühl zugrunde. Die Neigung zur Abneigung liegt dem unangenehmen Gefühl zugrunde. Die Neigung zur Unwissenheit liegt dem neutralen Gefühl zugrunde.«[4] Und wie bereits erwähnt, ist Befreiung nur möglich, wenn diese Neigungen überwunden werden.

Aber Visākha fragte weiter nach, und seine nächste Frage hat weitreichende Auswirkungen für unser Verständnis des Pfads. »Ehrwürdige, liegen diese Neigungen zu Begierde, Abneigung und Unwissenheit allen angenehmen, unangenehmen und neutralen Gefühlen zugrunde?« Sie antwortete: »Diese Neigungen liegen nicht allen Gefühlen zugrunde. Sie müssen nicht in Hinsicht auf jegliches Gefühl überwunden werden.«[5]

Sie sagt, es gibt auch angenehme Gefühle, die von unheilsamen Geisteszuständen abgeschieden sind und auf dem Weg zur Erleuchtung weiterführen. Und es gibt unangenehme Gefühle, die aus der Entsagung hervorgehen, nicht mit Abneigung zu tun haben und auch zum Erwachen führen können.

Überweltliche unangenehme und neutrale Gefühle

Welche unangenehmen Gefühle gibt es, die nicht mit Abneigung verbunden sind? In unserer Praxis gehen wir durch schwierige Phasen in der Meditation. Dann stehen unangenehme körperliche Empfindungen im Vordergrund. Oder wir fühlen uns ängstlich, elend oder verzweifelt über unsere Praxis oder den Zustand der Welt, und die Erleuchtung scheint sehr weit weg. Der heilige Johannes vom Kreuz nannte es »die dunkle Nacht der Seele«. All diese überweltlichen unangenehmen Gefühle entspringen einer tieferen Praxis.

Genauso gibt es auch neutrale Gefühle, die nicht mit Verblendung oder Vergesslichkeit verbunden sind. Weltliche neutrale Gefühle entstehen durch die Reizlosigkeit des Objekts: Es sticht nichts hervor, also wird nichts bemerkt. Überweltliche neutrale Gefühle beruhen auf Gelassenheit. In der vierten Vertiefung und in der Einsichtsstufe »Wissen durch Gleichmut gegenüber den Gestaltungen« sind sie besonders ausgeprägt. In diesen äußerst verfeinerten Geisteszuständen erzeugen die neutralen Gefühle mehr Freude als die angenehmen.

Dhammadinnās Antwort, die Neigungen zu Begierde, Abneigung und Unwissenheit lägen nicht allen Gefühlen zugrunde und müssten daher nicht in Bezug auf jedes Gefühl überwunden werden, verweist auf diesen Unterschied zwischen weltlichen und überweltlichen Gefühlen. Sie betont damit ein anderes Verständnis von Glück und seine Rolle für den Weg der Meditation. Der Buddha bestätigte ihre Antwort, indem er zu Visākha sprach: »Dhammadinnā ist weise. Wenn du mich in dieser Angelegenheit befragt hättest, hätte ich dir genauso geantwortet.«

EIGENE ERFAHRUNGEN ÜBERWELTLICHER FREUDE

Sobald wir anfangen, zwischen weltlichen und überweltlichen Gefühlen zu unterscheiden, eröffnen sich uns allmählich Möglichkeiten eines Glücks, das nicht von Geistestrübungen befleckt ist. Doch selbst wenn wir diese Möglichkeit verstehen, fällt es uns als in dieser Welt lebende Wesen oft schwer, darauf zu vertrauen oder dieses Verständnis zu leben. Wir verbringen einen großen Teil unseres Lebens damit, Sinnesfreuden anzustreben und sie zu genießen, obwohl wir uns ihrer Beschränkungen bewusst sind. Könnten wir wirklich glücklich sein, ohne uns all der angenehmen weltlichen Gefühle zu erfreuen? Der Buddha spricht diese Bedenken direkt an:

»Möglich aber nun, Potthapādo, dass du etwa dächtest: ›Die besudelnden Dinge [Verlangen, Abneigung und Unwissenheit] können verloren … werden, doch leidig bleibt der Zustand.‹ Das darf man freilich, Potthapādo, nicht also betrachten. Die besudelnden Dinge können verloren … werden, Freude geht aber zugleich auf, Verzückung und Beruhigung, Einsicht und klares Bewusstsein und ein seliger Zustand.«[6]

Großzügigkeit

Auch wenn wir noch nicht das Glück der vollen Erleuchtung genießen, erleben wir auf dem Weg Momente nicht-sinnlicher Freude, überweltlicher angenehmer Gefühle. Wir erleben sie zum Beispiel, wenn wir großzügig sind und den Geisteszuständen der Gier und des Geizes entsagen. Denken Sie mal an eine Situation, in der Sie großzügig waren und etwas einfach aus Liebe, Mitgefühl, Respekt oder Dankbarkeit gegeben haben. Großzügig sein ist ein leichter Zugang zu den glücklichen, auf Entsagung beruhenden, überweltlichen Gefühlen, weshalb der Buddha seine weiterführenden Lehren häufig damit beginnt, über Großzügigkeit zu sprechen.

Liebe und Mitgefühl

Wir spüren nicht-sinnliche Freude, wenn wir Qualitäten wie Liebe und Mitgefühl praktizieren. »Oh, dass meine Mönchsrobe weit genug wäre, alle Menschen dieser flüchtigen Welt aufzunehmen!«, schrieb der große Zen-Meister und Dichter Ryokan über diese Gefühle. In großen Katastrophen zeigen sich oft die besten Seiten der Menschheit, wenn Menschen aus aller Welt aus einem reinen Geisteszustand großzügig helfen. Sie geben in dem Moment nicht, um etwas für sich selbst zu gewinnen, und sie geben oft mehr, als sie in einer normaleren Situation gegeben hätten. In dieser Reaktion auf Leiden liegt eine Qualität des reinen, spontanen Mitgefühls, die mit einer eigenen Art von Glück einhergeht.

Entsagung

Wir erleben auch eine Form nicht-sinnlicher Freude, wenn wir gemäß den Tugendregeln Entsagung üben. Wir entsagen allem schädlichen Handeln, was das überweltliche angenehme Gefühl der Reuelosigkeit mit sich bringt. Und selbst wenn wir in der Vergangenheit ungeschickt gehandelt haben – was auf jeden von uns zutrifft –, erleben wir von dem Moment an, in dem wir uns dem Nicht-Verletzen verpflichten, eine gewisse Kraft, Vertrauen und Freude.

Entsagen wir im Retreat den gewohnten Annehmlichkeiten, dann erleben wir überweltliche angenehme Gefühle und genießen die Schönheit der Einfachheit. Wir erleben eine Ahnung dessen, was König Pasenadi beschrieb, als er die Mönche und Nonnen um den Buddha versammelt sah. Während eines Retreats ist mir so klar, dass alles, was ich brauche, in meinem kleinen Zimmer vorhanden ist. Wenn ich dann an mein Alltagsleben denke, erscheint es mir im Vergleich dazu sehr überladen. Zu Hause meditiere ich manchmal nachts in meinem Büro. Dann ist alles dunkel, bis auf die kleinen Leuchten des Computers, des Telefons, des Modems und des Druckers. Es ist quasi das Kontrollzentrum für mein Leben in der Welt.

Konzentration

Auch in bestimmten Konzentrationszuständen, wenn der Geist von allen ungeschickten Zuständen abgeschieden ist, erleben wir nicht-sinnliche Freude und überweltliche angenehme Gefühle. Zuerst ist unser Geist häufig unruhig und aufgeregt, springt vom einen zum anderen und reagiert auf die verschiedenen angenehmen und unangenehmen Gefühle, die auftauchen. Von einem gewissen Zeitpunkt an beruhigt sich der Geist für kürzere oder längere Zeiträume und verweilt, getragen vom Strom der Achtsamkeit, mit Leichtigkeit auf dem Objekt der Aufmerksamkeit. Diese Leichtigkeit und Freude sind viel umfassender als jene unserer gewöhnlichen Sinnesfreuden. Sie gehen mit einem tieferen Gefühl der Einheit einher.

Eine unserer Lehrerinnen, Dipa Ma, saß einmal drei Tage lang in einem Zustand einer meditativen Vertiefung, einem Jhāna. Es heißt, der Buddha habe manchmal sieben Tage in solch einem konzentrierten Zustand verbringen können.

Welche Sinnesfreuden bietet diese Möglichkeit? Können Sie sich drei Tage ununterbrochenen Essens, Musikhörens oder sexuellen Vergnügens vorstellen? An einem gewissen Punkt würden sie sich alle erschöpfen und wären nicht mehr wünschenswert. Das ist der Unterschied zwischen weltlichen und überweltlichen angenehmen Gefühlen.

Klares Sehen

In den verschiedenen Stufen der Einsicht und des Erwachens erleben wir noch höhere nicht-sinnliche Freuden. Hier geht es nicht um die Vertiefung in überweltliche angenehme Gefühle der Konzentration, sondern darum, die besondere Freude des klaren Sehens, das heißt die veränderliche, selbstlose Natur von allem, was entsteht, tief und nachdrücklich zu erkennen. Bei der Entwicklung der Einsichtspraxis gibt es eine noch feinere Art des Glücks. Mahasi Sayadaw, einer der großen burmesischen Meister des vorigen Jahrhunderts, schrieb dazu: »Manchmal schrumpfen die zu beachtenden Objekte auf ein bis zwei zusammen oder verschwinden ganz. Doch das wissende Bewusstsein ist noch anwesend. In diesem sehr klaren, offenen Raum des Himmels bleibt nichts als ein einziges, sehr klares, seliges Bewusstsein, welches eindeutig jenseits aller Vergleiche ist und sehr glücklich.«

DAS PRAKTIZIEREN MIT ANGENEHMEN ÜBERWELTLICHEN GEFÜHLEN

Wie können wir mit diesen unterschiedlichen Arten angenehmer überweltlicher Gefühle praktizieren? Wir können auf die Anweisungen des Satipaṭṭhāna Sutta zurückgreifen, das uns daran erinnert, dass der Pfad der Erkenntnis darin besteht, einfach achtsam all die verschiedenen auftauchenden Gefühle wahrzunehmen: Tauchen angenehme Gefühle auf, erkennen Sie sie als weltlich oder überweltlich; steigen unangenehme Gefühle auf, erkennen Sie sie als weltlich oder überweltlich; und ebenso bei neutralen Gefühlen.

Dabei gilt es, die Sache nicht zu kompliziert zu machen und Zweifel und Verwirrung zu stiften. Wir sollten keine Stunde lang versuchen, genau herauszufinden, um welches Gefühl es sich gerade handelt. Wir sollten diese Anweisung einfach als Orientierung für ein besseres Verständnis verwenden und anfangen, die Unterschiede zwischen der Erfahrung von Sinnesfreuden und von »Dharma-Freuden« zu bemerken. Dasselbe gilt für unangenehme oder neutrale Gefühle.

In diesen Anweisungen empfiehlt der Buddha nicht, danach zu streben, nur überweltliche Gefühle zu erleben. Im Laufe unseres Lebens werden natürlicherweise beide Arten auftreten. Doch wenn wir sie bemerken und beachten, um welche Art von Gefühl es sich jeweils handelt, lernen wir, die den weltlichen Gefühlen zugrunde liegenden Neigungen – Verlangen, Abneigung und Verblendung – klarer zu erkennen und durch achtsames Praktizieren aufzugeben. Dann können wir in dem schlichten Gewahrsein ruhen: »Dies ist ein mit den Sinnen verbundenes angenehmes (oder unangenehmes oder neutrales) weltliches Gefühl«, und uns an dem Potenzial der überweltlichen Gefühle erfreuen, die uns der Befreiung näher bringen.

ANWENDUNG DES REFRAINS

Genauso wie nach jedem anderen Abschnitt dieser Lehrrede wiederholt der Buddha auch hier den Refrain. Wir werden daran erinnert, Gefühle innerlich, äußerlich und sowohl innerlich als auch äußerlich zu betrachten und uns auf die Natur des Entstehens und Vergehens zu besinnen, auch des Entstehens und Vergehens von Gefühlen. Der Buddha beschließt diese Anweisung dann mit den Worten:

> »Die Achtsamkeit ›Gefühl ist da‹ ist in ihm gegenwärtig in dem Maße, das zum reinen Erkennen und für andauernde Achtsamkeit erforderlich ist. Und er verweilt unabhängig, an nichts in der Welt haftend. Genauso verweilt er hinsichtlich der Gefühle, die Gefühle betrachtend.«[7]

Die Achtsamkeit auf die äußeren Gefühle bedeutet, dass wir uns der Gefühle bewusst sind, die in anderen auftauchen: Achtsamkeit fördert Mitfreude, wenn andere angenehme Gefühle erleben, und Mitgefühl, wenn andere Schmerz empfinden. Wenn wir die Gefühle nicht achtsam wahrnehmen – angenehme, unangenehme und neutrale; weltliche und überweltliche – und sie nicht innerlich, äußerlich und sowohl innerlich als auch äußerlich betrachten, identifizieren wir uns leicht mit ihnen und halten sie für unser Selbst.

In einer Lehrrede stellt der Buddha seinem getreuen Gefährten Ānanda die rhetorische Frage, wie die Menschen das Selbst sehen. Er fährt fort, die Menschen könnten die Gefühle für das Selbst halten oder denken: »Mein Selbst fühlt«, oder gar: »Mein Selbst ist ohne Gefühle.« Diese Identifikation nährt die konditionierte Tendenz zum Verlangen nach Angenehmem, zur Abneigung gegenüber dem Unangenehmen und zur Ignoranz hinsichtlich des Neutralen und hält uns damit im Rad von Saṃsāra gefangen. Indem wir die Gefühle als unpersönliche Prozesse betrachten, die aus dem Kontakt mit den sechs Sinnesobjekten entstehen (der Geist gilt dabei als der sechste Sinn), halten wir diese Gefühle nicht mehr für das Selbst. In solchen Momenten praktizieren wir die zentrale Lehre des Buddha: »Nichts, was immer es auch sei, sollte als ›ich‹ oder ›mein‹ aufgefasst und festgehalten werden.«

Achtsamkeit auf den Geist

13

Die heilsamen und unheilsamen Wurzeln des Geistes

In diesem Abschnitt des Satipaṭṭhāna Sutta lehrt der Buddha die dritte der vier Grundlagen der Achtsamkeit: die Achtsamkeit auf den Geist. Er beginnt mit der Frage: »Und wie, ihr Bhikkhus, verweilt er hinsichtlich des Geistes, den Geist betrachtend?« Und dann erklärt er:

> »Hier erkennt er einen Geist voller Begierde als ›voller Begierde‹ und einen Geist ohne Begierde als ›ohne Begierde‹; er erkennt einen zornigen Geist als ›zornig‹ und einen zornlosen Geist als ›zornlos‹; er erkennt einen verblendeten Geist als ›verblendet‹ und einen nicht verblendeten Geist als ›nicht verblendet‹; er erkennt einen zusammengezogenen Geist als ›zusammengezogen‹ und einen zerstreuten Geist als ›zerstreut‹.«[1]

In dieser Auflistung von Geisteszuständen betont der Buddha die Notwendigkeit, um die Anwesenheit oder Abwesenheit der drei unheilsamen Wurzeln des Geistes zu wissen und zu erkennen, wie sie den Geist färben oder prägen. Diese drei Wurzeln sind Sinnesbegierde, Hass mitsamt Übelwollen und Ärger und Verblendung oder Unwissenheit, wozu auch Verwirrung gehört. Der Buddha empfiehlt hier zwar nur, diese unheilsamen Zustände oder deren

Abwesenheit zu erkennen, aber es kann wertvoll sein, zu bemerken, welche Qualität der Geist hat, wenn er *frei* ist von den verschiedenen Formen von Gier, Hass oder Verblendung. Selbst wenn wir in jenen Momenten nicht direkt das jeweilige positive Gegenteil erleben (also in der Abwesenheit von Ärger oder Übelwollen keine starke liebende Güte in uns spüren), können wir die Leichtigkeit, den Frieden und den offenen Geist erkennen, die sich dann einstellen. Im zweiten Band werden wir die heilsamen Faktoren des Erwachens noch genauer untersuchen.

Was ist heilsam und was nicht

Unheilsame Wurzeln und die in deren Abwesenheit entstehenden heilsamen Wurzeln zu erkennen und sich ihrer bewusst zu sein, ist Teil der weisen Unterscheidung zwischen Geschicktem und Ungeschicktem – das heißt sich darüber im Klaren zu sein, was zu Glück und Befreiung führt und was zu Leiden. Diese Unterscheidung ist eine der Grundlagen der Lehren des Buddha, mit der wir uns im Westen schwertun. Für viele Menschen folgt auf die Erkenntnis, dass ein bestimmter Geisteszustand wie Gier oder Hass unheilsam ist, ganz schnell der Gedanke, das Erleben dieser Zustände bedeute, ein schlechter Mensch zu sein, oder es sei bereits falsch, dass solche Geisteszustände überhaupt auftauchen. Diese Reaktionsmuster führen jedoch nur zu noch mehr Selbstverurteilung, mehr Abneigung und mehr Leiden. Das ist kein hilfreicher Zyklus.

Die Unterscheidung zwischen geschickten und ungeschickten Geisteszuständen ist jedoch nicht dafür gedacht, uns zu verurteilen, sondern soll zu der Erkenntnis verhelfen, was uns im Leben glücklich macht und deshalb Verstärkung verdient und was uns leiden lässt und deshalb aufgegeben werden sollte. Die Unterscheidung zwischen heilsamen und unheilsamen Geisteszuständen verleiht der Psychologie eine moralische Dimension. Das ist deshalb besonders wichtig, weil diese Zustände nicht nur in unserem Geist auftauchen, sondern auch unser Handeln motivieren.

Warum gibt es so viel vermeidbares Leiden in der Welt: Gewalt, Krieg, Hunger, Ungerechtigkeit? Warum gibt es so viele vermeidbare Schwierigkeiten in unseren persönlichen Beziehungen? Dieses Leiden entsteht, wenn unheilsame Geisteszustände ausagiert werden. Um unseres eigenen und um des weltweiten Friedens willen sollten wir uns erst darüber im Klaren sein, was geschickt ist und was nicht, und dies dann im Geist erkennen, sobald es auftaucht.

Der Dalai Lama bestätigt das, wenn er sagt, unser Handeln sollte letztlich nicht an seinem Ergebnis gemessen werden, sondern an der dahinterstehenden Absicht. Wir haben oft keinen vollständigen Einfluss auf die Ergebnisse, aber wir können unseren Geist und unser Herzen trainieren. Darum geht es bei der dritten Grundlage der Achtsamkeit, der Achtsamkeit auf den Geist.

Wie können wir dies in die Praxis umsetzen und – in den Worten des Suttas – den begierigen Geist als voller Begierde erkennen sowie den nicht begierigen Geist als ohne Begierde? Wie können wir einen ärgerlichen Geist erkennen oder einen verblendeten? Einer der Verse in der Dhammapada beschreibt kurz und knapp, wie sich diese unheilsamen Zustände manifestieren: »Kein Feuer brennt wie Lust, kein Unglück ist so groß wie Hass, und kein Netz so dicht wie Verblendung.« Wenn wir Achtsamkeit auf den Geist praktizieren, müssen wir selbst erforschen, wie wir diese Zustände erleben. Vielleicht spüren wir Verlangen als eine fieberhafte Erregung; Ärger oder Hass als Enge, Zusammenziehen oder Verfremdung; Verblendung als Verwirrung oder Verstrickung. Der thailändische Meister Buddhadasa beschreibt diese Neigungen als »Anziehen, wegschieben und im Kreis rennen«.

Als einfaches Experiment können Sie sich in der Meditation die Frage stellen: »Welche Geisteshaltung ist gerade da?« Diese Frage macht oft deutlich, ob sich der Geist an irgendetwas klammert oder lieber in einem anderen Zustand wäre. Es ist eine direkte Anwendung der Achtsamkeit auf den Geist. Häufig spüren wir, wie allein schon die Frage eine Entspannung des Geistes bewirkt, ein Loslassen von einer Anhaftung oder von einem Widerwillen, derer wir uns noch nicht einmal bewusst waren.

Wissen um die Abwesenheit unheilsamer Geisteszustände

Die Abwesenheit dieser Zustände zu bemerken, ist oft ein schwierigerer Aspekt der Praxis. Aus irgendeinem Grund verweilen wir eher bei Schwierigem und übersehen die heilsamen Zustände des

Geistes. Das wirkt sich erheblich auf unser Selbstbild aus. In diesem Abschnitt des Satipaṭṭhāna Sutta betont der Buddha die Bedeutung von beidem. Wir bemerken dann sowohl das Auftauchen der Leichtigkeit des nicht in unheilsame Zustände verstrickten Geistes als auch die jeweiligen positiven Gegenstücke. Als Experiment können Sie versuchen, beim nächsten Mal, wenn Sie ein intensives Verlangen im Geist erleben, möglichst achtsam wahrzunehmen, wie es sich im Körper und Geist zeigt. Und achten Sie dann darauf, was passiert, wenn das Verlangen plötzlich oder allmählich verschwindet. Statt die Aufmerksamkeit sofort auf den Atem oder ein anderes Meditationsobjekt zurückzulenken, empfehle ich, etwas bei der Kühle und dem Frieden des von Verlangen freien Geistes zu verweilen.

Klar zu erkennen, was was ist – dies ist Begierde, dies ist ihre Abwesenheit –, ermöglicht tiefere Erfahrungen von Geisteszuständen, die frei sind von Worten oder Konzepten. In seinem Roman *Die Stunden* schreibt Michael Cunningham: »Alles in der Welt hat seinen geheimen Namen – einen Namen, der in keiner Sprache vermittelt werden kann, der einfach aus dem Anblick und dem Gespür des Objekts selbst besteht.« Das ist Achtsamkeit, die sich in das Objekt versenkt und es ganz erkennt.

In den Anweisungen zum Erkennen der Anwesenheit unheilsamer Wurzeln verweist der Buddha auf etwas, das für unsere Freiheit ziemlich essenziell ist: Da die *Kilesas,* die Geistestrübungen oder Unreinheiten des Geistes, nicht immer da sind, sind sie kein natürlicher Bestandteil des Geistes, sondern Besucher, die je nach Bedingungen von Zeit zu Zeit auftauchen. Der Buddha spricht das ganz direkt an:

> »Lauter, ihr Mönche, ist dieses Bewusstsein; doch es wird [zuweilen] verunreinigt von hinzukommenden Befleckungen. Doch der unkundige Weltling versteht dies nicht der Wirklichkeit gemäß. Darum, sage ich, gibt es für den unkundigen Weltling keine Entfaltung des Geistes.
> Lauter, ihr Mönche, ist dieses Bewusstsein; und [zuweilen] ist es frei von hinzukommenden Befleckungen. Der kundige, edle Jünger aber versteht dies der Wirklichkeit gemäß. Darum, sage

ich, gibt es für den kundigen, edlen Jünger eine Entfaltung des Geistes.«[2]

Einfach, aber nicht leicht

Dieses Verständnis und die klaren Anweisungen im Text führen zu einem deutlich anderen Umgang mit unheilsamen Geisteszuständen, als wir es gewohnt sind. Statt uns mit den Geistestrübungen zu identifizieren und in ihnen zu versinken oder sie zu verurteilen oder zu leugnen, erinnert uns der Buddha daran, ihre Anwesenheit oder Abwesenheit einfach achtsam wahrzunehmen und zu bedenken, dass sie Besucher sind. Dies ist zwar im Prinzip einfach, aber nicht immer leicht umzusetzen.

Viele Jahre lang kämpfte ich mit Schwierigkeiten in meiner Praxis. Wenn Geistestrübungen auftauchten oder mein Geist viel umherschweifte, hielt ich mich für einen schlechten Meditierenden. Manchmal wurde die Selbstverurteilung so stark, dass ich mich für ein psychologisches Wrack und einen hoffnungslosen Fall hielt. Als ich einmal mit sehr viel Angst rang, dachte ich nicht an die Anweisung, sie einfach achtsam wahrzunehmen, sondern wurde von Gedanken überschwemmt wie: »Ich bin so ein schrecklicher Angsthase«, und: »Ich brauche bestimmt dreißig Jahre Therapie, um all diese Muster aufzulösen!«

Es dauerte eine ganze Weile, bis ich den Anweisungen des Buddha folgte und erkannte, dass die schwierigen Geisteszustände selbst weder das Problem noch ein Fehler waren. Sie waren einfach Teil des Wegs, unbeständig und selbstlos, wie alles andere auch. Angst ist nur ein Geisteszustand. Als ich das begriff, empfand ich eine gewisse Freude, sobald ich die Geistestrübungen bemerkte, weil ich sie einfach sehen und erkunden konnte, statt sie nicht zu erkennen und auszuagieren.

ZUSAMMENGEZOGENER UND ZERSTREUTER GEIST

In den nächsten Anweisungen in dieser Betrachtung des Geistes werden wir aufgefordert, den zusammengezogenen Geist als zusammengezogen und den zerstreuten Geist als zerstreut zu erkennen.

Zusammengezogen meint hier jenen inneren Rückzug des Geistes, der mit Dumpfheit und Mattheit einhergeht: Wir spüren nur wenig oder gar keine Energie, dem Objekt zu begegnen, fühlen uns träge und schwer, fallen in uns zusammen. Dieser Geisteszustand steht im Kontrast mit einem durch Äußerlichkeiten abgelenkten und ruhelos verschiedenen Sinneseindrücken nachjagenden Geist.

Wir finden in diesem Abschnitt des Suttas über die Achtsamkeit auf den Geist eine interessante Abfolge von Anweisungen. Zuerst geht es darum, ein Gewahrsein der drei heilsamen und unheilsamen Wurzeln des Geistes zu entwickeln, sich ihrer bewusst zu sein, damit der Geist frei und unverhaftet bleibt. Als Nächstes spricht der Buddha von der Achtsamkeit auf die Zusammengezogenheit des Geistes durch Dumpfheit und auf die Zerstreutheit des Geistes durch Rastlosigkeit. Indem wir uns mit keinem dieser Zustände identifizieren und uns nicht in ihnen verlieren, findet der Geist die Balance, die er für eine tiefere Konzentration und die anschließenden höheren Geisteszustände braucht.

Das Beruhigende an all diesen Anweisungen ist, dass sie die Schwierigkeiten würdigen, die in der Praxis auftauchen. Um Fortschritte zu machen, brauchen wir nicht frei zu sein von all diesen Hindernissen und Unreinheiten. All diese Zustände bei ihrem Auftauchen achtsam zu bemerken, ist bereits der Weg zur Freiheit, sagt der Buddha. Durch reines Gewahrsein und eine spiegelgleiche Weisheit erkennen wir deren flüchtige, unbeständige und selbstlose Natur. Das allein reicht aus, um Befreiung zu erlangen.

Später im Text werden die verschiedenen Hindernisse und Erleuchtungsfaktoren ausgeführt und selbst zu Meditationsobjekten gemacht. Doch in dieser dritten Grundlage der Achtsamkeit, der Achtsamkeit auf den Geist, liegt die Betonung einfach darauf, die allgemeine Qualität des Geistes, beeinflusst von seinen verschiedenen Zuständen, Stimmungen und Emotionen, zu bemerken.

Fragen Sie sich: »Was geschieht gerade?«

Meiner Erfahrung nach ist dieses Bemerken der Qualität des Geistes in zweierlei Hinsicht wertvoll: Zum einen, wenn uns die Leichtigkeit oder die Verbundenheit fehlt, ohne dass wir so genau wissen, warum; wenn wir ringen und uns ohne rechten Erfolg abmühen. In solchen Zeiten kann es hilfreich sein, sich zurückzulehnen, das Gewahrsein zu erweitern und sich einfach zu fragen: »Was geschieht gerade?« Häufig befinden wir uns in einem Geisteszustand, den wir nicht anerkennen wollen: Vielleicht mühen wir uns gerade durch eine Phase der Trägheit, oder wir erleben eine ablenkende, ruhelose Energie mit vielen Gedanken. Oder der ärgerliche Geist hat sich gerade in eine Geschichte verstrickt. In jedem Fall gilt: Sobald wir anerkennen und akzeptieren, was gerade los ist, hört der Geist auf, zu kämpfen. Wir wissen dann einfach mit reiner Aufmerksamkeit, dass es gerade so ist. Um die Worte des Buddha zu wiederholen:

> »Er erkennt einen Geist voller Begierde als ›voller Begierde‹ und einen Geist ohne Begierde als ›ohne Begierde‹; er erkennt einen zornigen Geist als ›zornig‹ und einen zornlosen Geist als ›zornlos‹; er erkennt einen verblendeten Geist als ›verblendet‹ und einen nicht verblendeten Geist als ›nicht verblendet‹; er erkennt einen zusammengezogenen Geist als ›zusammengezogen‹ und einen zerstreuten Geist als ›zerstreut‹.«[3]

Gefühle des Ringens oder Kämpfens können ein sehr nützliches Feedback sein: Sie zeigen uns immer, dass etwas im Gange ist, was wir nicht akzeptieren, wovor wir uns verschließen. Denn würden wir es akzeptieren, gäbe es keinen Kampf.

Stimmungen und Emotionen bewusst wahrnehmen

Die zweite Art, bei der ich die Anwendung der Achtsamkeit auf den Geist als äußerst nützlich erlebe, ist das Gewahrsein der täglichen Stimmungen und Emotionen. Wir gehen häufig unter dem Eindruck bestimmter Stimmungen oder Emotionen durch unseren Tag oder einen Teil davon: Vielleicht erleben wir Traurigkeit oder Langeweile oder Aufregung; es kann auch eine Irritation sein oder eine Klarheit, Niedergeschlagenheit oder Fröhlichkeit. Diese Stimmungen und Geisteszustände sind so schwer greifbar und allgemein, dass wir oft darin versinken und uns mit ihnen identifizieren. Wir betrachten die Welt dann durch eine gefärbte Brille und erleben unsere Erfahrungen durch einen unbewussten Filter.

Wenn wir Emotionen und Stimmungen persönlich nehmen und uns mit ihnen identifizieren, errichten wir über der sich ständig verändernden Landschaft unserer Erfahrungen einen Überbau des Selbst: »Ich bin sauer«, »Ich bin traurig«, »Ich bin glücklich.« Die Praxis der Achtsamkeit auf den Geist hilft uns, zu erkennen, welche Stimmung oder Emotion gerade da ist und wie sie den Geist färbt oder konditioniert, ohne die Idee oder das Empfinden eines Selbst hinzuzufügen. Wir wissen einfach: Der ärgerliche Geist ist so, der traurige Geist ist so, der glückliche Geist ist so. Diese Art, den Geist zu erleben, bringt uns mit dem in Kontakt, was Ajahn Chaa einen »Geschmack von Freiheit« nennt:

> »Der Geist ist von sich aus völlig rein und in Frieden. Wenn er jedoch nicht in Frieden ist, kommt das daher, dass er Stimmungen und Launen folgt. Er wird unruhig, wenn Stimmungen ihn trügen. Der ungeschulte Geist ist dumm; Sinneseindrücke verleiten ihn, und er verliert sich in Freude und Traurigkeit. Doch der Geist ist mit diesen Dingen nicht identisch. Freude oder Traurigkeit sind nicht der Geist selbst, sondern nur Stimmungen, die erscheinen und uns täuschen. Der ungeschulte Geist folgt diesen Dingen, und wir identifizieren uns dann jeweils mit dem Wohlsein oder Unwohlsein. Tatsächlich ist unser Geist von Natur aus bereits unbewegt und in Frieden, wirklich in Frieden. … Also müssen wir den Geist schulen, die Sinneseindrücke zu verstehen und sich nicht in ihnen zu verlieren. Dies ist das Ziel all der komplizierten Übungen, die wir uns auferlegen.«[4]

WEIT UND ENG, ÜBERTREFFLICH UND UNÜBERTREFFLICH

Im letzten Teil der Anweisungen hinsichtlich des Geistes empfiehlt der Buddha, den weiten Geist als weit und den engen Geist als eng zu erkennen; den übertrefflichen Geist als übertrefflich und den unübertrefflichen Geist als unübertrefflich; den konzentrierten Geist als konzentriert und den unkonzentrierten Geist als unkonzentriert; den befreiten Geist als befreit und den unbefreiten Geist als unbefreit.

Die Qualitäten der Konzentration

Den Kommentaren zufolge verweisen die ersten drei Paare auf verschiedene Qualitäten der Konzentration. *Weit* und *eng* beziehen sich darauf, wie weit die Konzentration reicht. In den *Brahmavihāra*-Praktiken zu Liebe und Mitgefühl ist damit beispielsweise gemeint, ob wir diese Gefühle auf alle Wesen oder nur auf eine Person ausstrahlen. *Übertrefflich* und *unübertrefflich* beziehen sich darauf, welche Ebenen der Vertiefung erreicht werden. (Eine interessante Randbemerkung: *Unübertrefflich* bezieht sich hier auf die vierte *Jhāna,* denn die höheren formlosen Vertiefungen erfordern denselben Grad an Konzentration, nur die Objekte sind verfeinerter.[5]) Das dritte Paar – *konzentriert* und *unkonzentriert* – betont die achtsame Wahrnehmung, ob Einspitzigkeit in der Meditation vorhanden ist oder nicht, und zwar sowohl in *Samatha* (Konzentration) als auch in *Vipassanā* (Einsicht).

In diesem Teil der Achtsamkeit auf den Geist weist der Buddha auf zwei Dinge hin: Erstens müssen selbst tiefere Zustände der Konzentration und Vertiefung mit Weisheit betrachtet werden, denn so angenehm und befriedigend sie auch sein mögen – sie sind noch immer konstruierte, bedingte Zustände, die entstehen und vergehen; sie sind nicht die letztendliche Zuflucht. Zweitens können und sollten wir achtsam sein — und zwar sowohl wenn wir konzentriert sind als auch wenn wir unkonzentriert sind. Statt uns für das Abschweifen unseres Geistes zu verurteilen, können wir einfach bemerken: »Unkonzentriert.« Auf diese Weise ist alles in der Praxis der Achtsamkeit inbegriffen, kein Zustand wird ausgelassen.

Den befreiten Geist bemerken

In der letzten Zeile dieser Lehren spricht der Buddha davon, den befreiten Geist als befreit und den unbefreiten Geist als unbefreit zu erkennen. *Befreit* meint hier sowohl das volle Erwachen, in dem alle unheilsamen Geisteszustände entwurzelt wurden, als auch den vorübergehend von Unreinheiten befreiten Geist, den wir oft in der Vipassanā-Praxis erleben. Angesichts unserer Neigung, uns auf Hindernisse, Unreinheiten und Schwierigkeiten zu konzentrieren, ist dies eine gute Erinnerung daran, auch jene Momente zu bemerken, in denen der Geist frei ist von Gier und Verlangen, frei von Abneigung und Übelwollen, frei von Verwirrung und Verblendung. Während wir ohne Anhaftung und Verurteilung gewahr sind, können wir die Leichtigkeit und Reinheit dieser Augenblicke reiner Aufmerksamkeit bemerken. Ein tibetischer Lehrer hat diesen Aspekt der Praxis der Befreiung einmal mit den Worten beschrieben: »Viele Male kurze Momente.«

Die Bedeutung der Achtsamkeit auf den Geist und letztlich aller Grundlagen der Achtsamkeit hat Sayadaw U Tejaniya mit folgenden Worten zusammengefasst:

> »Eine Sache, die ihr erinnern und verstehen müsst, ist, dass ihr den Geist nicht sich selbst überlassen könnt. Er muss ständig überwacht werden. Wenn ihr euch nicht um euren Garten kümmert, wird er von Unkraut überwuchert. Wenn ihr euch nicht um euren Geist kümmert, werden Unreinheiten wachsen und sich vermehren. Der Geist gehört euch nicht, aber ihr seid für ihn verantwortlich.«[6]

14

Der Refrain

Über Gefühle und den Geist

In den Kapiteln 5 und 6 haben wir den Satipaṭṭhāna-Refrain detailliert besprochen. Anhand der Achtsamkeit auf den Körper, besonders auf den Atem, wurden die wesentlichen Aspekte der Meditationspraxis beispielhaft dargestellt. Zur Wiederholung: Der Refrain folgt jedem Abschnitt der Meditationsanweisungen des Satipaṭṭhāna Sutta. Wir können annehmen, dass der Buddha mit dem dreizehnfachen Wiederholen des Refrains auf die wichtigsten Faktoren des Pfads zum Erwachen hinweisen wollte. Nun wenden wir den Refrain auf die Achtsamkeit auf die Gefühle und den Geist an, auf die zweite und dritte Grundlage der Achtsamkeit.

ACHTSAMKEIT INNERLICH UND ÄUSSERLICH ÜBEN

Als Erstes betrachten wir die Gefühle und den Geist innerlich, äußerlich und sowohl innerlich als auch äußerlich. Es gibt zwar verschiedene Interpretationen, was in diesem Kontext mit *innerlich* und *äußerlich* gemeint sein kann, doch im Hinblick auf die vier Grundlagen der Achtsamkeit ist allen gemeinsam: *Innerlich* bezieht sich auf die eigene Erfahrung, äußerlich bezieht sich auf die Erfahrung anderer. Damit werden wir an die allumfassende Natur der Achtsamkeit erinnert. Unsere Praxis besteht darin, uns dessen bewusst zu sein, was immer gerade da ist, ob innen oder außen, und letztlich über diese Unterteilung hinauszugehen.

In den letzten paar Kapiteln haben wir die innere Betrachtung der Gefühle und des Geistes tief erkundet. Bei dieser Betrachtung werden wir uns der weltlichen und überweltlichen angenehmen, unangenehmen und neutralen Gefühle bewusst, die in unserem Geist auftauchen. Wir werden uns auch bewusst, dass unser Geist von heilsamen und unheilsamen Wurzeln beeinflusst ist, und erkennen den Geist als konzentriert oder unkonzentriert, übertrefflich oder unübertrefflich, befreit oder unbefreit.

Aber *wie* können wir diese Aspekte äußerlich betrachten? Der Buddha spricht über verschiedene Möglichkeiten der Entwicklung von Einsicht. Da ist zum einen unsere eigene, direkte Erfahrung, zum anderen können wir Schlussfolgerungen anstellen. Wenn wir die Hand ins Feuer halten und uns verbrennen, brauchen wir dieses Ergebnis nicht immer wieder neu zu entdecken. Nach ein oder zwei Mal lernen wir hoffentlich durch Schlussfolgerung, dass uns das Feuer auch beim nächsten Mal verbrennen wird.

Wir können dieselbe Art von Einsicht auch in Bezug auf Gefühle erleben. Häufig machen es die Worte oder die Körpersprache eines Menschen offensichtlich, ob er gerade etwas Angenehmes oder etwas Unangenehmes erlebt. Indem wir von unseren eigenen Erfahrungen von Freude und Leid schlussfolgern, können wir zumindest in einem gewissen Umfang erkennen, was die andere Person gerade fühlt. Das Gleiche gilt für etliche Geisteszustände. Wenn wir den Geist achtsam äußerlich betrachten und sehen, dass jemand ärgerlich oder liebevoll ist, gierig oder großzügig, abgelenkt oder konzentriert, dann können wir aufgrund unserer eigenen Erfahrung schlussfolgern, in welchem Geisteszustand sich der andere vermutlich befindet – einfach so, wie er ist, ohne unsere eigene unachtsame Reaktivität.

Warum ist das wichtig? Warum hat der Buddha das äußere Gewahrsein der Gefühle und der Geisteszustände mit einbezogen?

So wie angenehme Gefühle bei innerlicher Unachtsamkeit Verlangen erzeugen, unangenehme Gefühle Abneigung und neutrale Gefühle Verblendung, kann der Anblick schmerzhafter Gefühle in anderen auch in uns selbst Kummer, Sorgen oder Verdrängung auslösen, wenn wir äußerlich unachtsam sind. In manchen Fällen können die schmerzhaften Gefühle anderer sogar zu Grausamkeit führen. Ich konnte das in Indien an den Reaktionen auf die Straßenhunde beobachten: Sie treiben sich dort auf dem Markt herum und hoffen, etwas zu fressen aufzuschnappen. Die meisten Leute ignorieren sie oder scheuchen sie fort. Doch manchmal vertreibt sie auch jemand, indem er Steine nach ihnen wirft, um nicht mit den schmerzhaften Gefühlen des Hungers und der Verzweiflung konfrontiert zu werden, die diese Hunde ausstrahlen.

Sind wir äußerlich unachtsam, können auf ähnliche Weise die angenehmen Gefühle von anderen auch in uns selbst Neid oder Eifersucht auslösen. Die Schriftstellerin Anne Lamott berichtete davon, als sie beschrieb, wie schwer es für Autoren ist, die Erfolge anderer Autoren zu akzeptieren, vor allem, wenn es Freunde oder Freundinnen sind: »Es kann unser Selbstwertgefühl ziemlich erschüttern, wenn wir bemerken, dass wir wünschten, dieser Freundin würde irgendeine schlimme Kleinigkeit widerfahren, wie etwa, dass ihr Kopf explodiert.«[1]

Heilsame Geisteszustände hervorrufen

Wenn wir die Gefühle anderer genauso achtsam wahrnehmen wie unsere eigenen, eröffnen sich uns Möglichkeiten für heilsame Geisteszustände. Diese können spontan oder durch Reflexion entstehen. Die angenehmen Gefühle anderer können in uns statt Neid Freude hervorrufen, und ihre schmerzhaften Gefühle können zu Mitgefühl führen statt zu Angst oder Apathie.

Es gibt viele Beispiele, wie wir durch die Praxis äußerer Achtsamkeit heilsame Geisteszustände entwickeln können. Bei einem meiner Besuche in einem Meditationszentrum in Burma traf ich einen Freund aus Amerika wieder, der bereits seit mehreren Jahren dort als Mönch lebte. Mein Geist brauchte eine Weile, um zur Ruhe zu kommen, und als ich beobachtete, wie ruhig und konzentriert mein Freund war, sprang mein vergleichender Geist an und ich erlebte Neid und Selbstverurteilung. Doch nachdem ich dieses Muster und das damit einhergehende Leiden bemerkt hatte, begann ich mit der Meditation über *Muditā,* Mitfreude. Bei dieser Praxis wünschen wir, das Glück und der Erfolg anderer möge beständig wachsen und zunehmen. Ich war überrascht, wie schnell der Geist vom Leiden unter Neid auf Freude über den Erfolg meines Freundes überwechselte. Es war eine weitere Lektion über die Kraft der Praxis, sich für das Geschickte zu entscheiden und es zu kultivieren. Es ist möglich, die Kanäle unseres Geistes zu wechseln.

Bei einer buddhistisch-christlichen Konferenz in der Abtei von Gethsemani in Kentucky, wo Thomas Merton einst lebte und schrieb, hatte ich eine andere erhellende Erfahrung hinsichtlich der wichtigen Konsequenzen, die das achtsame Gewahrsein der Geisteszustände anderer haben kann. Die Konferenz lief schon seit ein paar Tagen, als ich einmal nach einer Veranstaltung zufällig hinter dem Dalai Lama den Korridor entlangging. Am Ende des Gangs stand eine Statue der Jungfrau Maria. Als Seine Heiligkeit an ihr vorbeikam, hielt er inne und verneigte sich, dann ging er weiter. Mir wäre es niemals eingefallen, das zu tun. Es war so klar, dass der Dalai Lama damit all das würdigte, wofür die Statue stand. Die Achtsamkeit auf das Äußere offenbarte mir in jenem Augenblick, wie ich meinen eigenen Geist beschränkt hatte. Am Ende der Konferenz sprach der Abt von Gethsemani in seinen Schlussworten davon, wie sehr es ihn bewegt hätte, zu sehen, dass sich der Dalai Lama vor der Statue der Jungfrau Maria verneigte; dieser Akt der Hochachtung sage mehr über interreligiösen Dialog aus als irgendeines der vielen Worte, die in jenen Tagen gesprochen worden waren.

Reaktivität des Geistes

Wir können auch in jenen Augenblicken lernen, in denen wir das Außen zunächst nicht achtsam wahrnehmen, aber uns dann dieses Geschehens durch unsere eigene Reaktion bewusst werden. Gemäß einem weit verbreiteten psychologischen Verständnis reagieren wir bei anderen oft am heftigsten gerade auf jenes, was wir an uns selbst am wenigsten akzeptieren. Wie reagieren wir, wenn jemand wütend oder gierig ist? Bemerken wir einfach, dass diese Geisteszustände in jemand anderem entstanden sind, oder gibt es in unserem Geist eine aufgeladene Reaktion?

Unsere Reaktionen auf andere können eine wirksame Achtsamkeitsglocke sein, die uns daran erinnert, aufzupassen. Es gibt da vieles zu beobachten. Wir können unsere eigenen reaktiven Geisteszustände wie Ungeduld, Ärger oder Angst achtsam wahrnehmen. Wir können uns dann achtsam den Verhaltensweisen, Gefühlen oder Geisteszuständen jener anderen zuwenden, die unsere Reaktion ausgelöst haben, und schauen, ob wir auf diese Qualitäten auch in uns selbst reagieren. Und dann können wir bemerken, was geschieht, wenn wir all diese Dinge in unserem achtsamen Gewahrsein halten.

Die Betonung auf der Achtsamkeit sowohl innerlich als auch äußerlich hält die Dinge im Gleichgewicht: Wir werden weder allzu egozentrisch noch vergessen wir den Kontext, in dem wir leben, und wir verfangen uns auch nicht so sehr im äußeren Geschehen, dass uns entgeht, was in unserem Körper und unserem Geist abläuft.

Sobald wir innerlich, äußerlich und sowohl innerlich als auch äußerlich achtsam sind, beginnen wir, uns für ein Verständnis von *Anattā* zu öffnen, der leeren, selbstlosen Natur der Gefühle und aller Erfahrungen. Unser Verständnis wandelt sich von »Ich habe eine angenehme Erfahrung« oder »Sie hat eine angenehme Erfahrung« zu »Da ist eine angenehme Erfahrung«. Wie Anālayo betont, lassen wir bei dieser Betrachtung die Grenzen von »ich « und »andere« – von einem getrennten Selbst – hinter uns und erleben die Phänomene, ohne dass sie jemandem gehören.

ENTSTEHEN UND VERGEHEN

Wie bereits im Hinblick auf den Körper und die Gefühle erwähnt, empfiehlt uns der zweite Teil des Refrains, die Natur des Entstehens und Vergehens und des Sowohl-Entstehens-als-auch-Vergehens des Geistes in seinen verschiedenen Zuständen zu betrachten. Das Pali-Wort *Saṃsāra* bedeutet »beständiges Wandern«, »Weitergehen« oder »Sich-Drehen«. Es bezieht sich traditionell auf die Reise durch die verschiedenen Existenzbereiche, die wir im Laufe vieler Leben durchwandern. Aber auch in einem einzigen Leben und selbst an einem einzigen Tag vollzieht sich der gleiche Prozess.

Wie viele unterschiedliche Geisteszustände durchleben wir im Laufe einer Stunde? Wir sind glücklich, traurig, gelangweilt, aufgeregt, ängstlich, ruhig – und so weiter. Während wir das Entstehen und Vergehen und Sowohl-Entstehen-als-auch-Vergehen dieser Geisteszustände achtsam betrachten, fangen wir an, uns aus der Identifikation mit ihnen und der Reaktion auf sie zu befreien.

Wir können die Unbeständigkeit dieser Zustände auf verschiedene Weise betrachten. Wenn wir uns auf ihre entstehende Natur konzentrieren, betonen wir das Gewahrsein der Momente, in denen sie auftauchen: Ärger entsteht, Verlangen entsteht, Ruhe entsteht. Wir können die unbeständige, bedingt entstehende Natur der Geisteszustände noch tiefer begreifen, indem wir erkennen, was sie auslöst. Wir können die Beziehung zwischen Gedanken und Emotionen bemerken und wie stark sie sich gegenseitig bedingen. Beispielsweise gehen vielen Menschen auf intensiven Meditations-Retreats eine Menge »Zeit-Gedanken« durch den Sinn. Sind wir ruhig und konzentriert, kann der Gedanke »Noch eine Woche Praxis« Gefühle der Freude und Begeisterung auslösen. Doch solange wir mit Hindernissen kämpfen, kann derselbe Gedanke Unruhe oder Einsamkeit hervorrufen. Indem wir sowohl den auslösenden Gedanken als auch den daraus resultierenden Geisteszustand bemerken, erkennen wir die entstehende Natur dieser Zustände und können frei mit dem Strom der sich wandelnden Erfahrung fließen.

Wir können auch das Vergehen von Geisteszuständen achtsam wahrnehmen, indem wir die Augenblicke bemerken, wenn sie verschwinden oder sich auflösen. Ich habe die Betrachtung des Augenblicks des Verschwindens besonders beim Geisteszustand des Verlangens als hilfreich erlebt. Sind wir im verlangenden Geist gefangen, spüren wir oft den Drang, das Verlangen zu erfüllen, und meinen, wir müssten ihm nachgeben, um uns erfüllt zu fühlen. Wir vergessen, dass das Verlangen selbst das Verlangen in sich trägt und dass das große Gesetz der Unbeständigkeit die Sache schon erledigen wird. Also bemerken wir Verlangen, Verlangen und dann sein Ende, sein Verschwinden. Damit befreien wir uns aus dem Klammergriff des Verlangens.

Je öfter wir dieses Vergehen der Geisteszustände und Emotionen betrachten, desto weniger verfangen wir uns in ihnen. Direkte Einsicht – das heißt das Erkennen des Vergehens –, ermöglicht es, Geisteszustände und Emotionen ohne Angst, ohne Identifikation und ohne Reaktion zu erleben.

Auf ihrer tiefsten Ebene führen Entstehen und Vergehen zu Weisheit und Erwachen. Das wird in vielen Suttas mit den einfachen Worten ausgedrückt: »Alles, was entstanden ist, muss vergehen.« Manche Menschen hören nur diese eine Lehre und erleben Stufen der Verwirklichung. Die Aussage mag in gewisser Weise selbstverständlich erscheinen, doch sie hat weitreichende Konsequenzen. Könnten wir uns ganz ihrer Weisheit öffnen, wären wir frei von jeglicher Anhaftung.

Die Bedeutung dieser Einsicht ist in einem Vers der Dhammapada zusammengefasst: »Und lebt' man hundert Jahre auch, doch merkt nicht das Entstehn-Vergehn, besser ein Lebenstag des Manns, der das Entstehn-Vergehn erkennt.«[2]

Was sagt uns das hinsichtlich dessen, was uns in unserem Leben wichtig ist und wofür wir arbeiten? Was sagt uns das über die befreiende Wirkung des direkten, unmittelbaren Sehens der Wahrheit der Veränderung? Der Refrain erinnert uns daran, Körper, Gefühle und Geist innerlich, äußerlich und in beiderlei Hinsicht achtsam wahrzunehmen und ihr Entstehen und Vergehen zu betrachten.

REINES ERKENNEN

Die nächste Zeile des Refrains beantwortet die unausgesprochene Frage: »Wie viel Achtsamkeit ist notwendig?« Es heißt: »Die Achtsamkeit ›Gefühl ist da‹ oder ›Geist ist da‹ ist in ihm in dem Maße gegenwärtig, wie es zum reinen Erkennen und für andauernde Achtsamkeit erforderlich ist.« »Reines Erkennen« bedeutet hier, objektiv zu betrachten, was entsteht, ohne sich in Assoziationen, Reaktionen, Verurteilungen oder Bewertungen zu verlieren, oder wenn es doch geschieht, sich dieser Zustände bewusst zu werden.

Stellen Sie sich zum Beispiel vor, Sie spüren eine schmerzhafte Verspannung im Kiefer. Sie spüren das Unbehagen, und dann gesellt sich ein Kommentar wie »Meine Güte, was bin ich nur für ein verspannter Mensch« hinzu. Oder Sie erleben das angenehme Gefühl eines konzentrierten und weiten Geistes und darauf folgend einen Schwall von Gedanken wie »Ich bin doch richtig gut in Meditation«. Statt dieser ausufernden Gedanken über angenehme oder unangenehme Gefühle können wir einfach erkennen, dass ein angenehmes oder unangenehmes Gefühl vorhanden ist. Oder statt zu analysieren, warum bestimmte Emotionen aufkommen, und dann in unsere ganze psychologische Geschichte abzutauchen, können wir einfach erkennen, dass da Lust ist oder die Abwesenheit von Lust, Übelwollen oder die Abwesenheit von Übelwollen. Wir sind genau so achtsam, wie es für das reine Erkennen notwendig ist.

Dieses reine Erkennen offenbart viel über die Natur des wissenden Geistes. Wir beginnen zu beobachten, dass reines Erkennen mühelos ist; es entspricht einfach der Natur des Geistes. Das wird beispielsweise bei Geräuschen deutlich. Falls wir nicht abgelenkt sind und ein Geräusch entsteht, erkennen wir dieses Geräusch spontan, mühelos und genau. Wir brauchen uns nicht anzustrengen, es zu hören. Das ist die spiegelgleiche Qualität des Geistes. Dasselbe spontane Erkennen gibt es auch bei Bewegungen. Falls wir nicht abgelenkt sind, erkennen wir die Empfindungen einer Bewegung ganz leicht. Dieses reine Erkennen ist nichts, was wir machen oder was wir versuchen, es ist vielmehr etwas, zu dem wir zurückkehren. Das kurze Mantra: »Es ist bereits da«, hat mir in meiner Praxis sehr geholfen, mich daran zu erinnern.

In diesen Anleitungen des Refrains sagt der Buddha zuerst, wir sollten so achtsam sein, wie es für reines Erkennen notwendig ist. Das bedeutet Vereinfachung, was vor allem für uns hier im Westen eine Herausforderung sein kann. Es bedeutet, den Geist im Gewahrsein ruhen zu lassen, ohne dass er sich einmischt, einfach wissend, was sich gerade zeigt. Reines Erkennen ist die einfache, unmittelbare Erfahrung des Erkennens dessen, was da ist, ohne Geschichten über die Erfahrung zu erfinden.

BESTÄNDIGKEIT DER ACHTSAMKEIT

Indem wir jedes Mal, sobald wir abgelenkt sind, zur reinen Aufmerksamkeit zurückkehren, wird unsere Achtsamkeit stetiger. Beständigkeit erfordert eine gewisse Art rechten Bemühens. Es geht nicht um das Bemühen, zu erkennen, sondern um das Bemühen, immer wieder zum reinen Erkennen zurückzukehren. Aus dieser

Praxis des Zurückkehrens zu dem, was sich im jeweiligen Augenblick zeigt, entwickeln wir ein Momentum der Achtsamkeit. Von einem gewissen Punkt an beginnt sie dann, von alleine zu fließen. Denken Sie nur daran, wie Sie Fahrradfahren gelernt haben. Zuerst war es schwer, die Balance zu halten, Sie sind hingefallen und erneut aufgestiegen. Doch ab einem gewissen Punkt hatten Sie genug Momentum, um sich vorwärtszubewegen, und das Halten des Gleichgewichts wurde mühelos. Wenn wir ein Musikinstrument spielen lernen oder eine Sportart meistern oder uns irgendeine Fähigkeit aneignen, ist es ähnlich. Haben wir in der Meditation ein gewisses Momentum an Achtsamkeit entwickelt, müssen wir uns weniger anstrengen und es wird leichter.

Indem er alle vier Grundlagen der Achtsamkeit in die Praxis einbezieht und keine Erfahrung auslässt, vermittelt uns der Buddha eine Methode, um reines Erkennen und beständige Achtsamkeit zu entwickeln. Herrschen angenehme, unangenehme oder neutrale Gefühle vor, nehmen wir sie achtsam wahr. Entstehen heilsame oder unheilsame Geisteszustände, nehmen wir sie achtsam wahr.

Wenn die Kontinuität des reinen Erkennens zunimmt, wird das Gewahrsein weiter. Die Betonung verlagert sich von der Achtsamkeit auf den Inhalt der Erfahrung zur Achtsamkeit auf den Prozess der Veränderung. Dann ist da einfach ein Strom der Erfahrung, und die drei universellen Daseinsmerkmale – Unbeständigkeit, Unbefriedigtsein und Selbstlosigkeit – werden immer deutlicher.

UNABHÄNGIG VERWEILEN

Dies führt zur letzten Zeile des Refrains, in der das Ergebnis unserer Praxis zusammengefasst wird: »Und er verweilt unabhängig, an nichts in der Welt haftend.« »Unabhängig verweilen« bedeutet, von keinen Erfahrungsobjekten durch Verlangen oder unser Selbstbild abhängig zu sein, sich mit nichts als »ich« oder »mein« zu identifizieren. In einer Lehrrede sagte der Buddha, wer immer dies höre, habe alle Lehren gehört; wer immer dies praktiziere, habe alle Lehren praktiziert; wer immer dies verwirklicht, habe alle Lehren verwirklicht. Wir verweilen unabhängig, an nichts in der Welt haftend.

Achtsamkeit auf die Dhammas

Die fünf Hindernisse

15

Sinnesbegierde

Die vierte und letzte Grundlage der Achtsamkeit ist die Achtsamkeit auf die Dhammas. Das Pali-Wort *Dhamma* (*Dharma* im Sanskrit) kann je nach Zusammenhang eine Vielzahl von Bedeutungen haben: Es kann für »Wahrheit«, »Gesetz« oder »Lehren des Buddha« stehen, es kann sich auch auf spezielle Elemente von Geist und Körper beziehen. Jedes der mentalen und physischen Elemente wird »Dhamma« genannt.

Im Satipaṭṭhāna Sutta wird diese letzte Grundlage der Achtsamkeit oft als Achtsamkeit auf die Geistesobjekte übersetzt. Dies kann jedoch verwirrend sein, weil auch die zweite und dritte Grundlage der Achtsamkeit Geistesobjekte umfasst. Worauf kommt es dem Buddha also in dieser vierten Grundlage zur Verwirklichung von Achtsamkeit an? In seinem Buch *Der direkte Weg* bietet uns Anālayo eine klare und stichhaltige Analyse dessen, wie der Begriff *Dhamma* hier zu verstehen ist. Seiner Ansicht nach bedeutet *Dhamma* in diesem Zusammenhang »Kategorien der Phänomene«, was die unterschiedlichen Funktionen der Dhammas oder Elemente der Erfahrung betont. Der Buddha listet in diesem Abschnitt des Suttas die grundlegenden Prinzipien seiner Lehre auf: die Hindernisse, die Daseinsgruppen, die Aggregate, die Sinnesbereiche, die Erwachensfaktoren und die vier edlen Wahrheiten.

Michael Carrithers schreibt in seiner Studie über die Waldmönche in Sri Lanka über diese Grundlage der Achtsamkeit: »Die

Aussagen der Doktrin werden in unmittelbare Wahrnehmung des Hier und Jetzt verwandelt.«[1] Diese Verwandlung der Doktrin in unmittelbare Wahrnehmung macht die Lehren lebendig. Statt einer philosophischen Analyse oder Erörterung zeigt uns der Buddha, wie wir diese Wahrheiten, diese Dhammas, eigenständig erkunden können.

Für mich hat sich durch diese Möglichkeit viel verändert. Ich hatte im College Philosophie studiert, war jedoch ziemlich frustriert, weil mir eine Erläuterung fehlte, wie die verschiedenen Philosophien in unserer direkten Erfahrung im täglichen Leben umgesetzt werden können.

In dieser vierten Grundlage der Achtsamkeit – der Achtsamkeit auf Kategorien, auf allgemeine Prinzipien – bietet uns der Buddha eine genaue Anleitung dafür, wie das geht:

> »Und wie, ihr Bhikkhus, verweilt er hinsichtlich der Dhammas, Dhammas betrachtend? Hier verweilt er hinsichtlich der Dhammas, Dhammas in der Form der fünf Hindernisse betrachtend.«[2]

Warum beginnt der Buddha hier mit den Hindernissen? Wenn wir uns ihrer nicht bewusst sind, können die Hindernisse den Geist gefangen halten und verhindern, dass wir ein weises Unterscheidungsvermögen zwischen geschicktem und ungeschicktem Handeln entwickeln. Sie erschweren die Entwicklung von Konzentration und anderen Erwachensfaktoren, und sie verhindern die Verwirklichung der vier edlen Wahrheiten. Um auf dem Weg voranzukommen, müssen wir zuerst wissen, wie wir geschickt mit dem umgehen können, was unsere Reise behindert.

WIE DIE HINDERNISSE DEN GEIST BEEINFLUSSEN

Es gibt zwei bekannte Gleichnisse, mit denen der Buddha den Einfluss der Hindernisse auf den Geist beschreibt. In dem ersten wird auf verschiedene Weise beschrieben, wie die Hindernisse unsere Wahrnehmung einschränken. Der Buddha verwendet dazu das

Bild eines Teiches mit klarem Wasser, das unser Bild widerspiegelt. Wenn Sinnesbegierde den Geist erfüllt, ist es, als wäre das Wasser eingefärbt: Verlangen färbt unsere Wahrnehmung. Sind Übelwollen oder Abneigung da, entspricht dies kochendem Wasser: Wenn Ärger unseren Geist erhitzt, sind wir aufgewühlt und können nichts klar erkennen. Dumpfheit und Mattheit vergleicht er mit einem von Algen überwucherten Teich: Hier ist es die Stagnation des Geistes, die klares Sehen verhindert. Rastlosigkeit und Sorge sind wie Wasser, das der Wind aufgewühlt hat: Der Geist irrt ruhelos hin und her. Und Zweifel entspricht trübem, schlammigem Wasser, wo alles unklar ist, sodass wir nicht auf den Grund sehen können.

Das zweite Gleichnis des Buddha bezieht sich auf die unterschwellige Stimmung, die entsteht, solange wir in den Hindernissen gefangen sind, und wie sie sich verändert, sobald wir frei sind von ihnen.

> »Ihr Bhikkhus, angenommen, ein Mann nähme ein Darlehen auf und betriebe ein Geschäft, und sein Geschäft wäre erfolgreich, sodass er alle Schulden begleichen könnte, und es bliebe genug übrig, um eine Frau zu versorgen; in Erwägung dessen wäre er froh und voller Freude. Oder angenommen, ein Mann wäre erkrankt, leidend und in schlechter Verfassung, und das Essen bekäme ihm nicht, und sein Körper hätte keine Kraft, aber später würde er sich von der Krankheit erholen, und das Essen bekäme ihm wieder, und der Körper erstarkte wieder; in Erwägung dessen wäre er froh und voller Freude. Oder angenommen, ein Mann wäre im Gefängnis eingesperrt, aber später würde er freigelassen, er wäre sicher und heil, ohne etwas von seinem Besitz eingebüßt zu haben; in Erwägung dessen wäre er froh und voller Freude. Oder angenommen, ein Mann wäre ein Sklave, nicht selbstständig, sondern von anderen abhängig, der nicht hingehen kann, wohin er will, aber später würde er aus der Sklaverei entlassen, wäre selbstständig, von anderen unabhängig, ein freier Mann, der hingehen kann, wohin er will; in Erwägung dessen wäre er froh und voller Freude. Oder angenommen, ein Mann mit Reichtum und Besitz reiste

> auf einer Straße, die durch eine Wüste führt, aber später hätte er die Wüste sicher und heil durchquert, ohne etwas von seinem Besitz eingebüßt zu haben; in Erwägung dessen wäre er froh und voller Freude. Ebenso, ihr Bhikkhus, wenn diese fünf Hindernisse in einem Bhikkhu noch nicht aufgegeben worden sind, betrachtet er sie als Schuld, beziehungsweise als Krankheit, als Gefangenschaft, als Sklaverei und als eine Straße, die durch eine Wüste führt. Aber wenn diese fünf Hindernisse in ihm aufgegeben worden sind, betrachtet er das als Schuldfreiheit, als Gesundheit, als Entlassung aus der Gefangenschaft, als Freiheit von der Sklaverei und als Gefilde der Sicherheit.«[3]

Es ist hilfreich, diese Gleichnisse nicht als literarische Bilder zu betrachten, sondern als Hinweise darauf, wie unser Geist von der Anwesenheit oder Abwesenheit dieser Geisteszustände beeinflusst wird. Achten Sie besonders auf Augenblicke des Übergangs, wenn Sie sich in einem der Hindernisse verloren haben und dessen gewahr werden. In solchen Momenten können Sie klarer und unmittelbarer erkennen, wie sie Ihren Geist beeinflussen und prägen. Häufig sind die Hindernisse derart vertraute Bestandteile unserer inneren Landschaft, dass wir ihren Einfluss übersehen oder nicht erkennen. Das führt dann dazu, dass wir wenig Dringlichkeit verspüren, an ihnen zu arbeiten.

In seinen Lehren zur vierten Grundlage der Achtsamkeit erinnert uns der Buddha, dass wir diese Hindernisse hinter uns lassen müssen, um auf dem Weg des Erwachens voranzukommen. Er erklärt, was geschieht, wenn wir zu sorglos damit umgehen: »Die fünf Hemmungen, ihr Mönche, machen blind, augenlos, erkenntnislos, roden die Weisheit aus, quälen und führen nicht zum Nirvāna.«[4] Doch wenn wir uns ihnen sorgsam zuwenden, lernen wir, ihre leere, transparente Natur zu erkennen, und verfallen nicht mehr so leicht ihren Verführungen. Dann werden sie zu einem Fokus unserer Achtsamkeit, zu einem Fahrzeug zu unserem Erwachen.

FÜNF SCHRITTE FÜR DIE ARBEIT MIT DEN HINDERNISSEN

Die Frage ist, wie wir üben können, mit diesen Hindernissen zu arbeiten, und sie ohne Unterdrückung, Abneigung oder Selbstanklage hinter uns lassen können. In seinen Anweisungen spricht der Buddha von fünf Schritten, mit denen wir einen mittleren Weg zwischen Nachgiebigkeit und Unterdrückung gehen können. In diesem Kapitel werden wir diese fünf Schritte auf Sinnesbegierde anwenden, das erste der fünf Hindernisse. Diese fünf Schritte sind für alle anderen Hindernisse auf die gleiche Weise anzuwenden.

> »Hier verweilt er hinsichtlich der Dhammas, Dhammas in der Form der fünf Hindernisse betrachtend. Und wie verweilt er hinsichtlich der Dhammas, Dhammas in der Form der fünf Hindernisse betrachtend?
> Wenn Sinnesbegierde [Übelwollen, Dumpfheit und Mattheit, Rastlosigkeit und Sorge, Zweifel] in ihm vorhanden ist, erkennt er: ›In mir ist Sinnesbegierde [etc.]‹; wenn Sinnesbegierde [etc.] nicht in ihm vorhanden ist, erkennt er: ›In mir ist keine Sinnesbegierde [etc.]‹. Und er erkennt, wie nicht entstandene Sinnesbegierde [etc.] entstehen kann, wie entstandene Sinnesbegierde [etc.] überwunden werden kann und wie das künftige Entstehen der überwundenen Sinnesbegierde [etc.] vermieden werden kann.«[5]

1. Schritt: Die Anwesenheit von Sinnesbegierde erkennen

Der erste Schritt ist das schlichte Erkennen der Sinnesbegierde, wenn sie im Geist vorhanden ist. Wir können diesen verlangenden Geist auf vielfache Weise erfahren. Manchmal sind wir von obsessiven Leidenschaften überwältigt. Die Literatur ist voll solcher Beispiele, bis zurück zu Homers *Ilias*. Da gibt es das Verlangen von Süchten, den großen und den kleinen. Wir können uns in immer denselben Fantasien verlieren oder einfach in einer spontanen Laune. In der Meditation kann Sinnesbegierde dadurch zum Ausdruck kommen, dass wir immer wieder in unserem inneren Drama oder unseren Geschichten schwelgen. Oder sie zeigt sich in Form von Erwartungen, dem Verlangen, dass etwas Bestimmtes geschehen soll. Ich nenne das manchmal den »Damit-Geist«: Wir bemerken etwas, *damit* etwas anderes geschieht. Zum Beispiel bemerken wir einen Schmerz, damit er verschwinden möge, oder wir bemerken ein angenehmes Gefühl, damit es bleibt. Solange wir nicht erkennen, dass Sinnesbegierde da ist, verlieren wir uns einfach in ihr; wenn wir uns ihrer bewusst sind, wird sie zu einem Teil des Pfads zum Erwachen.

2. Schritt: Die Abwesenheit von Sinnesbegierde erkennen

Der zweite Schritt ist, zu erkennen, wenn keine Sinnesbegierde da ist: »Wenn Sinnesbegierde nicht in ihm vorhanden ist, erkennt er: ›In mir ist keine Sinnesbegierde.‹« Dies ist ein bewusster Akt. Dieser »strahlende Geist«, wie der Buddha den von Verlangen befreiten Geist nannte, ist die Grundlage für Freude, Ruhe, Glück, Konzentration und Einsicht.

Wir sollten über die Anweisung, die Abwesenheit der Hindernisse zu erkennen, nicht mit einer Pro-forma-Haltung hinweghuschen. Wenn wir die Erfahrung des von Sinnesbegierde und anderen Hindernissen freien Geistes wirklich achtsam betrachten, entwickeln wir ein Vertrauen in die Praxis, das auf eigener Erfahrung statt auf Glauben und Hoffnung beruht. Dann verstehen wir aus eigener Anschauung die Gleichnisse, schuldenfrei, gesund, frei von Haft oder Sklaverei und in Sicherheit zu sein.

Die nächsten drei Schritte der Anleitung betonen das Verständnis der Bedingtheit.

3. Schritt: Die Bedingungen erkennen, die der Anwesenheit oder Abwesenheit von Sinnesbegierde zugrunde liegen

Es gibt viele Dinge, die zum Entstehen von Sinnesbegierde beitragen. Das Offensichtlichste ist die Gewohnheit des Verlangens, welches leicht aktiviert wird, sofern wir das Auftauchen eines Sinnesobjekts oder des damit verbundenen angenehmen Gefühls nicht achtsam bemerken. Ich erlebe das bei Retreats oft in der Warteschlange zum Mittagessen, wo der Anblick oder der Geruch des Essens schnell unser Verlangen in Gang setzt. Oder wir sehen jemanden, der uns attraktiv erscheint. Wenn wir uns dieses Sehens dann nicht bewusst sind, können wir uns leicht für Augenblicke, Stunden oder gar Tage in Fantasien über eine sogenannte »Vipassanā-Romanze« verlieren.

Der Buddha hat auf die Gefahren dieses Mangels an Aufmerksamkeit hingewiesen:

> »Ihr Bhikkhus, worüber auch immer ein Bhikkhu häufig nachdenkt und nachsinnt, das wird seine Gemütsneigung werden. Wenn er häufig über Gedanken der Sinnesbegierde nachdenkt und nachsinnt, hat er den Gedanken der Entsagung aufgegeben, um den Gedanken der Sinnesbegierde zu pflegen, und dann neigt sein Herz zu Gedanken der Sinnesbegierde.«[6]

Damit wird deutlich, wie wichtig es ist, uns der Art der in unserem Geist auftauchenden Gedanken bewusst zu sein, denn je häufiger sich bestimmte Gedanken wiederholen, desto wahrscheinlicher werden sie. Wir beginnen uns unserer bislang unbemerkten Muster bewusst zu werden.

Sinnesbegierden entstehen auch aus dem grundlegenden Missverständnis, sie würden zu anhaltendem Glück führen – was aufgrund ihrer Unbeständigkeit nicht möglich ist. In Tolstois *Anna Karenina* kommt auch Annas Liebhaber zu dieser Erkenntnis: »Wronski seinerseits fühlte sich trotz der vollen Verwirklichung dessen, was er so lange gewünscht hatte, doch nicht vollkommen glücklich. Er hatte bald die Empfindung, dass durch die Verwirklichung seines Wunsches ihm doch nur ein Sandkorn von jenem Berge von Glückseligkeit zuteil geworden war, den er erwartet hatte. Diese Verwirklichung brachte ihm jenen ewigen Irrtum zu Bewusstsein, den die Menschen begehen, indem sie von der Verwirklichung ihrer Wünsche ihr Glück erhoffen.«

Die meisten von uns haben diese Wahrheit schon mal erlebt. Viele Menschen bringt genau diese Erfahrung zum Dharma. Doch es ist nicht so einfach, dieses Verständnis in unserem Leben auch umzusetzen. In einem Retreat führen wir ein einfaches, klösterliches Leben, doch in unserem weltlichen Alltag stürmen Bilder und Geräusche auf uns ein, die uns drängen, uns auf vielerlei Weise den

Sinnesvergnügungen hinzugeben. In den Zeitungen, auf Plakaten und im Internet rufen unzählige Anzeigen dazu auf, mehr haben zu wollen, als sei das an sich schon eine gute Sache. Um diese Eindrücke auszugleichen, ist es enorm hilfreich, zu verstehen, wie Sinnesbegierde entsteht.

Es mag tröstlich sein, zu wissen, dass dies kein Problem der Neuzeit ist. Vor seiner Erleuchtung war der Buddha genau den gleichen Versuchungen und Neigungen ausgesetzt.

> »Früher, als ich ein Leben zu Hause führte, vergnügte ich mich, versorgt und ausgestattet mit den fünf Strängen sinnlichen Vergnügens: ... die erwünscht, begehrt, angenehm und liebenswert sind, die mit Sinnesgier verbunden sind und Begierde hervorrufen. ... Ich hatte drei Paläste, einen für die Regenzeit, einen für den Winter und einen für den Sommer. Ich hielt mich die vier Monate der Regenzeit über im Regenzeit-Palast auf, vergnügte mich mit Musikern, ... und ich ging nicht zum unteren Palast hinunter.
> Bei einer späteren Gelegenheit, nachdem ich ... die Befriedigung, die Gefahr und das Entkommen im Falle der Sinnesvergnügen der Wirklichkeit entsprechend kannte, überwand ich das Begehren nach Sinnesvergnügen, entfernte ich das Fieber nach Sinnesvergnügen, und ich verweile ohne Durst, mit einem Geist, der inneren Frieden hat. ... Es gibt eine Freude abseits von Sinnesvergnügen, abseits von unheilsamen Geisteszuständen, welche himmlische Glückseligkeit übertrifft. Da ich mich an jenem erfreue, beneide ich nicht, was geringer ist, auch ergötze ich mich nicht daran.«[7]

4. Schritt: Die Bedingungen erkennen, die dem Entfernen von Sinnesbegierde zugrunde liegen

Die nächsten Anweisungen in diesem Abschnitt des Suttas lauten: »Er erkennt, ... wie entstandene Sinnesbegierde überwunden werden kann.« Da Sinnesbegierden mit Sicherheit hochkommen werden, stellt sich die Frage, wie wir mit ihnen arbeiten können, wenn sie da sind. Es gibt viele Texte, in denen Māra, die Verkörperung des sinnlichen Verlangens, erscheint und dann alle Macht verliert, nachdem Māra erkannt wird. »Māra, ich sehe dich« ist Ausdruck dieses Erkennens. Mir hat in der Praxis sehr geholfen, diesen Satz des Öfteren zu wiederholen. In dem Augenblick, in dem wir uns dessen bewusst sind, dass Sinnesbegierde entstanden ist, sind wir nicht mehr darin gefangen und nicht mehr damit identifiziert. Wenn wir die Sinnesbegierde im Geist bemerken, fangen wir an, ihre unbeständige, unpersönliche Natur zu erkennen.

Wir sollten die Macht der Achtsamkeit nicht unterschätzen. Der Begriff »Achtsamkeit« mag zwar etwas prosaisch wirken, doch wenn wir weniger auf das Wort und mehr auf die damit gemeinte Geistesqualität schauen, können wir die enorme Kraft spüren, die darin liegt. Achtsamkeit ist die Wurzel von allem, was ganzheitlich und heilsam ist. Sollte die Achtsamkeit jedoch noch nicht stark genug sein, um uns direkt aus den Fangarmen des Verlangens zu befreien, kann weises Reflektieren helfen, die Umklammerung zu lockern. Ich nenne dieses achtsame Reflektieren den »inneren Dharma-Coach«: Er hilft, uns in dem Moment auf die Lehren des Buddha zu besinnen, wenn wir ihre Anwendung brauchen. Häufig ist die Erinnerung an die eigene grundlegende Absicht zur Praxis – Mache ich das, um mich in Verlangen zu verlieren oder um frei zu sein? – schon ausreichend, um sich Māras Zugriff zu entziehen.

5. Schritt: Zukünftiges Entstehen von Sinnesbegierde vermeiden

Schließlich erfahren wir hier in den letzten Anweisungen zum Umgang mit den Hindernissen, wie wir ihr zukünftiges Entstehen, in diesem Fall von Sinnesbegierde, vermeiden können. Nachdem wir wissen, wie sie entsteht, können wir vorbeugende Maßnahmen treffen: Genauso wie um unsere körperliche Gesundheit können wir uns um unsere mentale Gesundheit kümmern.

Wir können uns zum Beispiel manchmal auf die unattraktiven Aspekte des Körpers besinnen. Dieser Ansatz widerspricht natürlich unserer westlichen Prägung, die geradezu zwanghaft auf Schönheit fokussiert ist und alles meidet, was darauf hinweist, dass wir altern und unser Körper krank werden und sterben wird. Die Besinnung auf die unattraktiven Aspekte des Körpers kann zu all diesen Bildern, die uns betören wollen, ein starkes Gegengewicht bilden.

Der Buddha sprach auch davon, die Sinnestore zu bewachen, das heißt bereits den Augenblick des Kontakts mit dem Sinneseindruck achtsam zu bemerken. Er erwähnte die Mäßigung beim Essen und den Umgang mit weisen Freunden als Möglichkeiten, das Entstehen von Sinnesbegierde zu vermeiden. Die Schönheit dieses ganzen Abschnitts des Suttas liegt in der Art, wie uns der Buddha wie ein guter Arzt von der Diagnose zur Heilung und Vorbeugung führt. Wie nach jeder Anleitung wird auch hier abschließend wiederholt: »Und er verweilt unabhängig, an nichts in der Welt haftend.«

Insgesamt vertiefen die fünf in diesem Kapitel dargestellten Schritte unser Verständnis der bedingten, selbstlosen Natur aller Phänomene. Alle Dinge entstehen, wenn die passenden Bedingungen herrschen, und alle Dinge vergehen, wenn sich die Bedingungen ändern, ohne dass es ein »Selbst« gibt, welches all dies bewirkt.

Die genannten fünf Schritte lassen sich in drei Kategorien gliedern:

- die Anwesenheit oder Abwesenheit eines Hindernisses erkennen;
- die Bedingungen erkennen, die zum Entstehen und Vergehen eines Hindernisses führen;
- die Bedingungen erkennen, die zukünftiges Entstehen eines Hindernisses vermeiden.

In den Kapiteln 16 bis 19 werden wir uns den übrigen Hindernissen – Übelwollen, Dumpfheit und Mattheit, Rastlosigkeit und Sorge sowie Zweifel – aus der Perspektive dieser Kategorien zuwenden.

16

Übelwollen

Das zweite Hindernis, das uns der Buddha zur Erforschung empfiehlt, ist Abneigung oder Übelwollen. Wodurch ist dieser Geisteszustand gekennzeichnet und wie können wir ihn erkennen? Das Pali-Wort für Übelwollen, *Paṭigha,* bedeutet wörtlich übersetzt »Gegenschlag«. Bhikkhu Bodhi erklärt ihn als eine Haltung des Widerstands, der Ablehnung oder der Zerstörung. All dies sind unterschiedliche Aspekte des verurteilenden Geistes; sie umfassen eine große Bandbreite an »Anti«-Zuständen: heftige Wut, Ärger und Hass, Übelwollen, Feindseligkeit, Verstimmung, Gereiztheit, Angst, Groll sowie auf subtile Art auch Kummer und Sorgen.

Dem Abhidhamma zufolge wurzeln all diese Geisteszustände in Hass (*Dosa* auf Pali). In unserer Kultur meinen wir mit Hass zwar gewöhnlich nur sehr starke Feindseligkeit oder extreme Abneigung, doch bei näherer Betrachtung erkennen wir, dass auch mildere, uns vertrautere Formen der Abneigung tief in einer untergründigen Kraft wurzeln, die wir als Hass bezeichnen können. Bei rassistisch, ethnisch oder Gender-motivierter Gewalt, in Kriegen oder in heftigen persönlichen Konflikten kann diese Kraft manchmal mit voller Wucht hervorbrechen.

So machtvoll dieser untergründige Strom in unserem Geist auch ist – mit der Kraft der Achtsamkeit können wir unseren eigenen Geist klar und tief ergründen und anfangen, selbst seine tiefsten Neigungen abzumildern und letztlich zu entfernen. Der Schweizer Psychologe C.G. Jung verwies auf das Potenzial und die Herausforderungen dieses Prozesses, als er schrieb: »Erleuchtung ist nicht durch Imaginieren von Lichtwesen zu erreichen, sondern indem man sich die Dunkelheit bewusst macht. Letzteres ist jedoch weniger angenehm und daher weniger populär.«[1]

ERKENNEN DER URSACHEN VON ÜBELWOLLEN

In den ersten zwei Schritten dieser Betrachtung des Übelwollens achten wir darauf, ob Übelwollen in irgendeiner Form anwesend oder abwesend ist. Dann bemerken wir achtsam die Bedingungen, die zu seinem Entstehen führen.

All die verschiedenen Zustände der Abneigung und des Übelwollens sind konditionierte Reaktionen auf das, was uns unangenehm ist. So wie sich ein ungeübter Geist von angenehmen Erfahrungen verführen lässt, reagiert er auch unzufrieden, ärgerlich oder ängstlich auf Unangenehmes.

Körperlicher Schmerz

In Bezug auf körperlichen Schmerz ist diese gewohnte Reaktion leicht zu erkennen. In der Regel reagieren wir auf Schmerz mit Abwehr, Angst, Entmutigung, Anspannung, Frustration oder Ungeduld. Wir mögen ihn einfach nicht. Bei subtilerem Schmerz meinen wir vielleicht, ziemlich offen und achtsam damit umzugehen, doch schon allein die Sprache, mit der wir ihn auf vermeintlich objektive Weise beschreiben, verstärkt oft noch die Abwehr.

Bei einem meiner Retreats in Burma erlebte ich das sehr deutlich. Ich hatte bereits eine Weile gesessen, und mein Körper fühlte sich ziemlich offen an. Ich spürte, wie die Energie frei durch meinen Körper strömte – bis auf eine Anspannung in meinem Nacken. Im Gespräch mit Sayadaw U Paṇḍita sprach ich über meine Praxis und beschrieb die Energieblockade, die ich spürte. Er wies mich darauf hin, dass die Bezeichnung »Blockade« nicht nur ein Konzept sei, welches ich der Erfahrung von Anspannung überstülpte, sondern in diesem Zusammenhang das Konzept »Blockade« bereits die Samen von Verlangen und Abneigung in sich trug: »Blockade« – etwas, das ich loswerden möchte. So auf die schlichte Erfahrung von Anspannung und Festigkeit zurückgeführt, konnte ich die subtile Ablehnung loslassen, die ich in mir trug, mitsamt dem Verlangen, dass die Erfahrung anders sein sollte. Als sich mein Geist entspannte, begann ich zu erkennen, dass das, was ich eine »Blockade« genannt und als etwas Festes wahrgenommen hatte, tatsächlich ein kleiner Bereich wechselnder Empfindungen war.

Unangenehme Gedanken

Abneigung oder Übelwollen entstehen auch beim Gedanken an eine schmerzhafte oder unangenehme Situation. Wir können an ein vergangenes Ereignis denken und allein dadurch ärgerlich werden. Dasselbe gilt für zukünftige Situationen, obwohl sie noch gar nicht stattgefunden haben. In solchen Momenten macht uns allein ein Gedanke ärgerlich.

Eine Zen-Geschichte verdeutlicht das sehr schön: Ein Mönch lebte als Einsiedler in einer Höhle in den Bergen Japans. Er war ein begabter Künstler und malte im Laufe der Zeit einen Tiger auf die Höhlenwand. Er achtete sehr auf alle Details und brauchte mehrere Jahre dafür. Als er fertig war, sah der Tiger so realistisch aus, dass er sich vor ihm fürchtete, wenn er ihn ansah.

Seit ich diese Geschichte kenne, ist das Stichwort »gemalter Tiger« für mich in Situationen, in denen ich mich über etwas Vergangenes oder Zukünftiges ärgere, zu einer hilfreichen Erinnerung daran geworden, dass es nur ein Gedanke ist – ein gemalter Tiger.

Es ist erhellend, sich der engen Beziehung zwischen Gedanken und Emotionen bewusst zu werden. Die einen bringen oft die anderen hervor, und schon entsteht eine mentale Kettenreaktion. Ein bestimmter Gedanke taucht auf, und wenn wir nicht achtsam sind, folgt direkt eine Emotion. Genauso umgekehrt: Etliche Emotionen, darunter auch die Hindernisse, können eine Flut von Gedanken nach sich ziehen. Indem wir uns diese wechselseitige Bedingtheit immer wieder bewusst machen, können wir die Identifikation mit dem, was entsteht, lockern und die bedingte Natur der Hindernisse und anderer Geisteszustände tiefer verstehen. Dann nehmen wir das alles nicht mehr so persönlich.

Der Buddha hat für diese Bedingtheit etliche Beispiele aufgeführt. In einem Sutta spricht er davon, wie Übelwollen und Bosheit durch die Gedanken hervorgerufen werden, jemand habe uns in der Vergangenheit (oder in der Gegenwart oder Zukunft) verletzt oder einen unserer Lieben verletzt oder einem Feind (jemandem, den wir nicht mögen) geholfen.

Wir sollten unseren Geist prüfen, um zu erkennen, ob dies tatsächlich die Arten von Gedanken sind, die zu Übelwollen führen.

Unangenehme Situationen

In Retreats gibt es bestimmte Situationen, in denen leicht Übelwollen oder Abneigung entsteht. Vielleicht erleben wir gewisse Bedingungen als unangenehm und entwickeln Ungeduld oder Frustration. Es gibt auch das Phänomen der sogenannten »Vipassanā-Vendetta«: Sind wir müde oder schlecht gelaunt, können schon Kleinigkeiten Ablehnung oder Gereiztheit auslösen. Oder wir projizieren unsere Unzufriedenheit mit unserer eigenen Praxis auf andere. Manchmal stören wir uns dann an einer bestimmten Person: an der Art, wie sie sich bewegt, wie sie sich kleidet, wie sie isst oder dergleichen. Oft haben wir mit diesem Menschen noch nie ein Wort gewechselt, aber der urteilende, ablehnende Geist dockt an ihn an und färbt unsere Erfahrung.

Schwierigkeiten persönlich nehmen

Im gewöhnlichen Leben entstehen Abneigung oder Übelwollen oft, wenn wir Schwierigkeiten persönlich nehmen, die eigentlich unpersönlich sind. Angenommen, Sie kommen zum Flughafen und erfahren dort, dass Ihr Flug gestrichen wurde: Bleiben Sie gelassen – oder reagieren Sie genervt? Was passiert, wenn Sie im Stau stehen oder überraschend in einen Wolkenbruch geraten? Diese Situationen haben nichts mit uns persönlich zu tun, ihre Ursachen liegen jenseits unserer Kontrolle, und doch reagieren wir oft, als wären sie gegen uns persönlich gerichtet.

In einer seiner Beschreibungen des leidenden Geistes fasste der Buddha all diese Ursachen der Abneigung zusammen: Abneigung entsteht, weil wir nicht bekommen, was wir wollen, oder bekommen, was wir nicht wollen. Achtsamkeit auf die Dhammas, in diesem Fall die achtsame Wahrnehmung des Hindernisses der Abneigung, kann uns von dieser konditionierten Gewohnheit des Übelwollens befreien.

ERKENNEN DER DEM ENTFERNEN VON ÜBELWOLLEN ZUGRUNDE LIEGENDEN BEDINGUNGEN

Wenn Abneigung und Übelwollen bereits entstanden sind, empfiehlt der Buddha als Nächstes, uns der Bedingungen für ihr Entfernen bewusst zu sein.

Achtsamkeit üben, wenn Übelwollen da ist

Der erste und direkteste Ansatz besteht darin, es einfach achtsam zu bemerken, ohne das Übelwollen oder uns selbst zu verurteilen. Wir öffnen uns einfach dafür als einen Geisteszustand, der entstanden ist. Die Praxis des Benennens kann hier sehr hilfreich sein. Sobald der Zustand auftaucht, können wir innerlich sanft anmerken: »Übelwollen«, »Ärger« oder »Entmutigung«. Genauso sanft können wir es benennen, wenn er verschwunden ist. Wir können interessiert beachten, wie viele Benennungen es dauert, bis sich der ablehnende Geisteszustand verändert. Sind es fünf oder zwanzig oder hundert? An einem gewissen Punkt wird sich der Geisteszustand verändern. Das Bemerken dieser Veränderung kann uns tiefe und wichtige Einsichten in die unbeständige Natur dieser Zustände ermöglichen.

Manchmal scheint der Geisteszustand jedoch trotz des Benennens anzuhalten. Falls wir uns stark darin verstrickt haben, können wir ihn tiefer erforschen. Zuerst können wir die Stimmigkeit unserer Benennung prüfen: Statt unseren Zustand allgemein »Abneigung« zu nennen, können wir genauer hinschauen, um welche spezifische Form der Abneigung es sich handelt.

Bei meiner Praxis in Burma war ich zum Beispiel einmal ziemlich ungehalten über die laute Umgebung, aber ich erkannte nicht genau, was mein Geist tat. Als das Unwohlsein anhielt, schaute ich genauer hin und erkannte, dass sich mein Geist in einem Kreislauf des mürrischen inneren Meckerns verfangen hatte. Sobald ich es mit »Meckern, meckern« benennen konnte, ließ seine Macht über meinen Geist nach.

Die Beziehung zwischen Geist und Emotion beachten

Eine andere Technik, um Hindernisse zu entfernen, nachdem sie aufgetaucht sind, wendet sich der Beziehung zwischen Geist und Emotion zu. Häufig nähren wir unsere Abneigung durch unsere Reaktion auf sie, obwohl wir meinen, sie achtsam zu bemerken.

Vor etlichen Jahren war ich in eine Situation involviert, die viel selbstgerechten Ärger in mir ausgelöst hatte. Jemand hatte etwas getan, was aus meiner Sicht viel Schaden angerichtet hatte. Je mehr ich darüber nachdachte, desto wütender wurde ich. Es kam so weit, dass ich morgens um vier Uhr aufwachte, weil ich so wütend war. Das war der Punkt, an dem meine Neugier ansprang: »Was ist hier eigentlich los? Wie kommt es, dass ich so an diesem Ärger festhänge?«

Sobald ich diese Fragen gestellt hatte und mir meine Beziehung zu dem Ärger angesehen hatte, statt immer wieder zu der Situation zurückzukehren, begann der Ärger sich aufzulösen. Ich begriff auf eine unmittelbarere, direktere Art, dass uns niemand zwingen kann, bestimmte Gefühle zu empfinden. Bestimmte Bedingungen können zwar unterschiedliche Emotionen auslösen, doch wie wir uns auf sie beziehen, liegt einzig und allein bei uns.

Es gibt eine ganze Reihe von geschickten Beziehungen zu Ärger, Übelwollen und anderen Formen der Abneigung. Es gilt, jene zu finden, die zu unserer eigenen Prägung passt. Sollten wir beispielsweise zu Selbstanklage und Minderwertigkeitsgedanken neigen, können wir uns dem Ärger sanft nähern. Der vietnamesische Meister Thich Nhat Hanh hat das sehr schön beschrieben:

> »Die buddhistische Haltung ist, sich um den Ärger zu kümmern. Wir unterdrücken ihn nicht. Wir laufen nicht vor ihm weg. Wir atmen einfach und halten unseren Ärger mit größter Zärtlichkeit in den Armen. … Dann ist der Ärger nicht mehr allein, er ist bei unserer Achtsamkeit. Ärger ist wie eine geschlossene Blume am Morgen. Wenn die Sonne auf sie scheint, dringt das Sonnenlicht tief in sie ein und die Blume öffnet sich.

> So ist es auch mit der Achtsamkeit. Wenn wir atmen …, durchdringen die Achtsamkeitsteilchen den Ärger. Wenn der Sonnenschein die Blume durchdringt, kann sie nicht widerstehen. Sie kann nicht anders, als sich zu öffnen und ihr Herz der Sonne zu offenbaren. Wenn wir mit unserem Ärger atmen und das Licht unseres Mitgefühls und unseres Verständnisses darauf scheinen lassen, wird der Ärger bald aufbrechen. Dann können wir in seine Tiefen schauen und seine Wurzeln erkennen.«[2]

Falls wir hingegen zu Selbstmitleid neigen und uns gerne im Ärger suhlen, empfiehlt sich eher die kämpferische Haltung von Sayadaw U Paṇḍita; er empfiehlt: »Zermalme die Verunreinigungen, ohne Gnade.« Bei diesem Ansatz ergreifen wir das Schwert der Weisheit und zerschlagen damit alle Anhaftungen und unsere Identifikationen mit ihnen. Mir haben die simplen Benennungen »Sackgasse« und »Es reicht!« geholfen, den Klammergriff sich wiederholender Muster der Hindernisse zu lockern. Erstere ist eine Erinnerung daran, dass diese Gedankenschleifen nirgendwo hinführen; letztere ist eine Art, das Verweilen bei übelwollenden Gedanken mit einem liebevollen Schwung des Schwertes der Weisheit zu beenden.

Wir können auch erforschen, ob der ablehnende Geist vielleicht wie von einer unterirdischen Quelle noch von anderen Emotionen genährt wird. Vielleicht stecken unter dem Ärger noch Gefühle der Verletztheit, der Selbstgerechtigkeit oder der Angst. Während wir diese Gefühle achtsam bemerken, fängt das Muster an, sich zu lösen.

Weises Besinnen schwächt Übelwollen

Neben der grundlegenden Anleitung zum achtsamen Umgang mit den bereits entstandenen Hindernissen und den forschenden Fragen für den Fall, dass sie hartnäckig sind, können wir die Verstrickung in ablehnende Geisteszustände auch durch weises Reflektieren lockern. Ärger oder Verstimmungen können sehr verführerisch sein: »Es ist mein gutes Recht, mich so zu fühlen.« Der Buddha fasste dieses Muster in das prägnante Bild: »Ärger hat eine giftige Wurzel und eine süße Blüte.« Wenn wir uns von der süßen Blüte verführen lassen, weil wir vielleicht den Energieschub des Ärgers genießen oder meinen, im Recht zu sein, können die folgenden Reflexionen helfen.

Der Buddha schloss seine Ausführungen über die Arten von Gedanken, die Boshaftigkeit und Übelwollen hervorrufen, mit den Worten: »Was nützt es, an Boshaftigkeit, Ärger oder Groll festzuhalten?« Sooft wir uns in einem derartigen Geisteszustand befinden, können wir uns an diese Frage erinnern und bemerken, dass wir selbst es sind, die gerade leiden. Sich in ablehnenden Geisteszuständen zu verlieren ist, als hätte man glühende Kohlen in der Hand. Es gibt eigentlich keinen Grund, sie weiter festzuhalten. Ein bekannter Vers aus der Dhammapada lautet dazu: »›Beraubt bin ich, besiegt, geschlagen und geschändet‹, solange man so denkt, wird Feindschaft nicht beendet.«

Ebenso hilfreich ist die zweite Reflexion, uns an den grundsätzlichen Bezugspunkt unserer Praxis zu erinnern: Geht es uns darum, recht zu haben oder frei zu sein? In Lebenssituationen, in denen Ärger gerechtfertigt zu sein scheint, entsteht durch diese Frage eine interessante Herausforderung. In den Lehrreden lesen wir von einer Frau namens Videhika aus der alten indischen Stadt Savatti. Sie galt als äußerst freundlich und sanft. Ihre Magd Kali wollte sie prüfen, ob das wirklich stimmte. Sie begann zu verschlafen und ihre Arbeit nachlässig zu verrichten. Zuerst war Videhika einfach ungehalten. Je länger Kalis Verhalten andauerte, desto verärgerter wurde Videhika jedoch, bis sie ihre Magd irgendwann voller Zorn schlug.

Als ich diese Geschichte zum ersten Mal las, war ich selbst überrascht über meine Reaktion. Ich war natürlich überhaupt nicht mit der körperlichen Gewalt einverstanden, die Videhika ausgeübt hatte, aber ich spürte eine gewisse Sympathie mit ihr. Wenn ich mich darauf verlasse, dass jemand unsere Vereinbarung einhält, ist es dann nicht ziemlich normal und vielleicht sogar gerechtfertigt, mich zu ärgern, weil diese Person es aus Faulheit oder Vernachlässigung nicht tut – und das nicht nur einmal, sondern mehrfach?

Doch dem Buddha ging es in dieser Geschichte um etwas anderes. Auf einer tieferen Ebene erinnert sie uns an die radikale, kompromisslose Freiheit von Nibbāna, Befreiung. Freiheit in diesem Sinne ist nicht einfach ein Wohlgefühl, das von bestimmten Bedingungen abhängt: Sie ist unabhängig von den Wechselfällen der Umstände. Unser Umgang mit schwierigen Lebenssituationen kann uns unseren wahren geistigen Zustand spiegeln. Regen wir uns auf oder ärgern wir uns, falls die Dinge nicht gemäß unserer Vorstellung laufen? Oder gehen wir weise damit um? Bei den meisten von uns ist es wahrscheinlich eine Mischung aus beidem. Wenn wir das Entstehen ablehnender Reaktionen achtsam bemerken und prüfen, ob darin eine für uns wichtige Botschaft über die Situation enthalten ist wie zum Beispiel: »Das ist falsch, ich sollte etwas dagegen unternehmen«, können wir den Ärger oder den Hass loslassen, über die Natur der Freiheit nachsinnen und trotzdem angemessen handeln.

Wenn sich der Geist in irgendeiner Form der Abneigung verfangen hat und unsere Achtsamkeit nicht stark genug ist, um uns aus der Identifikation damit zu lösen, kann uns als Drittes die Besinnung auf den Wert von Geduld helfen. In *Anleitung zum Leben als Erleuchteter* schreibt Shāntideva: »Wenn es ein Heilmittel [für das Übel] gibt, wozu sich dann betrüben? Und wozu sich betrüben, wenn es kein Heilmittel gibt?«[3]

Der Dalai Lama spricht häufig davon, unsere Feinde zu ehren, weil sie uns Geduld lehren. Theoretisch können wir dem leicht zustimmen, doch die praktische Umsetzung ist nicht so einfach. Wenn Sie das nächste Mal mit einem Menschen oder einer Situation hadern, können Sie einmal darauf achten, ob Sie echte Dankbarkeit dafür empfinden, Geduld üben zu können. Häufig denken wir nicht einmal daran, es auch nur zu versuchen. Es ist leicht, geduldig zu sein, wenn alles gut läuft. Doch genau in schwierigen Zeiten sind wir herausgefordert, diesen wichtigen Aspekt zu fördern. Denken Sie daran, Geduld als Praxis zu betrachten. Es hilft, die Anhaftung an unsere eigenen Ansichten zu lockern und weniger recht haben zu wollen.

An etwas anderes denken

Sollte all das nichts nützen, lautet der letzte Hinweis des Buddha zum Umgang mit ablehnenden Geisteszuständen schlicht und einfach: »Denke an etwas anderes.« Oft grübeln wir endlos über etwas nach, obwohl längst klar ist, dass dabei nichts Nützliches herauskommt. An diesem Punkt kann es geschickt sein, sich abzulenken.

VERMEIDEN ZUKÜNFTIGEN ENTSTEHENS VON ÜBELWOLLEN

Die letzte Anweisung in diesem Abschnitt des Suttas bezieht sich auf die Bedingungen, die ein zukünftiges Entstehen von Abneigung oder Übelwollen vermeiden. Die stärkste Wirkung hat dabei die Entwicklung von liebender Güte – auf Pali: *Mettā*. Liebende Güte meint eine Großzügigkeit des Herzens, die einfach allen Lebewesen wünscht, sie mögen glücklich sein. Mettā hilft, das Entstehen von Abneigung oder Übelwollen zu vermeiden, weil sie sich auf das Gute in den Menschen konzentriert und nicht auf ihre Fehler.

Manche befürchten, durch zu viel liebende Güte und Fokus auf das Gute im Menschen zu naiv zu werden, blind für das, was tatsächlich vor sich geht, und daher unfähig, angemessen zu handeln. Doch genau der nicht durch Ärger oder Hass vernebelte Geist ermöglicht es uns, selbst in äußerst schwierigen Situationen klar zu erkennen, was gerade passiert, und Möglichkeiten angemessenen Handelns zu ergreifen.

Es ist wichtig, zu erkennen, dass sich unsere Abneigungen nicht durch einen einzigen liebevollen Wunsch in Luft auflösen werden. Der Boddhisattva brachte Jahre, ja ganze Leben damit zu, diese Eigenschaft zu pflegen und zu verfeinern. Doch indem wir einfach Mettā üben und uns damit vertraut machen, taucht sie immer häufiger spontan auf und wird allmählich verstärkt zu etwas, was wir sind, und weniger etwas, was wir tun. Je stärker unsere liebende Güte für uns selbst und andere wird, desto toleranter und weniger verurteilend werden wir. So leben wir nach und nach in ein Feld des Wohlwollens hinein. Je liebevoller und geduldiger wir mit Schwierigkeiten und Störungen umgehen, desto seltener verlieren wir uns in Reaktivität. Unsere Entscheidungen und Handlungen werden weiser, was wiederum zu mehr Glück, mehr Mettā und größerer Freiheit führt.

17

Dumpfheit und Mattheit

Dumpfheit und Mattheit sind zwar zwei unterschiedliche mentale Faktoren, aber sie sind nahe verwandt und treten immer gemeinsam auf. Wir werden hier kurz den Unterschied darstellen, sie jedoch im weiteren Verlauf als Paar betrachten und ihre Anwesenheit oder Abwesenheit, die Bedingungen für ihr Entstehen sowie ihr Vergehen und ihre Vermeidung gemeinsam erörtern.

Dumpfheit ist ein träger, energiemindernder Zustand des Bewusstseins. Es fehlt die Antriebskraft, und es fühlt sich an wie ein Versinken. Mattheit hingegen bezeichnet einen geschwächten, dumpfen Zustand der Geistesfaktoren, durch den sie schwerfällig werden. Es mangelt an geistiger Beweglichkeit und Geschmeidigkeit. Mattheit ist wie eine schwere Decke, die sich über verschiedene Geistesfaktoren legt, was wir als Schlappheit oder Schläfrigkeit erleben. Dumpfheit bezieht sich also auf ein träges Bewusstsein, und Mattheit auf die Trägheit oder Schwere der Geistesfaktoren.

Bei starker Dumpfheit und Mattheit wird der Geist mit einer an einem Baum hängenden Fledermaus verglichen, mit Melasse, die an einem Stock klebt, oder mit Butter, die zu hart zum Streichen ist. Diese Schläfrigkeit ist zu Anfang eines Retreats oft bei Menschen zu beobachten, die aus einem geschäftigen, hektischen Leben kommen. In unserem Alltag ziehen wir unsere Kraft vielfach aus Anregungen: von Begegnungen mit anderen Menschen über Kaffee bis zum Internet. In der Stille eines Retreats ohne Ablenkungen entstehen dann oft erst einmal Entzugserscheinungen. Im Laufe der Zeit baut sich die Verbindung mit einer tieferen Energiequelle auf, und unser Geist wird wacher, ohne dafür äußere Anregungen zu brauchen. Die Müdigkeit und Trägheit von Dumpfheit und Mattheit tauchen vielleicht dennoch von Zeit zu Zeit auf, doch es wird einfacher, mit ihnen als vorübergehenden Geisteszuständen zu arbeiten und sie nicht mehr als eine feste Eigenschaft unseres Geistes zu betrachten.

DUMPFHEIT UND MATTHEIT IN DER MEDITATIONSPRAXIS

Es gibt jedoch auch subtilere Aspekte dieser Hindernisse, die nicht so einfach zu erkennen sind, tiefere Muster oder Neigungen, sich Schwierigkeiten zu entziehen. Dazu gehört die Gewohnheit, Herausforderungen zu meiden, statt die Energie aufzubringen, sich ihnen zu stellen. Dumpfheit und Mattheit sind in solchen Situationen, als ob in einem Auto permanent der Rückwärtsgang eingelegt wäre: Es geht nicht vorwärts, der Erfahrung entgegen, sondern immer rückwärts.

Dieses Muster stärkt die Neigung zu Faulheit und Untätigkeit, Passivität und Lethargie. Es fehlt die Energie oder Kraft, irgendetwas zu tun oder zu bewältigen. Dumpfheit und Mattheit verstellen uns den Zugang zu der Kraft, die wir eigentlich haben.

Dies kann sich in offensichtlicher Selbstgefälligkeit zeigen oder auf sehr versteckte Weise, zum Beispiel wenn unsere Meditation einfach mühelos dahingleitet. Weil wir uns nicht anstrengen müssen, können sich Dumpfheit und Mattheit einschleichen und wir befinden uns im Leerlauf, wie auf Autopilot, statt in ruhiger Wachheit zu verweilen.

Wenn Dumpfheit und Mattheit sich einmal im Geist eingenistet haben, sind sie nur schwer wieder loszuwerden. Sie gleichen dem Dreizehenfaultier, welches regungslos am Baum hängt, obwohl direkt daneben ein Gewehr abgefeuert wird. Dieser Zustand ist verführerisch, weil er so gemütlich und angenehm ist. Der Geist ist dann wie jemand, der auf die Snooze-Taste des Weckers drückt und denkt: »Nur noch ein paar Minuten, es ist doch gerade so warm und kuschelig.«

Dumpfheit und Mattheit machen sich auch nichts aus energiegeladenen Menschen. Bei einem Retreat mit Sayadaw U Paṇḍita in Australien wohnte ein Mann, der viel Energie hatte, im Zimmer gegenüber. Er blieb abends immer länger auf als ich, und morgens war er schon aktiv, bevor ich aufwachte. Zuerst verglich ich viel und verurteilte mich. Nach einer Weile fing ich jedoch an, all meine Urteile über mich selbst auf ihn zu projizieren, und sah alle seine Fehler. In einem klaren Augenblick erkannte ich all das dann als unpersönlich, als das Wechselspiel unterschiedlicher Geistesfaktoren. Dumpfheit und Mattheit reagieren auf Energie – es hatte nichts mit mir zu tun. Als mir das klar wurde, wurde die Situation leichter, freier, harmonischer und letztendlich inspirierender.

ERKENNEN DER URSACHEN VON DUMPFHEIT UND MATTHEIT

Wenn der Geist in Dumpfheit und Mattheit gefangen ist, gibt es wenig Freude in der Praxis und wir können unser Leben kaum genießen. Wir vermeiden und halten uns zurück. In Bezug auf dieses Hindernis ist die Praxis der Achtsamkeit auf die Dhammas ein kraftvoller Weg, den Geist davon zu befreien. Die ersten Schritte bestehen darin, einfach zu bemerken, wann Dumpfheit und Mattheit anwesend und wann sie abwesend sind, um den Unterschied zu erkennen. Dabei lernen wir unseren Geist sehr gut kennen.

Unzufriedenheit, Langeweile, Faulheit und Schläfrigkeit

Nachdem wir uns mit ihrer Anwesenheit oder Abwesenheit vertraut gemacht haben, betrachten wir die Bedingungen für ihr Entstehen. Überraschenderweise hat den Texten zufolge die wichtigste Bedingung für das Entstehen von Dumpfheit und Mattheit mit Weisheit zu tun – genauer gesagt: mit der unweisen oder sorglosen Aufmerksamkeit für bestimmte Geisteszustände wie Unzufriedenheit, Langeweile, Faulheit und Schläfrigkeit.

> »Es gibt, ihr Bhikkhus, Unlust, Lauheit, Räkeln, Gemütlichkeit nach dem Mahle, Schlaffheit des Gemütes: Was dabei an seichter Aufmerksamkeit sich ausbreitet, das ist die Nahrung, um eine noch nicht erschienene dumpfe Mattheit erscheinen und eine erschienene sich weiter entfalten und reif werden zu lassen.«[1]

Diese unweise oder sorglose Aufmerksamkeit kann zum Beispiel heißen, dass wir denken, diese Zustände seien harmlos, oder dass wir sie durch Denken im Sinne von »Ich bin wirklich müde« oder »Das ist so langweilig« verstärken. Genauso wie Gedanken oft die Emotionen von Verlangen und Ärger auslösen, können sie auch Dumpfheit und Mattheit hervorrufen.

Manchmal tarnen sich Dumpfheit und Mattheit als Selbstmitgefühl. Wir fühlen uns müde oder gelangweilt oder ruhelos, und Dumpfheit und Mattheit flüstern uns sanft zu: »Wenn ich mich so anstrenge, werde ich noch krank. Ich will gut für mich sorgen, ein Schläfchen wäre jetzt sicher gesund.« Natürlich brauchen wir ab und zu eine Ruhepause, doch häufig wird dies nur von diesem Hindernis vorgeschoben.

In den Anfangsjahren meiner Praxis nahm ich oft an Retreats teil, bei denen wir morgens um vier aufstanden, um schon vor dem Frühstück zwei Stunden zu sitzen. Ich bemühte mich immer, rechtzeitig zur Halle zu kommen, um einen der Plätze vor der hinteren Wand zu ergattern. Ich begann dann mit dem Sitzen, doch nach einer Weile lehnte ich mich an die Wand und schlummerte weg. Dieses Muster wiederholte sich über mehrere Tage. Irgendwann dachte ich: »Das ist sinnlos, ich verschwende meine Zeit. Ich sollte lieber bis zum Frühstück schlafen, um wenigstens den Rest des Tages wach zu sein.« Diese Gedanken waren zwar hartnäckig, aber ich gab ihnen nicht nach und ging jeden Morgen früh zur Halle. Nach etwa vier bis fünf Tagen des Wegdösens saß ich jedoch eines Morgens in der Halle und blieb die ganze Zeit wach und bewusst.

Das war mir eine wichtige Lektion. Selbst wenn wir denken, in unserer Praxis geschähe nicht viel und wir dösten nur vor uns hin, lohnt es sich, dranzubleiben, denn die Absicht und die Energie der Beharrlichkeit werden schließlich Früchte tragen.

Schwierige Emotionen

Ein weiterer Aspekt unweiser Aufmerksamkeit ist, schwierige Gefühle nicht anzuerkennen. Manchmal tauchen Dumpfheit und Mattheit als Abwehr starker, vielleicht sogar traumatischer Emotionen auf. Es gilt dann, sorgfältig hinzuschauen, denn das kann durchaus eine angemessene Art der Regulation sein, um nicht von starken, bislang unterdrückten Gefühlen überwältigt zu werden. Im Umgang mit unseren alltäglicheren unangenehmen Gefühlen kann das Auftauchen von Dumpfheit und Mattheit jedoch ein Zeichen dafür sein, dass etwas im Gange ist, was wir uns anschauen sollten. Dabei geht es nicht darum, etwas detailliert zu analysieren oder nach versteckten Gefühlen zu suchen. Wir können dieses Verständnis einfach mit einer gewissen Leichtigkeit anwenden und prüfen, was da ist.

Übermäßiges Essen

Ein dritter Grund für das Entstehen von Dumpfheit und Mattheit ist übermäßiges Essen. Achten Sie einmal darauf, wie Sie sich direkt nach dem Essen fühlen, und prüfen Sie, ob es einen Zusammenhang gibt zwischen Ihrem Geisteszustand und der Menge an Nahrung, die Sie zu sich genommen haben. Der Buddha empfahl, fünf Bissen kurz vor dem Völlegefühl mit dem Essen aufzuhören. Es ist nicht so einfach, zu wissen, wann das ist, aber allein mit diesem Rat im Sinn nehmen wir den Zustand unseres Magens achtsamer wahr und schützen uns davor, der Gier und dem Verlangen unseres Geistes nachzugeben.

Manchmal entstehen Dumpfheit und Mattheit auch dadurch, zu wenig zu essen. Bei einem meiner Retreats in Burma nahm ich durch die Kombination einer bestimmten Ernährung und sehr achtsamen Essens einfach nicht genug zu mir und verlor zehn Kilo Gewicht. Ich wurde immer schwächer und fiel manchmal beim Sitzen einfach um. Damals riet mir Sayadaw U Paṇḍita zum einzigen Mal, nicht ganz so achtsam zu essen, damit ich genug aufnahm, um den Körper gesund zu erhalten.

Ungleichgewicht von Konzentration und Energie

Die vierte Bedingung für das Entstehen dieses Hindernisses ist das Ungleichgewicht von Konzentration und Energie. Falls die Konzentration sehr viel stärker ist als die Energie, verfallen wir manchmal in den sogenannten »sinkenden Geist«. Dies ist ein sehr angenehmer, traumartiger Schwebezustand, in dem wir wenig aufmerksam sind. Wir können uns über lange Zeiten hinweg in diesem Zustand aufhalten und uns eines unaufgeregten Geistes erfreuen, doch wir sind dabei nicht wirklich wach. Sie kennen diesen Zustand vielleicht von langen Autofahrten oder Zugreisen, bei denen der Geist zwischen Schlaf und Wachsein dahindämmert. Wir fühlen uns durchaus wohl und entspannt, doch es fehlt die Energie, die Achtsamkeit ermöglicht.

ERKENNEN DER DEM ENTFERNEN VON DUMPFHEIT UND MATTHEIT ZUGRUNDE LIEGENDEN BEDINGUNGEN

Wenn Dumpfheit und Mattheit bereits entstanden sind und wir die Bedingungen für ihr Entstehen in gewissem Umfang erforscht haben, fahren wir in der Betrachtung der Dhammas fort, mit diesem Hindernis zu arbeiten und es zu überwinden. Wir finden heraus, wie wir diesen erstarrten Geisteszustand wieder mit Interesse, Energie und Bewusstheit auflösen können.

Achtsamkeit praktizieren

Wie bei den anderen Hindernissen ist die erste Strategie einfach das achtsame Bemerken. Wir können Dumpfheit und Mattheit zu den Objekten unserer Aufmerksamkeit machen und versuchen, sie zu benennen, sobald sie entstehen, und erforschen, wie wir sie genau erleben. Statt einfach darin zu versinken, können wir uns fragen: »Was genau macht diese Erfahrung aus, die ich ›Schläfrigkeit‹ oder ›Dumpfheit‹ nenne?« Wir können bestimmte Körperempfindungen oder Gefühle bemerken und Qualitäten der Schläfrigkeit feststellen, zum Beispiel Zusammenziehen, Sinken oder Rückzug. Dann mag da zwar nur wenig Energie oder Wachheit sein, aber der Geist ist nicht ruhelos. Wenn wir etwas Achtsamkeit und Neugier aufbringen, können wir auch in der Schläfrigkeit eine gewisse Konzentration und Ruhe finden.

Manchmal hindert uns auch unsere Anhaftung an Klarheit daran, die Schläfrigkeit oder Dumpfheit achtsam zu bemerken. Vielleicht kämpfen wir so dagegen an, dass wir diese Zustände nicht klar als das erkennen, was sie eigentlich sind.

Bei einem Retreat hatte unsere Lehrerin Dipa Ma uns aufgefordert, in der Nacht nur drei Stunden zu schlafen und uns auch tagsüber nicht hinzulegen. Das stand in ziemlich großem Widerspruch zu meinen sonstigen Gewohnheiten, und ich war tagsüber sehr müde. Doch dann fügte Dipa Ma eine weitere Anweisung hinzu: »Falls ihr beim Sitzen einschlaft, macht euch nichts daraus.« Das war der entscheidende Punkt. Wenn ich bemerkte, dass ich beim Sitzen eindöste, erinnerte ich mich an Dipa Mas Worte und entspannte mich in die Erfahrung, statt wie üblich dagegen anzukämpfen. Und dann geschah etwas Überraschendes: Manchmal nickte ich ein paar Momente lang ein, doch weil ich nicht dagegen ankämpfte, wurde ich oft mit einem plötzlichen Ruck wieder wach und blieb den ganzen Rest der Sitzung wach und präsent.

Genau wie bei Verlangen oder Ärger liegt hier die große Kraft der Achtsamkeit darin, sich des Entstehens und Vergehens dieser Geisteszustände bewusst zu sein. Achtsamkeit und reine Aufmerksamkeit stärken unsere Einsicht in deren Unbeständigkeit. Wir erkennen, dass wir unser Verlangen nicht erfüllen, den Ärger nicht ausagieren und der Schläfrigkeit nicht nachgeben müssen, damit sie vergehen. Wir sehen, dass all diese Zustände von selbst kommen und gehen.

Mentale Klarheit entwickeln

Manchmal reicht einfache Achtsamkeit jedoch nicht aus, um inmitten von Dumpfheit und Mattheit bewusst zu bleiben. Pragmatisch wie immer schlägt der Buddha auch andere Möglichkeiten vor. Als ein Gegenmittel gegen dieses Hindernis empfiehlt er das Entwickeln von klarer Wahrnehmung. Was bedeutet das?

Wir können auf verschiedene Weisen mentale Klarheit oder Wissensklarheit entwickeln. Zum einen stärkt das Benennen einer größeren Anzahl von Objekten das Bewusstsein. Angenommen, unser Atem ist das Hauptobjekt unserer Aufmerksamkeit, dann können wir dem Atemzyklus ein paar zusätzliche Berührungspunkte hinzufügen: Wir können bemerken, wie und wo unser Körper das Kissen oder den Stuhl berührt oder wie sich die Hände anfühlen, während sie auf den Beinen oder ineinander ruhen. Das Benennen der Erfahrung kann dann »Ein, aus, berühren, berühren, ein, aus, berühren, berühren« lauten – oder wenn wir die Empfindung des gesamten Körpers einbeziehen: »Ein, aus, sitzen, berühren.«

Manchmal hilft es, das Hören einzubeziehen. Klang ist ein gutes Sinnesobjekt, weil wir sein Entstehen meist ganz mühelos wahrnehmen können. Wenn wir mehr Objekte in unser Wahrnehmungsfeld einbeziehen, wird der Geist aktiver und wacher, was dem Einfluss der Dumpfheit und Mattheit entgegenwirkt.

Wir können auch Klarheit der Wahrnehmung entwickeln, indem wir zwei bestimmte Geistesfaktoren betonen. Der erste heißt auf Pali *Vitakka* und bezeichnet das Einsetzen eines Gedankens, den Moment der Zuwendung der Aufmerksamkeit, während der zweite Faktor *Vicāra* das anhaltende Denken, die fortgesetzte Aufmerksamkeit auf ein Objekt beschreibt. *Vitakka* ist wie eine Biene, die sich zu einer Blume hingezogen fühlt, und als *Vicāra* bezeichnen wir es, wenn die Biene um die Blume herumschwirrt. Diese beiden Faktoren des ersten Jhānas, der konzentrierten Vertiefung, wirken Dumpfheit und Mattheit entgegen. Wir können diese Faktoren stärken, indem wir uns bewusst daran erinnern, uns mit dem Entstehen jedes Wahrnehmungsobjektes zu verbinden und dann die Aufmerksamkeit darauf ruhen zu lassen, solange es währt.

Klarheit der Wahrnehmung bedeutet auch, einen leuchtenden Geist zu entwickeln. Im Tibetischen ist das Wort für »leuchten« und für »erkennen« dasselbe. Wenn wir einen leuchtenden Geist entwickeln, konzentrieren wir uns mehr auf den erkennenden Aspekt als auf das, was erkannt wird. In Bezug auf Dumpfheit und Mattheit ist das ein wenig so, als würden wir Nebel in einem Spiegel betrachten. Obwohl Nebel kein besonders greifbares Objekt ist, wird er doch vom Spiegel perfekt abgebildet. Hier versuchen wir uns mehr des Spiegels bewusst zu sein als dessen, was er abbildet. Genauso sind Dumpfheit und Schläfrigkeit zwar diffuse Zustände, können jedoch vom Geist klar erkannt werden, und wir können uns des Erkennens selbst bewusst werden.

Zu guter Letzt können wir durch Konzentration auf Licht Klarheit der Wahrnehmung entwickeln. Wir können unsere Aufmerksamkeit einfach auf die Wahrnehmung von Licht entweder einer äußeren natürlichen oder künstlichen Quelle oder auf eine innere Vision von Licht im Geist lenken.

Augen öffnen oder Haltung verändern

Sosehr wir auch versuchen mögen, auf die vorgeschlagenen Weisen achtsam mit Dumpfheit und Mattheit umzugehen, und sosehr wir uns um Klarheit der Wahrnehmung bemühen mögen, manchmal hält dieses Hindernis einfach stand. Es gibt jedoch ein paar weitere Möglichkeiten, diesem Geisteszustand zu begegnen. So können wir, wenn wir sehr schläfrig sind, unsere Augen öffnen und den Blick etwas heben. Das mag mühsam sein, aber wir dösen dann nicht so schnell weg.

Ich habe damit einmal zu einer Zeit, als Dumpfheit und Mattheit in meiner Praxis besonders stark waren, eine interessante Erfahrung gemacht. Nachdem ich wiederholt eingenickt war, beschloss ich, meine Augen übertrieben offen zu halten, fast wie in einer Karikatur. Wie ich so dasaß, sehr aufrecht, mit aufgerissenen Augen, spürte ich, wie mich Wellen der Schläfrigkeit überkamen. Alles in mir wollte die Augen schließen und wegdösen, aber ich hielt sie offen. Ich spürte, wie die Welle der Schläfrigkeit durch meinen Kopf lief, an meinen Augen vorbei, durch meinen Körper, und verschwand. Etwa eine Minute später kam die nächste Welle. Dies geschah etwa fünf bis sechs Mal. Danach war ich vollkommen wach. Das war mir eine wichtige Lektion. Ich lernte, dass Schläfrigkeit kein unveränderlicher Zustand ist, dem nur durch Schlafen begegnet werden kann, sondern ein veränderliches Energiemuster, das wir durch uns hindurchfließen lassen können.

Es gibt weitere Hinweise, wie wir mit diesem Hindernis arbeiten können, zum Beispiel durch einen Wechsel der Haltung, durch Aufstehen, Gehen; indem wir draußen frische Luft atmen, unser Gesicht mit Wasser abspritzen oder uns an den Ohrläppchen ziehen.

Weises Reflektieren praktizieren

Eine weitere kraftvolle Möglichkeit, Dumpfheit und Mattheit zu begegnen, ist weises Reflektieren, um Interesse zu wecken und die Beharrlichkeit zu stärken. Zum Bespiel können wir uns die Kostbarkeit der menschlichen Geburt vergegenwärtigen sowie die grundlegende Vergänglichkeit unseres Lebens.

Zum Zeitpunkt unseres Todes ist unser Geist möglicherweise in einem geschwächten Zustand, unser Körper vielleicht gebrechlich und unsere Sinne sind getrübt. Wie wollen wir in dieser Situation sein? Wir können leicht sagen, dass wir bewusst sterben, den ganzen Prozess klar sehen und jeden Moment des Sterbens klar erleben wollen. Aber wie können wir das üben? Können wir jedes Mal, wenn Dumpfheit und Mattheit entstehen und wir sie achtsam bemerken, dies als Gelegenheit betrachten, für unser Sterben zu üben?

Das ist die Haltung, Schwierigkeiten als Herausforderungen zu betrachten und sich ihnen zuzuwenden, statt ihnen auszuweichen. Im Roman *Alexis Sorbas* von Nikos Kazantzakis wird von jemandem erzählt, der einen Kokon sah und dem Schmetterling helfen wollte, sich daraus zu befreien. Er öffnete den Kokon, doch damit fehlte dem Schmetterling genau die Anstrengung, die er brauchte, um seine Flügel zu stärken und fliegen zu können. Der Spruch »Augen zu und durch« kann uns in herausfordernden Zeiten inspirieren, uns weiterhin zu bemühen.

Umgang mit guten Freunden pflegen und sinnvolle Gespräche führen

Die letzten zwei Mittel gegen Dumpfheit und Mattheit sind gute Freunde und sinnvolle Gespräche. Selbst bei einem Schweige-Retreat können wir einander inspirieren. Sooft wir uns träge fühlen und nicht allzu sehr in Abneigung verfangen sind, kann uns der Anblick der anderen Praktizierenden ermutigen. Und falls wir voller Energie sind, können wir erkennen, dass wir vielleicht andere damit inspirieren. Dies ist eine konkrete Anwendung des Verständnisses, dass wir nicht nur um unserer selbst willen praktizieren.

In den ersten Jahren meiner meditativen Reise lebte ich in dem burmesischen Vihāra in Bodh Gaya in Indien. Ein dänischer

Freund, ein eifriger Praktizierender, wohnte im Zimmer gegenüber. Wenn ich spätabends im Begriff war, zu Bett zu gehen, sah ich oft noch Licht bei ihm brennen. Das inspirierte mich, selbst noch länger zu sitzen und zu gehen, wobei meine Müdigkeit oft wieder verflog.

Sinnvolle Gespräche zu führen, bedeutet im Kontext eines Retreats außer den Gesprächen mit Dharma-Freunden und Lehrern die Lektüre von Dharma-Büchern oder kurzen Texten, um die Energie zu heben und die Motivation für die Praxis zu stärken. Manche Menschen chanten, um den Geist zu erfrischen und das Vertrauen in die Praxis zu nähren.

Ausruhen

Es ist hilfreich, sich daran zu erinnern, dass der Geist erst völlig von Dumpfheit und Mattheit frei ist, wenn jemand ein Arahant geworden ist. Es mag uns trösten, zu wissen, dass selbst die größten Schüler des Buddha manchmal damit gerungen haben. Es heißt, dass auch Mogallāna, einer der zwei wichtigsten Schüler des Buddha, mit diesem Hindernis zu kämpfen hatte. Er brauchte nur eine Woche, um völlig erleuchtet zu werden. Als er während dieser Woche im Wald meditierte, schrumpfte sein Geist jedoch so sehr, dass er nicht mehr mit ihm arbeiten konnte. Kraft seines Geistes wusste der Buddha darum und erschien Mogallāna.

Er sagte: »Mogallāna, bist du schläfrig?«

»Ja«, antwortete Mogallāna, »ich nicke ein.«

»Höre zu, Mogallāna, ich werde dich lehren, wie du es überwinden kannst«, antwortete der Buddha.

Dann sprach er von all diesen verschiedenen Möglichkeiten, die Energie anzuheben. Er schloss seine Rede mit der Empfehlung, falls all dies nichts nütze, sollten wir uns ausruhen.

Doch selbst wenn wir uns ausruhen, können wir achtsam sein. Wenn ich müde bin und meine, ein Nickerchen zu brauchen, hilft es mir in der Regel, mich einfach so lange hinzulegen, bis alles losgelassen ist und ich kurz vor dem Einschlafen bin. Stehe ich in diesem Moment auf, bin ich meistens erfrischt. Es zeigt mir, dass ich eigentlich einen Moment der tiefen Entspannung brauchte und nicht unbedingt Schlaf.

Wir können uns mit der klaren Absicht hinlegen, zu einer bestimmten Zeit wieder aufzustehen, und wir können uns darauf ausrichten, selbst im Schlaf achtsam zu sein.

VERMEIDEN ZUKÜNFTIGEN ENTSTEHENS VON DUMPFHEIT UND MATTHEIT

Im letzten Schritt der Betrachtung von Dumpfheit und Mattheit erklärt der Buddha, was wir tun können, um zukünftiges Entstehen dieses Zustands zu vermeiden.

> »Und was, ihr Bhikkhus, hindert noch nicht entstandene Dumpfheit und Mattheit daran, zu entstehen, und entstandene Dumpfheit und Mattheit, weiter zuzunehmen und sich auszubreiten? Es gibt, ihr Bhikkus, die Art des Sich-Aufraffens, die Art des Aufbrechens, die Art des Bestrebens; diesen regelmäßig sorgfältige Aufmerksamkeit zu widmen, hindert noch nicht entstandene Dumpfheit und Mattheit am Entstehen und entstandene Dumpfheit und Mattheit an der Zunahme und Ausbreitung.«[2]

Aufraffen, Aufbrechen und Bestreben: Werden diese Qualitäten von Energie entwickelt und gestärkt, so schwächt und vermeidet dies nicht nur Dumpfheit und Mattheit, sondern auch alle anderen Hindernisse.

Doch als nützliche Erinnerung weist Anālayo darauf hin, dass es im ersten Schritt von Satipaṭṭhāna nicht darum geht, ein Hindernis aktiv zu bekämpfen, sondern es klar zu erkennen, achtsam damit umzugehen und die Bedingungen zu verstehen, die zu seiner Anwesenheit oder Abwesenheit beitragen.

Sofern aktivere Maßnahmen notwendig erscheinen, können wir auf andere Dharma-Ressourcen zurückgreifen, um den Geist von ihnen zu befreien. Wie der Mönch der thailändischen Waldtradition Ajahn Chaa uns mitteilt:

> »Zum Abschluss wünsche ich euch, dass ihr eure Reise und Praxis mit viel Weisheit fortsetzen werdet. Benutzt dazu das

Verstehen, das ihr bereits entwickelt habt. Es kann der Nährboden für euer Wachstum werden, für die Entwicklung noch größeren Verständnisses und umfassenderer Liebe. Ihr könnt eure Praxis auf viele Arten vertiefen. Falls ihr in eurer Praxis zu zaghaft seid, so arbeitet mit eurem Geist, damit ihr dies überwinden könnt. Mit richtigem Bemühen und mit der Zeit wird sich das Verstehen von selbst entfalten. Gebraucht jedoch auf jeden Fall eure eigene natürliche Weisheit. Ich fühle, dass das, worüber wir heute gesprochen haben, für euch hilfreich ist. Wenn ihr es wirklich umsetzt, könnt ihr ans Ende jeglichen Zweifels gelangen. Ihr könnt dorthin gelangen, wo es keine Fragen mehr gibt, an den Ort der Stille, den Ort, wo Einheit mit dem Buddha, dem Dharma und dem Universum herrscht. Nur ihr selbst könnt das tun. Von nun an liegt alles bei euch.«[3]

18

Rastlosigkeit und Sorge

D**as vierte Hindernis, das der Buddha** im Satipaṭṭhāna Sutta erwähnt, sind die Geisteszustände der Rastlosigkeit und der Sorge. Das Pali-Wort für Rastlosigkeit ist *Uddacca,* was »Erregung«, »Aufgeregtheit« oder »Ablenkung« bedeutet. Manchmal wird es auch mit »Schwanken, Zittern« übersetzt – der Geist ruht nicht auf dem Objekt, sondern schwebt um es herum. »Rastlosigkeit« – ohne Rast – umfasst all diese Aspekte. Das Pali-Wort für Sorge lautet *Kukkucca,* was einen Geisteszustand des Bereuens oder der Ängstlichkeit bezeichnet. Es bezieht sich auf unser Gefühl, wenn wir etwas nicht getan haben, was wir hätten tun sollen, oder etwas getan haben, was wir nicht hätten tun sollen. Sorge geht zwar fast immer mit Rastlosigkeit einher, aber wir können auch rastlos sein, ohne uns zu sorgen oder etwas zu bereuen.

WIE SICH RASTLOSIGKEIT UND SORGE MANIFESTIEREN

Die erste Anweisung, mit jedem der Hindernisse zu praktizieren, lautet, einfach zu bemerken, ob es im Geist anwesend oder abwesend ist. Wie bei den anderen Hindernissen – Sinnesbegierde, Übelwollen und Dumpfheit und Mattheit – gibt es auch bei Rastlosigkeit und Sorge offensichtlichere und subtilere Formen. Die offensichtlichen Ausdrucksformen von Rastlosigkeit und Sorge sind uns vertraut. Wir spüren eine körperliche Unruhe, einen gewissen Erregungszustand, der uns nicht still sitzen lässt. »Es ist zum Aus-der-Haut-Fahren« beschreibt diese Erfahrung. Es gibt auch im Geist ähnliche Zustände, wenn wir uns immer wieder in Gedanken verlieren und sie als eine Art inneren Aufruhr oder Wirbelsturm empfinden.

Yogi-Geist

Geistige Rastlosigkeit hat oft etwas Zwanghaftes. Eine Spielart davon nennen wir »Yogi-Geist«. Als Yogi bezeichnen wir jeden, der meditiert. Bei intensiven Retreats erleben wir manchmal Zustände, in denen unsere Gedanken völlig aus der Proportion zu ihrer Bedeutung geraten oder sogar ganz und gar die Verbindung zur Wirklichkeit verlieren.

Während eines Einzel-Retreats in der Insight Meditation Society fing ich an, in den Geräuschen des Wassers in den Heizungsrohren die Gespräche der Leute aus der Küche zu hören, obwohl die Küche weit entfernt in einem anderen Teil des Gebäudes lag. Ich war von der Realität dieser Gespräche so überzeugt, dass ich in die Küche ging, um zu prüfen, ob dort alles in Ordnung war.

Bei einem anderen Retreat bat einer der Yogis den Hausleiter, die Fluggesellschaften zu bitten, ihre Flugrouten zu ändern, weil sie seine Praxis stören würden.

Wenn wir im rastlosen Geist gefangen sind, können wir uns so in unseren zwanghaften Gedanken verstricken, dass wir nicht mehr merken, was wirklich vor sich geht.

Subtile Arten der Rastlosigkeit

Es gibt auch subtilere Arten der Rastlosigkeit. Manchmal läuft unsere Praxis ganz gut, die Achtsamkeit ist mühelos und die Konzentration angemessen stark, und doch schleichen sich sekundenweise Gedanken ein. Der Strom unserer Achtsamkeit kann stark genug sein, dass sie uns nicht zu sehr ablenken, doch es kann interessant sein, auch darin eine Art von Rastlosigkeit des Geistes zu erkennen.

Rastlosigkeit und Sorge können genau wie die anderen Geistestrübungen auf sehr versteckte Weise auftreten. Eine Geschichte erzählt davon, wie Anuruddha, einer der großen Schüler des Buddha, Sāriputta aufsuchte, der nur dem Buddha an Weisheit nachstand:

> »Nachdem sich Anuruddha immer mehr in den Jhānas und den verfeinerten meditativen Schauungen vervollkommnet hatte, besuchte er eines Tages den ehrwürdigen Sāriputta und sagte zu ihm: ›Freund Sāriputta, mit dem göttlichen Auge, das die Sehkraft des Menschen weit übertrifft, kann ich die tausendfache Welt wahrnehmen. Meine Energie ist fest und lässt nicht nach; meine Achtsamkeit ist lebhaft und ohne Verwirrung; mein Körper ist ruhig und wird nicht mehr aufgewühlt; mein Geist ist konzentriert und einspitzig. Und doch ist mein Geist nicht frei von Begehren und Anhaften.‹
> Darauf erwiderte Sāriputta: ›Freund Anuruddha, wenn du so von deinem göttlichen Auge denkst, dann täuschst du dich. Wenn du so von deiner festen Energie, deiner wachen Achtsamkeit, von deinem nicht mehr aus der Fassung zu bringenden Körper und von deinem konzentrierten Geist denkst, dann ist Ruhelosigkeit in dir. Wenn du denkst, dass dein Geist noch nicht frei ist von den Leidenschaften, dann machst du dir Sorgen. Es wäre in der Tat gut, wenn du diese drei Geisteszustände aufgeben würdest, ihnen keine Aufmerksamkeit schenktest und deinen Geist auf das Element der Todlosigkeit, das Nibbāna, lenktest.‹«[1]

Wie Dumpfheit und Mattheit wird auch die Rastlosigkeit erst mit der vollen Erleuchtung ganz und gar entwurzelt. Selbst wenn wir die Illusion des Selbst durchschauen und frei sind von Sinnesbegierde und Übelwollen, sind diese feine Unruhe und das Festhalten des Geistes noch vorhanden. Das Wissen um die tiefen Wurzeln dieses Geisteszustands lässt uns geduldiger mit unseren eigenen Phasen der Rastlosigkeit umgehen.

Allgemeine Besorgnis

Auch Sorge manifestiert sich auf vielfältige Weise. Manchmal zeigt sie sich in einer Art Reue oder Bedauern über vergangenes ungeschicktes Handeln oder über unterlassenes geschicktes Handeln. Manchmal sorgen wir uns über ein imaginiertes zukünftiges Geschehen, über Dinge, die noch nicht geschehen sind.

Eine Freundin erzählte mir von ihren zwanghaften Sorgen um ihre Lieben. Obwohl im gegenwärtigen Augenblick alles in Ordnung war, sorgte sie sich, was alles passieren könnte. Ich selbst habe dies auf meinen Reisen bemerkt. Wenn das Flugzeug, in dem ich saß, auch nur ein bisschen Verspätung hatte, fing ich an, mir Gedanken zu machen, ob ich wohl meinen Anschlussflug erreichen würde. Ich saß angespannt auf meinem Sitz und wünschte, das Flugzeug würde schneller fliegen.

In solchen Situationen kann es hilfreich sein, sich bewusst zu machen, dass unsere Sorge überhaupt keinen Einfluss auf das Ergebnis hat. Wir machen uns nur selbst das Leben schwer, nach dem Motto: »Jetzt ist es sowieso schon schwierig, da kann ich auch gleich noch mehr leiden.«

Vergleichender Geist

Manchmal sorgen wir uns über unsere Praxis. Ziele und Bestrebungen sind zwar wesentliche Elemente unserer spirituellen Reise, doch der Geist kann sich leicht zu sehr mit unserer Entwicklung beschäftigen und zwanghaft unseren Fortschritt hinsichtlich unserer Erleuchtung oder deren Ausbleiben prüfen. Diese Art von Sorge verleitet schnell zu Selbstverurteilungen und einer Art spiritueller Egozentrik. Wir fangen an, uns mit anderen Meditierenden zu vergleichen – wie lange wir sitzen, wie viel wir essen, wie langsam wir uns bewegen. Unser Geist kann darüber sehr erregt werden. Dann verlieren wir die Schlichtheit des mühelosen Verweilens im Augenblick, des achtsamen Umgangs mit allem, was sich zeigt.

ERKENNEN DER URSACHEN VON RASTLOSIGKEIT UND SORGE

Die ersten Anweisungen im Hinblick auf dieses Hindernis lauten daher, einfach zu bemerken, ob diese Geisteszustände anwesend oder abwesend sind. Wie der Buddha im Sutta sagt:

»Wenn Rastlosigkeit und Sorge in ihm vorhanden ist, erkennt er: ›In mir ist Rastlosigkeit und Sorge‹; wenn Rastlosigkeit und Sorge nicht in ihm vorhanden ist, erkennt er: ›In mir ist keine Rastlosigkeit und Sorge.‹«[2]

Wie bei den anderen Hindernissen erkennen und erforschen wir dann, was diese Zustände entstehen lässt.

Ungleichgewicht von Konzentration und Energie

Wir können die Ursachen für das Entstehen von Rastlosigkeit als ein Ungleichgewicht von Konzentration und Energie betrachten. Rastlosigkeit beruht häufig auf einem Überschuss an Energie, und gleichzeitig ist die Konzentration zu schwach oder zu unbeständig, um diese Energie im Zaum zu halten. Es ist, als würde die Energie überfließen.

Dieses Ungleichgewicht kann verschiedene Ursachen haben. Eine davon ist unweise Aufmerksamkeit auf unsere Gedanken oder unruhige Geisteszustände. Wir lassen uns in den Inhalt unseres Geistes ziehen. Dies gilt vor allem für Menschen mit einer Vorliebe für Denken – also ungefähr für alle von uns. Es ist hilfreich, diese Neigung klar zu erkennen.

Sāriputta, einer der zwei wichtigsten Schüler des Buddha, gehörte zu diesem Typ. Seine großen analytischen Fähigkeiten verlangsamten seinen Entwicklungsprozess etwas. Nachdem er die Lehren des Buddha gehört hatte, brauchte er zwei Wochen, um vollständig erleuchtet zu werden, während Mogallāna nur eine gebraucht hatte.

Rastlose Gedankenaktivität wird zuweilen durch die tief in uns verwurzelte Idee ausgelöst, Denken führe zu Weisheit. Natürlich kann Denken kreativ sein und zu tieferem Verständnis führen, doch es gibt auch einen ganzen Bereich Einsicht und Weisheit jenseits des diskursiven Denkens. Dieser Bereich ist nicht durch Denken zugänglich, sondern nur durch direkte Erfahrung. Wir können noch so viel über eine leckere Mahlzeit nachlesen oder nachdenken, wir werden sie nie erleben, wenn wir sie nicht tatsächlich verspeisen.

Unweise Aufmerksamkeit

Rastlosigkeit und Sorge können auch durch unweise Aufmerksamkeit auf weltliche Situationen entstehen. Das heißt nicht, wir sollten gleichgültig oder teilnahmslos sein, es geht vielmehr darum, die Dinge mit den Augen der Weisheit zu betrachten und so zu erkennen, was ein angemessenes Verhalten sein kann. Geistige Erregtheit führt nur zu mehr Verwirrung. Der heilige Johannes vom Kreuz hat genau darauf hingewiesen, als er schrieb: »Nichts als Eitelkeit ist … [des Menschen] Verwirrung. Offenbar ist es allemal eitel, wenn man sich verwirrt, weil dies nie einen Nutzen bringt. So ist und bleibt es auch eitel, sich verwirren zu lassen, wenn die ganze Welt zusammenstürzt und alles ganz anders geht, als man es sich dachte.«

Zu viel Gerede

Eine in den buddhistischen Texten erwähnte Bedingung für das Entstehen von Rastlosigkeit ist für unsere Zeit der ständigen Kommunikation von besonderer Bedeutung: provokatives Reden und langwierige Diskussionen. Bei Schweige-Retreats finden zwar kaum direkte Gespräche statt, doch die leichte Verfügbarkeit elektronischer Geräte verführt uns häufig zu anderen Arten der Kommunikation. Wir meinen, eine schnelle E-Mail oder SMS sei irrelevant und vergessen dabei, wie energetisch offen wir dabei sind. Eine scheinbar kleine Sache kann dann enorme Wellen schlagen, den Geist in große Aufregung versetzen und die Beständigkeit der Konzentration erschweren.

Verweilen bei vergangenen ungeschickten Handlungen

Eine weitere Ursache für das Entstehen von Sorge und Bereuen ist die Erinnerung an ungeschicktes Handeln in der Vergangenheit. Dabei kann es auch um das Unterlassen einer Handlung gehen. Solche Gedanken und Erinnerungen können in der Stille unserer Meditationspraxis ziemlich lebhaft werden. Auf einer gewissen Ebene ist es Teil des Läuterungsprozesses, klar zu erinnern, was unheilsam ist, daraus zu lernen und es dann loszulassen. Doch häufig verstrickt sich der Geist in Gedanken über das vergangene Verhalten und daraus abgeleiteten Selbstanklagen und Selbstbeschuldigungen.

Um diese Ursache von Rastlosigkeit, Sorge und Bereuen klarer und genauer zu verstehen, kann es hilfreich sein, die sogenannten »Zehn unheilsamen Handlungen« zu studieren, von denen der Buddha sprach: Das sind Verhaltensweisen, die anderen Schaden zufügen, in uns selbst zu Reue führen und unerwünschte karmische Folgen haben. Es gibt drei unheilsame Handlungen des Körpers: Töten, Stehlen und sexuelles Fehlverhalten. Es gibt vier unheilsame Handlungen des Sprechens: Lügen, grobe Rede, Verleumdung und nutzloses Geschwätz. Und es gibt drei unheilsame Handlungen des Geistes: Begierde, Übelwollen und falsches Selbstbild. Wir können über sie nachsinnen und darauf achten, wie sie jeweils zur Ursache von geistiger Unruhe werden.

Urteilen über den eigenen Fortschritt auf dem Weg

Sorge und Rastlosigkeit entstehen auch durch übermäßiges Streben in unserer Praxis und die zu starke Beschäftigung mit dem eigenen Fortschritt. Wir können uns in dem verfangen, was ich »Praxis-Bewertung-Tonbänder« nenne: ein ständiges Nachdenken und Bewerten dahingehend, wie weit wir sind und wie gut wir es machen.

Als ich in meiner Kindheit meinen ersten kleinen Garten anpflanzte, war ich so aufgeregt, nachdem ich die ersten Spitzen der Möhrenblätter entdeckt hatte, dass ich sie herauszog, um zu schauen, wie groß sie schon waren. Keine sehr gute Strategie, um Gemüse anzubauen oder irgendetwas anderes zu kultivieren.

Sooft ich Jahre später in der Meditation mit meinen eigenen Urteilen über meinen Fortschritt rang, sagte ich zu mir: »Joseph, sitze einfach und lass das Dharma den Rest erledigen.« Der koreanische Zen-Meister Seung Sahn Sunim meinte dazu schlicht: »Nicht checken. Einfach weitermachen.«

ERKENNEN DER DEM ENTFERNEN VON RASTLOSIGKEIT UND SORGE ZUGRUNDE LIEGENDEN BEDINGUNGEN

Nachdem wir die Ursachen für das Entstehen von Rastlosigkeit und Sorge erkundet haben, geht es im nächsten Schritt darum, wie wir mit ihnen arbeiten können, wenn sie aufgekommen sind.

Achtsamkeit üben

Wie bei allen anderen Hindernissen ist die achtsame Haltung selbst der erste Ansatz: »Sinnesbegierde ist so«, »Rastlosigkeit ist so.« Dann betrachten wir sie mit den Augen der Weisheit und üben, sie nicht als »mich«, »ich« oder »mein« zu sehen. Mir hilft es manchmal, die Hindernisse mit den Pali-Wörtern zu benennen, weil sie damit unpersönlicher wirken und nicht wie die englischen (bzw. deutschen) Begriffe Assoziationen auslösen.

Wann immer wir merken, dass der Geist nicht auf dem Objekt ruht, können wir die Ruhelosigkeit selbst achtsam wahrnehmen. Bemerken Sie die körperlichen Energien, den Unterschied in der emotionalen Färbung zwischen Rastlosigkeit und Sorge. Rastlosigkeit fühlt sich zerstreuter an, Sorge ängstlicher.

Wenn wir diese Geisteszustände achtsam wahrnehmen, statt uns in ihnen zu verlieren, gleicht die Achtsamkeit selbst die Faktoren der Konzentration und der Energie aus. Dies kann auf zweierlei Weise passieren. Zuerst können wir unsere Achtsamkeit mit einer Art Weitwinkelobjektiv anwenden. Wir lehnen uns innerlich zurück und betrachten den ganzen Wirbel der körperlichen und geistigen Energien. Manchmal stelle ich mir dieses Hindernis wie ein Jackson-Pollock-Bild vor, und meine Achtsamkeit ist der Rahmen um das Bild. Der Rahmen dient dazu, das Bild klarer zu erkennen.

Präzise Aufmerksamkeit

Der zweite Ansatz zum Ausgleich von Energie und Konzentration ist der Einsatz des Zooms der mentalen Linse. Dabei konzentrieren wir den Geist präzise auf ein bestimmtes Objekt wie den Atem oder achten ganz genau auf unsere Haltung und Bewegungen. Beides kann helfen, das zwanghafte Denken zu beruhigen.

Bei einem Retreat in Nepal wohnten wir unter ziemlich schwierigen Bedingungen. Wir teilten uns zu fünft ein Stück Betonboden direkt neben den Toiletten. Das ganze Kloster war von Stadtlärm erfüllt. Mein Geist murrte ziemlich viel über all das, was ich für Ablenkungen hielt. Als ich Sayadaw U Paṇḍita von meinen Erfahrungen berichtete, hatte er nur den knappen Rat für mich: »Sei achtsamer.« Meine erste innere Reaktion war ablehnend; ich dachte, er nimmt meine Sorgen nicht ernst. Doch als ich dann draußen mit der Gehmeditation begann, beschloss ich, seinen Rat umzusetzen. Ich achtete sorgfältiger selbst auf die kleinsten Empfindungen, die mit der Bewegung einhergingen. Zu meiner Überraschung verschwand in diesem Augenblick sorgsamer Aufmerksamkeit alles Murren. Die genauere Achtsamkeit ließ keinen Raum mehr für das Entstehen dieses Hindernisses.

Dabei wird die Konzentration im Verhältnis zur Energie durch drei Geistesfaktoren gestärkt. Die ersten beiden haben wir bereits erwähnt: die anfängliche und anhaltende Aufmerksamkeit, von denen beim Umgang mit Dumpfheit und Mattheit bereits die Rede war. Der dritte Faktor, der die Konzentration stärkt, ist Achtsamkeit – das heißt, sich der Erfahrung als solcher bewusst zu bleiben.

Die Augen öffnen

Ein weiterer einfacher Ansatz für den Umgang mit dem rastlosen Geist besteht darin, einfach die Augen zu öffnen. Haben wir uns in einem Strom von diskursiven Gedanken verloren, kann es uns helfen, einen äußeren Bezugspunkt zu haben, der uns wieder mit der Wirklichkeit dieses Augenblicks verbindet.

Weise Reflexion üben

Wenn wir versuchen, auf all diese Weisen achtsam zu sein, und uns trotzdem in einem Wirbel mentaler Aktivität verlieren, kann uns weise Reflexion helfen, die Dinge wieder ins Gleichgewicht zu bringen.

Wir können über den Zweck unserer Praxis nachsinnen: Warum tun wir das? Wir können uns erinnern, dass die grundlegende Absicht hinter all unseren Bemühungen die Läuterung unseres Geistes ist, die Befreiung von den Kräften der Gier, des Hasses und der Unwissenheit. Und wir können uns erinnern, dass wir dies nicht nur für uns selbst tun, sondern zum Wohle aller. In dieser Reflexion verbinden wir uns mit unserer Achtung vor der Praxis und unserer Achtung vor uns selbst, dass wir dies tun.

Wenn wir uns so an unsere Motivation erinnert haben, fällt es uns leichter, erneut mit dem Objekt unseres Gewahrseins in Verbindung zu treten, achtsam zu bemerken, was gerade da ist. Dann beginnt der zerstreute Geist, sich wieder auf die gegenwärtige Erfahrung zu fokussieren. Aus Rastlosigkeit wird Ruhe, und unsere Praxis vertieft sich weiter.

Die Besinnung auf unsere gegenwärtige Selbstverpflichtung zu Sīla, ethischem Verhalten, kann ebenfalls Sorge, Reue oder Schuldgefühle über vergangenes Handeln mindern. Wir alle, selbst der Buddha, haben in der Vergangenheit ungeschickt gehandelt. Statt das zu vergessen, zu unterdrücken oder uns in Selbstbezichtigungen zu ergehen, können wir dieses Handeln mit Weisheit betrachten, aus den Fehlern lernen und Kraft und Selbstvertrauen aus unserer Selbstverpflichtung ziehen, niemandem zu schaden.

Eine schöne Zeile aus dem Gedicht »St. Francis and the Sow« von Galway Kinnell, lautet dazu: »Manchmal ist es notwendig, einem Ding seine Liebenswürdigkeit wieder beizubringen …, bis es von innen wieder erblüht, aus seinem eigenen Segen heraus.«

Dieses innere Erblühen aus dem eigenen Segen heraus ist nur möglich, wenn wir zwischen Schuld und Reue unterscheiden können. Schuld ist ein unheilsamer Geistesfaktor, der die Vorstellung eines Selbst durch Anklagen verstärkt: »Ich bin so schlecht«, mit Betonung auf »ich«. Schuld ist einfach ein Ego-Trip des Geistes. Reue hingegen würdigt die Handlung, versteht, dass sie unheilsam war, sorgt nach Möglichkeit für Ausgleich und lässt sie dann hinter sich. Dies ist ein Akt der Selbstvergebung, ehrlich in der Bestandsaufnahme und weise in dem Verstehen der Unbeständigkeit und Selbstlosigkeit.

Es ist zwar nicht so leicht, aber es hilft, angesichts solcher Muster nicht den Humor zu verlieren. Falls ich merke, dass ich stark über mich oder andere urteile, zähle ich manchmal einfach, wie oft diese Urteile in meinem Denken auftauchen: »Erste Selbstanklage«, »zweite Selbstanklage« …, »fünfhundertachtunddreißigste Selbstanklage«. Irgendwann fange ich einfach an, meinem Geist zuzulächeln, weil ich erkenne, wie lächerlich es ist, all das zu glauben oder auch zu verurteilen, was ja nur erneut ein Urteil ist. Sobald ich darüber lächeln kann, verliert dieses Muster einen großen Teil seiner Macht über mich.

Erkennen, dass Gewahrsein bereits da ist

Zu guter Letzt: Wenn wir uns in Sorgen über unsere Praxis und unseren Fortschritt auf dem Weg verwickelt haben, können wir neben dieses lineare Modell zum Ausgleich die Perspektive der tibetischen Dzogchen-Traditionen stellen. Ihnen zufolge ist der Geist leer, das Gewahrsein ist bereits da. Es ist nichts, was wir bekommen oder entwickeln müssten, wir brauchen es nur zu erkennen und dahin zurückzukehren. In meiner Praxis verwende ich dafür die zwei kurzen Erinnerungsformeln: »Bereits bewusst« und »Es ist schon da«.

Wir können zukünftiges Entstehen von Rastlosigkeit und Sorge auf unterschiedliche Weise vermeiden. Von dem Augenblick an, da wir uns dem Sīla des Nicht-Schadens verpflichten, ruht der Geist frei von Reue. Selbst wenn wir in der Vergangenheit etwas Ungeschicktes getan haben – wovon keiner von uns ausgenommen ist –, wissen wir von diesem Punkt an, dass wir auf unsere körperlichen, sprachlichen und geistigen Handlungen achten werden. Dies ist natürlich nichts anderes, als dem achtfachen Pfad zu folgen, den wir im zweiten Band noch ausführlicher erörtern werden. Die Lektüre von Dharma-Büchern, das Gespräch mit guten Freunden, der Umgang mit weisen Lehrern – all das hilft dem Geist, frei von Rastlosigkeit und Erregung zu bleiben.

19

Zweifel

Wie **bei jedem der anderen Hindernisse** führt auch hier der Buddha fünf Schritte auf, um Zweifel zu betrachten.

> »Wenn Zweifel in ihm vorhanden ist, erkennt er: ›In mir ist Zweifel‹; wenn Zweifel nicht in ihm vorhanden ist, erkennt er: ›In mir ist kein Zweifel.‹ Und er erkennt, wie nicht entstandener Zweifel entstehen kann, wie entstandener Zweifel überwunden werden kann und wie dem künftigen Entstehen des überwundenen Zweifels vorgebeugt werden kann.«[1]

Nebenbei möchte ich hier auf den interessanten Sprachgebrauch des Buddha hinweisen. Obwohl es aus der absoluten Perspektive kein Selbst, kein »Ich« gibt, sagt er doch dem gewöhnlichen Sprachgebrauch entsprechend: »Ist in mir Zweifel oder nicht?« Wir sehen hier eine Integration von relativer und absoluter Wahrheit. Wir können auf der relativen Ebene von »ich«, »mir« und »selbst« sprechen und gleichzeitig auf der absoluten Ebene um die selbstlose Natur aller Phänomene wissen.

Bevor wir erforschen, wie wir Zweifel erkennen können, müssen wir zwei allgemeine Verwendungen dieses Wortes unterscheiden. Die erste Art von Zweifel ist hilfreich. Sie ist ein Aspekt des Erkundens, Nachforschens und motiviert uns, Dingen auf den Grund zu gehen. Wir wollen nicht alles glauben, was wir hören, und möchten nichts automatisch verwerfen, was nicht in unser Weltbild passt. Die Schönheit und Kraft der Botschaft des Buddha liegt auch darin, dass sie uns daran erinnert, nichts zu glauben, nur weil es in Büchern steht oder von Lehrern gesagt wird. Wir sollten alle Lehren selbst prüfen, ob sie nützlich sind oder nicht.

Doch es gibt noch eine zweite Art von Zweifel. Sie wird als Hindernis betrachtet: ein Geisteszustand der Unsicherheit, des Wankelmuts, der Unentschlossenheit, als ob man an einer Kreuzung stünde und nicht wüsste, welchen Weg man gehen soll. Der Geist schwankt hin und her, und am Ende gehen wir nirgends hin.

Unbemerkter Zweifel ist das gefährlichste der Hindernisse, weil er unsere Praxis zum Stillstand bringen kann. Wenn der Zweifel stark ist und uns mit Unschlüssigkeit lähmt, haben wir nicht einmal mehr die Möglichkeit, den falschen Weg zu nehmen und aus unseren Fehlern zu lernen. Zweifelnd prüfen wir immer wieder, in dem Versuch, zu einer Entscheidung zu kommen. In seinem wundervollen Buch *Schiffbruch mit Tiger* beschreibt Yann Martell die Wirkung des Zweifels: »Zweifel als Lebensphilosophie zu wählen ist, als ob man Bewegungslosigkeit als Transportmittel wählte.«

MANIFESTATIONEN VON ZWEIFEL

Im Zusammenhang mit Satipaṭṭhāna bezieht sich Zweifel vor allem auf Buddha, Dharma und Sangha. Diese Begriffe haben eine weitreichende Bedeutung, und die Zweifel an diesen Bedeutungen nehmen in der Meditationspraxis oft bestimmte Formen an. Selbst wenn wir tiefes Vertrauen in den Buddha und seine Lehren haben, können dennoch bestimmte Zweifel auftauchen.

Zweifel an der Relevanz der Lehren

Der Buddha lebte vor Tausenden von Jahren. Mancher fragt sich vielleicht, ob seine Worte heute noch relevant sind oder ob er sie überhaupt sagte. Diese Art von Zweifel kann nützlich sein, sofern sie zu Nachforschungen anregt. Sie ist jedoch nicht nützlich, falls sie zu Unentschiedenheit und Verwirrung führt oder eine automatische Abwehr von Dingen auslöst, die wir nicht hören wollen oder die uns aus irgendeinem Grund nicht behagen. Wir können Zweifel haben bezüglich Karma, Wiedergeburt oder der Betrachtung der unschönen Aspekte des Körpers. Doch statt dann nachzuforschen und selbst zu prüfen, ob es für uns sinnvoll ist, verwenden wir den Zweifel oft einfach als Begründung dafür, etwas, das außerhalb unseres Verständnishorizonts liegt, zu missachten. Der Dichter Samuel Taylor Coleridge hat einen Ausdruck für einen anderen Umgang mit Zweifel geprägt: »die Bereitschaft zur vorübergehenden Aussetzung von Ungläubigkeit«.

Zweifel am Weg der Praxis

Manchmal zweifeln wir auch an der Praxis: »Was bringt es schon, hier zu sitzen und meinen Atem zu beobachten? Das ist doch vergeudete Zeit!« Das kann dazu führen, verschiedene Praktiken miteinander zu vergleichen oder darüber zu grübeln, welchen Wert Meditation in einer von Leiden erfüllten Welt haben könnte.

Eines der stärksten Beispiele dieser Art von Zweifel erlebte ich, als ich die tibetischen Dzogchen-Lehren kennenlernte. Nach vielen Jahren der Praxis in der burmesischen Vipassanā-Tradition versuchte mein Geist vehement herauszufinden, welche Tradition »die richtige« sei. Ich schwankte etwa einen Monat lang ständig hin und her in meiner Verteidigung der beiden Ansätze, bis ich erkannte, dass meine Fragestellung falsch war. Es ging nicht darum, welche Tradition recht hatte, sondern zu erkennen, dass alle Traditionen geschickte Mittel auf dem Weg zur Befreiung bieten.

Solange wir die Lehren als eine absolute metaphysische Wahrheit betrachten, stellen die unterschiedlichen und teilweise widersprüchlichen Lehren ein großes Problem dar. Begreifen wir die Metaphysik jedoch als ein geschicktes Mittel, dann stellt sich nur die eine wichtige Frage: Hilft diese Lehre, den Geist zu befreien? Aus diesem Blickwinkel können verschiedene Lehren zu unterschiedlichen Zeiten hilfreich sein.

Zweifel an der eigenen Fähigkeit zur Praxis

Eine vielleicht noch stärkere Manifestation von Zweifel hat nicht so sehr mit unserem Vertrauen in bestimmte Lehren zu tun, sondern mehr mit unserer eigenen Fähigkeit, sie umzusetzen. Unsere tief sitzenden Muster des Selbstzweifels flüstern uns zu: »Mache ich das richtig?«, »Ich schaffe das nicht«, »Das ist zu schwer«, »Es ist der falsche Zeitpunkt.« Wir entwickeln manchmal die Gewohnheit, uns selbst zu sabotieren und zu behindern. Solche Selbstzweifel bilden nicht nur ein Hindernis für unsere Praxis, sondern erschweren uns insgesamt das Leben.

Es gibt den Ausdruck »Von Zweifeln geplagt«, und tatsächlich ist Zweifel wie eine Plage, die uns schwächt. Starker Zweifel hält uns davon ab, uns wirklich auf die Erfahrung der Meditation oder von irgendetwas anderem einzulassen und selbst herauszufinden, ob wir uns damit wohlfühlen oder nicht. Stattdessen verliert sich der Geist in endlosen Spekulationen. Dann wird der Zweifel zum Selbstzweck, denn letztlich ist es nutzlos, im Zweifel zu verharren. Er verstellt uns die Möglichkeit, die Dinge selbst zu erkunden, und erschöpft uns nur. Zweifel wird mit einem dornigen Geist verglichen: Wir verheddern uns darin und werden gereizt, unzufrieden und mutlos.

Als Weisheit getarnter Zweifel

Angesichts all dieser Nachteile von Zweifel drängt sich die Frage auf, weshalb er so viel Macht über den Geist gewinnen kann. Seine Verführungskraft beruht darauf, dass er sich häufig als Weisheit tarnt. Diese inneren Stimmen klingen oft sehr weise, wenn sie unsere Fähigkeiten, unsere Praxis oder die Lehrer infrage stellen. Sie scheinen so vernünftig und klug, dass wir diesen endlosen Gedankenschleifen allmählich Glauben schenken und nicht erkennen, dass wir es gerade einfach mit dem Hindernis des Zweifels zu tun haben.

Die Anwesenheit oder Abwesenheit von Zweifel erkennen

Der erste Schritt besteht also darin, zu lernen, diese Maskerade zu durchschauen und den Zweifel zu erkennen, wenn er auftaucht. Wie das Sutta sagt: »Er erkennt: ›In mir ist Zweifel.‹« Indem wir achtsam unsere Gedanken beobachten, erkennen wir unsere wiederkehrenden Gedankenschleifen und können sie präzise benennen: »Ich schaffe es nicht« – Zweifelschleife. »Ich mach das nicht richtig« – Zweifelschleife. »Das bringt nichts« – Zweifelschleife.

Der nächste Punkt der Anleitung – die Abwesenheit von Zweifel erkennen – ist genauso wichtig und wird oft übersehen. Wir können die Abwesenheit von Zweifel auf zweierlei Weise bemerken: Zum einen ist es hilfreich, die Qualität des Geistes zu bemerken, wenn alles gut läuft und die Achtsamkeit und Konzentration relativ stark und beständig sind. Wir können uns dann bewusst machen, dass alle Hindernisse inklusive des Zweifels gerade abwesend sind, und erkunden, wie die Erfahrung des Geistes in diesem Zustand ist.

Die zweite Art, die Abwesenheit des Zweifels (und aller anderen Hindernisse) zu bemerken, ist die Achtsamkeit auf die Momente des Übergangs von einem Geisteszustand zu einem anderen. Angenommen, Sie haben sich in einer Welle von Zweifeln verstrickt. Irgendwann bemerken Sie es und fangen an, es achtsam zu beobachten. Unter dieser achtsamen Beobachtung verschwindet der Zweifel früher oder später.

Nichts währt ewig. Achten Sie darauf, wie sich Ihre Erfahrung in dem Augenblick verändert, in dem der Zweifel verschwindet: Wie fühlt es sich an, frei von Zweifel zu sein, und sei es nur für ein paar Momente?

ERKENNEN DER URSACHEN VON ZWEIFEL UND WISSEN, WIE ER ENTFERNT WERDEN KANN

Die nächste Anweisung in dem Sutta empfiehlt uns, die Ursachen des Entstehens von Zweifel zu erforschen und zu lernen, wie er entfernt werden kann, wenn er entstanden ist.

Mehr oder weniger achtsam

Der Buddha wies darauf hin, dass Zweifel oft durch unweise Aufmerksamkeit entsteht:

> »Es gibt, ihr Bhikkhus, bezweifelbare Dinge: Was sich dabei an seichter Aufmerksamkeit ausbreitet, das ist die Nahrung, um einen noch nicht erschienenen Zweifel erscheinen und einen erschienenen sich weiter entfalten und reif werden zu lassen.«[2]

Wir können diese unweise Aufmerksamkeit zum Beispiel erleben, wenn wir nicht sorgfältig darauf achten, was von Augenblick zu Augenblick geschieht, und damit die Gedanken und Gefühle verpassen, die Zweifel hervorrufen. Dies kann zum Beispiel passieren, wenn wir das sind, was ich »mehr oder weniger achtsam« nenne: Die Aufmerksamkeit plätschert so dahin, und wir nehmen mehr oder weniger wahr, was gerade geschieht, ohne dabei wirklich präzise zu sein. Dies ermöglicht unbemerkten Gedanken, Kraft zu gewinnen und den Gedankenstrom zu dominieren.

Wenn wir den jeweiligen Augenblick wirklich achtsam beobachten, bemerken wir die Gedanken näher bei ihrem Entstehen und lassen uns nicht so leicht von ihnen verführen. Wir erkennen, dass diese Zweifel auch nur vorübergehende Gedanken sind, und messen ihnen keine Bedeutung bei. Dann können wir zur einfachen Wahrnehmung des Augenblicks zurückkehren: zum Atem, zum Schritt, zu dem, was gerade aufkommt. Dann hat der Zweifel keine Macht mehr.

Heilsam versus unheilsam

Ein anderer weitreichender Aspekt unweiser Aufmerksamkeit, der Zweifel entstehen lässt, ist die Unfähigkeit, zwischen Heilsamem und Unheilsamem zu unterscheiden. Ohne dieses Verständnis können wir die Kräfte der Gier, der Ablehnung und der Verblendung nicht überwinden. Ohne das Wissen darüber, was zu Glück und was zu Leiden führt, finden wir nicht aus dem Dickicht vieler falscher Handlungen, die wiederum eine Brutstätte für Zweifel sind.

Ein Beispiel für diesen Mangel an Unterscheidungsvermögen ist die Überzeugung vieler Menschen, die Anhäufung von immer mehr Sinnesfreuden sei der Schlüssel zum Glück. Das ist so, als versuchte man, seinen Durst mit Salzwasser zu stillen: Je mehr ein Mensch davon trinkt, desto durstiger wird er. Solange wir nicht verstehen, was geschickt und was ungeschickt ist, tun wir vieles, was nicht zu den erhofften Ergebnissen führt oder was gar uns selbst oder anderen schadet. Dies weckt wiederum Zweifel und stiftet Verwirrung – in unserer Praxis und in unserem Leben.

Aus diesem Grund gibt es die zunächst widersprüchlich anmutende Lehre, es sei besser, eine ungeschickte Handlung im Bewusstsein ihrer Ungeschicktheit auszuführen, als ohne diese Erkenntnis zu agieren. Wenn wir es tun und uns dessen bewusst sind, tragen wir dabei zumindest die Samen der Weisheit in uns, die uns in Zukunft davon abhalten können.

So wie unweise Aufmerksamkeit Zweifel hervorrufen kann, können wir dieses Hindernis auch überwinden und sein Aufkommen verhindern, indem wir in unserer Praxis und in unserem Leben weise Aufmerksamkeit kultivieren.

Das Gegenteil von Zweifel ist interessanterweise der wunderbare Geistesfaktor des Vertrauens. Bhikkhu Bodhi zufolge wirkt Vertrauen klärend auf den Geist, ähnlich wie Wasser-reinigende Edelsteine trübes Wasser klären. Indem wir die Lehren hören, studieren, untersuchen und unsere eigenen Erfahrungen damit machen, entwickeln wir allmählich wachsendes Vertrauen in Buddha, Dharma, Sangha und uns selbst.

An einem gewissen Punkt sind wir nicht mehr anfällig für Zweifel und ziehen selbst in schwierigen Zeiten und angesichts von Herausforderungen Kraft und Entschlossenheit aus diesem Vertrauen. Das allmähliche Überwinden von Zweifel verleiht der Zufluchtnahme tiefere Bedeutung und größere Kraft, weil sie zumindest in einem gewissen Maß durch unsere eigene Erfahrung auf dem Weg durch alle Stufen des Erwachens bestätigt wird.

Achtsamkeit auf die Dhammas

Die fünf Daseinsgruppen des Anhaftens

20

Materielle Form, Gefühl und Wahrnehmung

Im nächsten Abschnitt der Achtsamkeit auf die Dhammas beschreibt der Buddha die Betrachtung dessen, was als die »fünf Daseinsgruppen« (*Khandha* auf Pali) der Erfahrung bezeichnet wird: Materielle Form, Gefühl, Wahrnehmung, Gestaltungen und Bewusstsein. Der Buddha verwendet diese Betrachtungen, um unsere subjektive Erfahrung zu analysieren und durch diese empirische Analyse das tief verankerte Konzept des Selbst auseinanderzunehmen.

In den Lehrreden gibt es viele Berichte über Menschen, die diese Lehre hörten: Entweder fanden sie unmittelbar vollständige Erleuchtung – oder wer dafür nicht reif war, dem öffnete sich im Geiste das »lautere, fleckenlose Auge der Lehre«, »so als ob er [der Erhabene] Umgestürztes aufgerichtet, Verborgenes enthüllt, einem Verirrten den Weg gezeigt oder in der Dunkelheit eine Lampe gehalten hätte, damit die Sehenden die Dinge erkennen können.«[1]

Wenn wir diese Lehren von den fünf Daseinsgruppen auf die direkte Erfahrung beziehen, führen sie uns zu einer tiefgreifenden Prüfung dessen, was wir »Leben« nennen. Sie eröffnen uns neue Verständnisebenen, vergleichbar mit der Entdeckung, dass unserer gewöhnlichen Wahrnehmung der Welt Atome oder eine Quantenwirklichkeit zugrunde liegen, allerdings noch transformierender.

Die Lehren von den Daseinsgruppen verweisen direkt auf Wirklichkeiten jenseits der oberflächlichen Erscheinung des »Selbst«, des »Ich« oder des »Seins«. Mit der Erforschung dieser Wirklichkeiten beginnen wir zu entdecken, was wir wirklich sind.

Im Satipaṭṭhāna Sutta steigt der Buddha wieder mit der grundlegenden Frage nach unserer Praxis ein: »Und wie verweilt er, Dhammas in der Form der fünf Daseinsgruppen des Anhaftens betrachtend?« Doch bevor wir diese Frage näher erforschen, mag es hilfreich sein, ein paar Dinge über diese Lehre zu beachten.

Was meint der Buddha mit diesem Pali-Begriff *Khandha* (*Skandha* auf Sanskrit), der üblicherweise mit »Daseinsgruppen« übersetzt wird? Wir können ihn auf zwei Ebenen verstehen.

Auf einer allgemeineren Ebene bedeutet er eine Ansammlung oder ein Haufen von Dingen, darunter alle Elemente dessen, woraus die Substanz oder die Gruppierung von etwas besteht. Der Begriff *Dukkhakhandha* bezeichnet beispielsweise alles, was unter den Ausdruck *Dukkha* fällt, oder alles, was die Idee von Leiden in sich trägt.

Spezieller betrachtet, bezieht sich *Khandha* auf die Elemente des Substrats der Existenz, das all die Erscheinungsformen des Lebens hervorbringt. Der Buddha beschreibt es so:

> »Denn wie bei Ansammlung der Bestandteile das Wort ›Wagen‹ entsteht, so entsteht, wenn die Lebensbestandteile vorhanden sind, der Ausdruck ›Lebewesen‹.«[2]

Aus dieser Perspektive ist das, was wir die Geburt und den Tod eines Menschen nennen, nur das Entstehen und Vergehen unterschiedlicher Daseinsgruppen. Die Kraft dieser Lehren liegt darin, dies selbst zu erfahren.

Im Satipaṭṭhāna Sutta und in vielen anderen Lehrreden bezieht sich der Buddha nicht nur auf die fünf Daseinsgruppen, sondern verwendet den erweiterten Ausdruck »die fünf Daseinsgruppen des Anhaftens«. Damit verweist er auf unsere individuelle oder kollektive Identifikation mit diesen Daseinsgruppen, unser Verlangen nach ihnen und unser Anhaften an ihnen. Diese Neigungen führen zu unserem Anhaften am Konzept des Selbst oder des

Seins. Das Anhaften und Festhalten an den Daseinsgruppen ist die eigentliche Ursache des Leidens. In einer Zusammenfassung der ersten edlen Wahrheit sagt er: »Kurz gesagt, die fünf Daseinsgruppen des Anhaftens sind Dukkha.«

Wie können wir dann diese fünf Daseinsgruppen betrachten? Sie erscheinen zwar gemeinsam, aber es ist hilfreich, sie nacheinander zu erkunden, um zu einem besseren Verständnis der Daseinsgruppen und unserer Erfahrung von ihnen zu gelangen. In diesem Kapitel werden wir die ersten drei Daseinsgruppen des Anhaftens erforschen.

MATERIELLE FORM

Die Lehren beginnen mit dem, was am greifbarsten und offensichtlichsten ist: der materiellen Form (*Rūpa* auf Pali). In den vorhergehenden Abschnitten über die Achtsamkeit auf den Körper haben wir die Natur dieser materiellen Form bereits detaillierter besprochen. Wann immer wir uns einer körperlichen Empfindung bewusst sind – Härte, Weichheit, Druck, Schwingung, Hitze, Kälte, Leichtigkeit, Schwere –, betrachten wir die erste Daseinsgruppe. In dem Sutta spricht der Buddha davon, jedes dieser grundlegenden Elemente, jede dieser Empfindungen, als *Rūpa* zu erkennen.

Diese Anleitung ist tiefgründiger, als sie auf den ersten Blick erscheinen mag, denn sie führt uns von der Ebene des Konzepts – Körper, Kopf, Brust, Arm, Bein, Fuß – auf die Ebene der unmittelbaren Erfahrung. Wir mögen denken, wir fühlen den Fuß oder das Bein, aber es gibt keine Empfindung namens »Fuß«. Nur wenn wir darauf achten, was wir jenseits des Konzepts fühlen, können wir die nächste Anweisung umsetzen: »Hier versteht er: ›So ist Form, so ist ihr Entstehen, so ist ihr Vergehen.‹«

Zu den irreführendsten Aspekten von Konzepten gehört, dass sie sich nicht verändern. Wir verwenden dieselben Worte – Kopf, Körper, Mann, Frau – unabhängig davon, ob sie sich auf gestern, heute oder morgen beziehen. Die Worte bleiben gleich, was die Illusion verstärkt, dass sie sich auf etwas Gleichbleibendes beziehen. Doch wenn wir die erste Daseinsgruppe der materiellen Form betrachten, erleben wir deutlich, wie sie sich verändert. All diese Empfindungen befinden sich in einem ständigen Wandlungsprozess.

Besonders deutlich wird das beim Gehen, egal, ob wir eine langsame Gehmeditation üben oder uns in normalerem Tempo bewegen. Wenn wir nicht abgelenkt sind, bemerken wir einfach Empfindungen im Raum. Es gibt keinen Körper, keinen Fuß, kein Bein – nichts Festes oder Beständiges. Genauso ist es, wenn wir eine Glocke oder ein anderes Geräusch hören: Das Konzept dessen, was wir hören, bleibt gleich – Glocke, Vogel –, doch unsere Erfahrung bei der Betrachtung von *Rūpa* zeigt uns einen Strom sich verändernder Schwingungen.

GEFÜHLE

Wird unsere achtsame Wahrnehmung dieses ersten greifbaren Aspekts der Erfahrung – der Daseinsgruppe der materiellen Form – stabiler, führt uns dies ganz natürlich zur zweiten Daseinsgruppe: den Gefühlen (*Vedanā* auf Pali). Wir haben die Achtsamkeit auf die Gefühle bereits erörtert; hier geht es jedoch um die zentrale Rolle, die diese Daseinsgruppe hinsichtlich des Erwachens spielt.

Die Gefühle sind so wichtig, weil sie unsere Reaktionen bestimmen. Sobald wir etwas als angenehm erfahren, mögen wir es, wollen es festhalten und dafür sorgen, dass es weitergeht. Damit wird deutlich, wie angenehme Gefühle Sinnesbegierde, Verlangen und Habenwollen fördern. Wenn wir etwas als unangenehm erleben, mögen wir es nicht und versuchen, es wegzudrängen oder zu beenden. Diese unangenehmen Gefühle bedingen daher Ablehnung, Ärger, Gereiztheit und Angst. Wenden wir die Lehren des Buddha an, »wissend, so ist Gefühl, so ist sein Entstehen, so ist sein Vergehen«, lernen wir, diese Gefühlsaspekte schneller zu erkennen und uns ihrer veränderlichen Natur bewusst zu sein.

Das klingt zwar ziemlich einfach, doch wie oft denken wir schon inmitten eines starken angenehmen oder unangenehmen Gefühls daran, dass es sich verändern und vergehen wird? Wir können sowohl in unserer Meditationspraxis als auch in unserem täglichen Leben auf die Unbeständigkeit der Gefühle achten.

Wenn Sie beispielsweise sitzen und der Geist in einem konzentrierteren Zustand der Stille ruht, können Sie die Neigung des Geistes beobachten, diesen Zustand zu mögen, daran anzuhaften und sich zu wünschen, er möge fortdauern. Dies wäre eine gute Gelegenheit, die Daseinsgruppe der Gefühle zu bemerken und zu benennen: »Angenehm, angenehm.« Doch selbst wenn wir das angenehme Gefühl erkennen und benennen, kann sich unser Geist auf einer subtilen Ebene damit identifizieren: »Angenehm, angenehm, das ist mir angenehm.« Wir erkennen, was vor sich geht, und können uns trotzdem mit der Freude daran identifizieren.

Wenn ich mich auf diese Weise identifiziert habe, hat es mir oft geholfen, das Geschehen etwas umfassender zu benennen. Ich erlebte beispielsweise einmal in meiner Praxis, wie der Geist eine Menge sexueller Fantasien hervorbrachte. Sie als »angenehm, angenehm« zu benennen, reichte nicht, um die Anhaftung zu durchbrechen. Als Auslöser dieser Gefühle erkannte ich den Kontakt mit einem bestimmten inneren Bild, also benannte ich es präziser mit »Kontakt, angenehm«. Das half mir, das angenehme Gefühl weniger persönlich zu nehmen. Es war, als hätte ich mit »Kontakt, angenehm« den richtigen Akupunkturpunkt erwischt. Die Identifikation mit dem Gefühl löste sich, und die verführerischen Bilder verschwanden schneller.

Das Gleiche können wir machen, sooft wir uns mit unangenehmen Gefühlen identifizieren. Wenn wir auf diese Weise mit der Daseinsgruppe der Gefühle üben, wenden wir die profunde Lehre an, die der Buddha seinem Sohn Rāhula mit auf den Weg gab: »Sieh alles mit vollkommener Weisheit. Dies ist nicht mein, dies bin nicht ich, dies ist nicht mein Selbst.«

WAHRNEHMUNG

Die dritte der fünf Daseinsgruppen ist die Wahrnehmung. Wie das Gefühl spielt auch die Wahrnehmung bei unseren Prägungen und für unsere Befreiung eine große Rolle.

Wie bereits erwähnt, ist die Wahrnehmung der Faktor, der die speziellen Merkmale eines Objekts feststellt, es benennt, sich an dieses Wort oder Konzept erinnert und es bei der nächsten Erfahrung dieses Objekts anwendet.

Angenommen, wir hören ein Geräusch: Die Klangwellen und das Ohr sind physische Phänomene. Es kann angenehm oder unangenehm sein – das ist das Gefühl. Die Wahrnehmung erkennt das Geräusch, benennt es mit »Vogel« und wendet dieselbe Bezeichnung an, wenn dieses Geräusch erneut auftritt. Sind die Wahrnehmung und die Achtsamkeit gut austariert, dienen sie gemeinsam der Einsicht. Doch wenn sie unausgeglichen sind, kann uns die Wahrnehmung in der Welt der Konzepte und der konventionellen Vorstellung des Selbst gefangen halten.

Unsere konkreten Wahrnehmungen und die Konzepte, mit denen wir etwas beschreiben, prägen oft die Gefühle, die wir bei bestimmten Erfahrungen erleben. Leider sind unsere Wahrnehmungen in vielen Situationen unzutreffend.

Bei einem Retreat erzählte mir einer der Teilnehmer, er habe sich auf dem Land ein Wochenendhaus ausgebaut. Während der Umbauphase beobachtete er oft, wie zwei große Reiher über das Gelände kreisten. Es sind majestätische Vögel, und er freute sich, sie zu sehen. Kurze Zeit, nachdem er eingezogen war, fing er an, von oben ein zirpendes Geräusch wahrzunehmen. Er dachte, die Reiher hätten während des Umbaus im Haus ein Nest gebaut und die Jungen seien geschlüpft, worüber er sich jedes Mal freute, wenn er das Geräusch hörte. Nach kurzer Zeit bemerkte jedoch ein Handwerker, dass das Geräusch von einem defekten Rauchmelder kam. Sobald er mit dem Geräusch nicht mehr wunderbare Vögel, sondern einen kaputten Rauchmelder assoziierte, hatte er es sehr eilig, es zu beseitigen. Es hatte sich nichts geändert, bis auf sein Konzept, und doch entstand eine völlig andere Geisteshaltung.

Die Wahrnehmung der Festigkeit

Falls wir die fünf Daseinsgruppen nicht sorgsam beobachten, kann eine tief verwurzelte Wahrnehmungsgewohnheit über die Welt und uns selbst zu vielen unzutreffenden Schlussfolgerungen führen. Die Wahrnehmung der Festigkeit der Dinge hindert uns daran, die Wahrheit zu verstehen. Wir glauben an die Festigkeit der materiellen Phänomene, an die Festigkeit oder Stabilität von Beziehungen, von Gesellschaften. Doch solange wir an dieser Wahrnehmung der Festigkeit und Stabilität festhalten, können wir die Unbeständigkeit und die Substanzlosigkeit aller Phänomene nicht wirklich begreifen.

Warum ist diese Wahrnehmung der Festigkeit so stark in unserer Weltsicht verankert? Unter anderem deshalb, weil sich die Dinge so schnell verändern, dass wir die Unterbrechungen nicht bemerken, so wie wir in einem Film keine einzelnen Bilder ausmachen können: Sie bewegen sich so rasch über die Leinwand, dass sie übergangslos ineinanderfließen. Genauso ist es bei einer Glühbirne, bei der wir nicht erkennen, dass das Licht eigentlich aus einer Kette einzelner Elektronen besteht, die durch einen Glühfaden strömen.

Auch unsere Neigung, die Dinge aus einer gewissen Distanz zu betrachten, führt dazu, dass wir die substanzlose Natur der Phänomene nicht erkennen. Sehen wir einen Berghang aus der Entfernung, dann nehmen wir nur farbige Flächen wahr. Erst beim Näherkommen können wir einzelne Bäume erkennen, dann Äste und Blätter. Auf der zellulären und molekularen Ebene erkennen wir gar nicht mehr, dass es sich um einen Baum handelt; die Wahrnehmung der Festigkeit des Baumes ist auf dieser Ebene verschwunden. So verhält es sich mit allen Objekten der Erfahrung: Sie scheinen nur aus einer begrenzten Perspektive fest oder stabil zu sein. Deshalb können wir diese Perspektive der Festigkeit als Halluzination der Wahrnehmung bezeichnen.

Der große tibetische Meister des vergangenen Jahrhunderts Kalu Rinpoche brachte dieses Verständnis mit den Worten zum Ausdruck: »Ihr lebt in Verwirrung und in der Illusion von Dingen. Es gibt eine Wirklichkeit. Ihr seid diese Wirklichkeit. Wenn ihr das erkennt, wisst ihr, dass ihr Nichts seid, und im Nichts Alles. Das ist alles.«

Konzepte

In unserer gewöhnlichen Art, in der Welt zu sein, nehmen wir wahr, ohne achtsam zu sein. Dabei erkennen wir nur die oberflächliche Erscheinung der Dinge, wir tauchen nicht tief in die Erfahrung ein und übersehen deren Unbeständigkeit und Substanzlosigkeit. Wir können diese Neigung, unsere Weltsicht durch oberflächliche

Wahrnehmungen und Konzepte zu verfestigen, in vielen Lebensbereichen erkennen. Manchmal führt diese Neigung zu sehr schädlichen Konsequenzen.

Orte und Eigentum

Wir erzeugen zum Beispiel Konzepte von Orten und halten sie für real. Wie viele Kriege wurden schon über Grenzverläufe geführt und wie viele Menschen wurden dabei getötet?

Als die Astronauten Bilder unseres Planeten aus dem Weltall sandten, waren viele von der Schönheit einer ungeteilten Erde beeindruckt. Wir erfinden Konzepte des Besitzens und des Eigentums und glauben, irgendetwas könne uns zu »eigen« sein. Manchmal geschieht das auf einer globalen Ebene, zum Beispiel zur Zeit des Kolonialismus, als manche Länder einfach andere Gegenden als ihr Eigentum beanspruchten. Und auf der lokalen Ebene beanspruchen wir zuweilen unseren persönlichen Raum. Wenn wir zum Beispiel bei einem Retreat in die Meditationshalle kommen und jemand auf »unserem« Platz sitzt: Wie fühlt sich das an? Die meisten von uns erleben in solch einem Moment zumindest eine kleine innere Irritation. Der Buddha hat uns gelehrt, dass wir noch nicht einmal diesen Geist oder diesen Körper unser Eigen nennen können, geschweige denn irgendetwas anderes.

Zeit

Ein weiteres machtvolles, unser Leben bestimmendes Konzept ist die Idee der Zeit. Wir beziehen uns auf Vergangenheit und Zukunft, doch was zeigt sich beim genaueren Blick darauf, wie wir jenes erleben, was wir »Zeit« nennen? Wir nehmen bestimmte Arten von Gedanken wahr – Erinnerungen, Pläne –, die die Konzepte von Vergangenheit und Zukunft erzeugen, und meinen dann, diesen Konzepten wohne eine Wirklichkeit inne. Doch letztlich sind es einfach Gedanken, die entstehen und vergehen.

Indem wir allmählich erkennen, dass unsere Erfahrung von Vergangenheit und Zukunft einfach ein momentaner Gedanke ist, fällt eine große Last von uns ab. Das heißt nicht, dass wir diese Gedanken nicht geschickt nutzen könnten – wir verlieren uns jedoch nicht mehr in unseren selbst erdachten Welten.

Auf einer subtileren Ebene können wir außerdem erkennen, dass »Gegenwart« ebenfalls ein Konzept ist. Auch daran können wir eine Anhaftung entwickeln. Der portugiesische Dichter Fernando Pessoa hat das schön beschrieben:

> »Lebe in der Gegenwart, sagst du;
> lebe ganz in der Gegenwart!
> Aber ich will nicht die Gegenwart,
> ich will die Wirklichkeit; …
> Ich will nur die Wirklichkeit,
> die Dinge ohne die Gegenwart.«[3]

Und der Buddha verknüpfte diese Erkenntnis mit dem Prozess des Erwachens, als er lehrte:

> »Lass los vom Früh'ren, los vom Spät'ren; von dem auch, was dazwischen liegt, lass los.
> Weltüberwindend, allwärts geisterlöst, verfällst du Alter und Geburt nicht mehr.«[4]

Selbst

Neben den Konstrukten von Ort und Zeit leben wir auch in der gedanklich erzeugten Welt unserer Selbstbilder und Rollen. Wir haben eine bestimmte Vorstellung von uns selbst, die wir anderen vermitteln und selbst glauben. Sobald wir uns mit irgendeiner Rolle oder einem Bild identifizieren, ist dies schon eine Beschränkung. Es ist wie eine Gussform, in die wir uns einpassen, und dann wundern wir uns, warum wir uns so eingeengt fühlen.

Wir können auch einschränkende spirituelle Selbstbilder erzeugen, zum Beispiel, wenn wir uns mit der Idee identifizieren, unsere Meditation laufe gut oder schlecht. Ich nenne dies »›das guter Yogi, schlechter Yogi‹-Syndrom«. Manchmal projizieren wir diese Beurteilungen auf andere und leiden dann unter vergleichendem Denken.

Wenn wir nicht in Selbstbildern verfangen sind, ist der Geist offener, entspannter und spontaner. Die Autorin Christine Cox beschreibt zu diesem Thema einen wundervollen Augenblick mit Seiner Heiligkeit dem Dalai Lama:

»Mein Freund Sid hinterlegte einmal in einem Hotelzimmer, in dem der Dalai Lama während eines Besuchs einer hochrangigen amerikanischen Universität wohnen würde, eine Groucho-Marx-Maske. Es war eine Geste karmischer Selbstvergessenheit, denn wer kann schon die irdischen oder spirituellen Konsequenzen solchen Handelns einschätzen? …
Da saßen dann also die ganzen hohen Universitätsbürokraten mit durchgestrecktem Rücken auf den vordersten Sofa- und Sesselkanten in der Suite des Dalai Lama und erwarteten, dass Seine Heiligkeit in Erscheinung tritt. …
Plötzlich flog eine Tür auf, und Groucho Marx trat in den Raum – in dunkelroter Robe und mit Schnürschuhen –, erst kichernd und dann so heftig lachend, dass ihm unter der Brille die Tränen aus den Augen liefen. …
Wie reagieren Leute, wenn ein Würdenträger – vor allem ein spiritueller – etwas derart, nun, Würdeloses tut? Neugierig rief ich die Leiterin der für hochrangige Besuche zuständigen Abteilung an. Sie war ganz deutlich eine Frau, die nicht so leicht zu beeindrucken ist. Ich fragte sie, wie es ihr in dem Groucho-Augenblick ging. Im ersten Moment habe sie nicht gewusst, was sie tun solle, antwortete sie. Doch dann begann sie genau wie alle anderen über die wundervolle Absurdität der Situation zu lachen, und es entstand eine Fröhlichkeit und Unbefangenheit, die Leute in diesen Positionen nicht so oft erleben. …
Der Dalai Lama scherte sich nicht darum, ein bestimmtes Bild von ihm aufrechtzuerhalten. Er sah eine Gelegenheit für einen Spaß, zur Entzauberung von Erwartungen, und ergriff sie beim Schopf. Und irgendwie wusste er wohl auch, wem er sie zu verdanken hatte. Jedenfalls deutete er ein paarmal seinen Zeigefinger in Sids Richtung und nahm dann immer noch lachend die Maske ab. Selbst seine Heiligkeit braucht ein bisschen Groucho in seinem Leben.«[5]

Wir erzeugen auch Konzepte über Dinge, die grundlegender zu sein scheinen, wie Alter, Geschlecht, Rasse und Kultur. Wie alt ist Ihr Atem? Ist der Schmerz in Ihrem Knie männlich oder weiblich? Welche Farbe hat Ihr Geist? Diese Konzepte verweisen durchaus auf bestimmte Unterschiede der Erfahrung. Doch häufig identifizieren wir uns so damit, dass wir eine fixe Idee davon entwickeln, wer und was wir sind. Die Dichterin und Nobelpreisträgerin Wislawa Symborska spricht in ihrem Gedicht »Aussicht mit Sandkorn« über genau diese Beschränkung der konventionellen Wahrnehmung der Welt:

»Wir nennen es ein Sandkorn,
doch es nennt sich weder Korn noch Sand;
es geht ihm ganz gut ohne Namen,
sei er allgemein, bestimmt,
dauerhaft, vorübergehend,
unzutreffend oder passend.

Unser Blick, unsere Berührung bedeuten ihm nichts.
Es fühlt sich weder gesehen noch berührt.
Und dass es auf die Fensterbank fiel,
ist nur unsere Erfahrung, nicht seine.
Es macht ihm nichts aus, hierhin oder woandershin zu fallen,
und es braucht nicht zu wissen, ob sein Fallen zu Ende ist
oder ob es noch fällt.

Das Fenster hat eine wunderbare Aussicht auf einen See,
doch die Aussicht sieht sich nicht.
Sie existiert in dieser Welt
farblos, formlos,
klanglos, geruchlos und schmerzlos.

Der Grund des Sees existiert grundlos,
und sein Ufer existiert uferlos.
Das Wasser empfindet sich weder als trocken noch als nass,
und seine Wellen sind sich selbst weder Singular noch Plural.
Sie rollen, ohne ihren eigenen Lärm zu hören,
über Steine, die weder groß sind noch klein.

Und all dies unter einem Himmel,
der naturgemäß himmellos ist,

an dem die Sonne untergeht, ohne je unterzugehen,
und sich hinter einer achtlosen Wolke verbirgt,
ohne sich zu verstecken.
Der Wind zupft an ihr, aus dem einzigen Grund,
dass er weht.

Eine Sekunde verstreicht.
Eine zweite Sekunde.
Eine dritte.
Doch nur für uns sind es drei Sekunden.

Die Zeit eilt vorüber wie ein Bote dringender Nachrichten.
Aber das ist nur unser Gleichnis.
Die Gestalt ist erfunden, ihre Eile nur Schein,
ihre Nachricht nicht menschlich.«[6]

Zu den tiefsten Konditionierungen und der Quelle von so viel Leiden in unserem Leben gehört die fehlgeleitete Wahrnehmung des vom Geist erzeugten Konzepts des Selbst, die Idee, dass es jemanden gäbe, dem all diese Erfahrungen widerfahren. Wir erkennen ein Muster physischer und mentaler Elemente, nennen es »Joseph« oder »Selbst« und schauen dann nicht mehr über dieses wahrgenommene Muster hinaus. Wir erkennen nicht, dass diese Konzepte nur eine Bezeichnung für die entstehende Erscheinung einer Reihe komplexer Wechselwirkungen sind.

Stellen Sie sich einmal ein heftiges Sommergewitter vor, mit Sturmböen und Regen, Blitz und Donner. Doch abgesehen von diesen Elementen gibt es kein Gewitter. »Gewitter« ist nur ein Konzept für eine bestimmte Mischung von Phänomenen. Auf die gleiche Art können wir bei genauerem Hinschauen in dem, was wir »Selbst« nennen, eine Konstellation sich schnell verändernder Elemente sehen, von denen jedes für sich genommen substanzlos und in einem Augenblick vergangen ist. Das Verständnis unserer Erfahrungen aus der Perspektive der fünf Daseinsgruppen kann uns helfen, die grundsätzlich selbstlose Natur aller Phänomene zu erkennen.

21

Geistesformationen und Bewusstsein

GESTALTUNGEN

Die vierte Daseinsgruppe heißt auf Pali *Saṅkārā.* Dieser für die Lehren des Buddha sehr wichtige Begriff hat ähnlich wie das Pali-Wort *Dhamma* (*Dharma* auf Sanskrit) vielfältige Bedeutungen. Er kann sich auf alle Gestaltungen, alle bedingten Dinge beziehen, wie in dem häufig wiederholten Satz »Alle Gestaltungen sind unbeständig, alle Gestaltungen sind unbefriedigend, alle Gestaltungen sind selbstlos«. Er kann sich auch direkt auf den Willen beziehen, da dieser im Geist eine bestimmende karmische Kraft darstellt. Im Zusammenhang mit den fünf Daseinsgruppen bezieht sich *Saṅkārā* speziell auf all die Geistesfaktoren, die in jedem bewussten Augenblick in unterschiedlichen Kombinationen entstehen, mit Ausnahme der Gefühle und der Wahrnehmungen, die wegen ihrer Bedeutung gesondert bei den Daseinsgruppen behandelt werden.

Die vier Kategorien der Geistesfaktoren

In der buddhistischen Psychologie sind die Geistesfaktoren die Bausteine aller geistigen Tätigkeit. Dazu gehören Gedanken, Emotionen, Stimmungen und Geisteszustände. Sie entstehen in unterschiedlichen Kombinationen und färben jeden Augenblick des Bewusstseins. Das Abhidhamma unterteilt diese Geistesfaktoren in vier grundlegende Kategorien. Diese Lehre ist sehr nützlich, um unser Leben tiefer zu begreifen. Indem wir all diese Faktoren bei ihrem Erscheinen achtsam wahrnehmen, erkennen wir allmählich ihre unbeständige, unpersönliche Natur.

Die erste Kategorie der Geistesfaktoren wird »allgegenwärtig« genannt, weil sie allen Momenten des Bewusstseins innewohnen. Davon gibt es sieben, und diese sind: Kontakt, Gefühl, Wahrnehmung, Aufmerksamkeit (die anders und oberflächlicher ist als Achtsamkeit), Einspitzigkeit, Willenskraft und etwas, was »Lebensfähigkeit« genannt wird. Sie alle entstehen in jedem Moment in unterschiedlich starker Ausprägung.

Die zweite Kategorie sind die »gelegentlichen« Geistesfaktoren. Sie sind manchmal da und manchmal nicht. Dazu gehören die anfängliche und die anhaltende Hinwendung des Geistes, Entscheidungskraft, Energie, Begeisterung und »Begierde, etwas zu tun«. Letzteres ist ein motivierender Faktor, der uns zu einer Handlung drängt. Dieses Verlangen, etwas zu tun, ist interessanterweise ethisch neutral. Es kann sich auf heilsame oder unheilsame Handlungen beziehen.

Die dritte Kategorie sind die vierzehn unheilsamen Geistesfaktoren: Gier, Hass, Verblendung, Schamlosigkeit, Skrupellosigkeit, Rastlosigkeit, Sorge, falsche Ansicht, Dünkel, Eifersucht, Habgier, Dumpfheit, Mattheit und Zweifel. Von all diesen unheilsamen Geisteszuständen, die uns und anderen Leiden bringen, sind vier an jedem unheilsamen Bewusstseinszustand beteiligt: Verblendung, Schamlosigkeit, Skrupellosigkeit und Rastlosigkeit.

Eine besondere Aufmerksamkeit für diese vier unheilsamen Geistesfaktoren kann uns helfen, zu begreifen, was uns zu unheilsamem Handeln motiviert. Bevor wir im Begriff sind, etwas zu tun, von dem wir wissen, dass es nicht besonders heilsam ist – zum Beispiel uns eine zweite Portion Nachtisch zu nehmen, obwohl wir eigentlich satt sind, oder eine unpassende Bemerkung zu machen –, können wir prüfen, ob diese Faktoren mit im Spiel sind und wie sie auf die Handlung einwirken. Das aktive Interesse an dem, was gerade vor sich geht, kann uns helfen, uns von ihnen zu befreien.

Die vierte Kategorie besteht aus dem, was wir die »wunderbaren Geistesfaktoren« nennen. Es ist mir nicht gelungen, herauszufinden, wie es zu dieser asymmetrischen Bezeichnung kam – *unheilsame* und *wunderbare* Geistesfaktoren, statt *unheilsame* und *heilsame*. Der Begriff »wunderbar« verweist vielleicht auf die Freude an der Schönheit von einem durch diese Faktoren geprägten Herzen und Geist. Von den fünfundzwanzig wunderbaren Geistesfaktoren sind neunzehn jedem geschickten Zustand zu eigen. Manche davon sind uns vertraut, wie Vertrauen, Achtsamkeit, Nicht-Gier, Nicht-Hass, Gestilltheit, Gewissenhaftigkeit (Gewissensscheu), Beweglichkeit und Geschmeidigkeit des Geistes. Andere würden wir vielleicht nicht sofort erkennen, zum Beispiel Gefügigkeit, Geschultheit und Geradheit des Bewusstseins. Sobald wir erkennen, dass wunderbare Qualitäten anwesend sind, können wir sie fördern, wissend, dass wir damit im gegenwärtigen Moment heilsame Zustände und in der Zukunft glückliche Resultate kultivieren.

Betrachtung der Geistesfaktoren

Die Betrachtung der vierten Daseinsgruppe, der *Saṅkārās,* spielt bei unserer Praxis eine zentrale Rolle, weil wir das Konzept und das Gespür eines Selbst verstärken, wenn wir uns mit irgendeinem dieser Faktoren, ob heilsam oder unheilsam, identifizieren. Die Identifikation mit den Geistesfaktoren erzeugt die Perspektive von »Ich denke«, »Ich ärgere mich«, »Ich bin traurig«, »Ich bin glücklich«, »Ich gebe mir Mühe«, »Ich bin begeistert« oder »Ich bin unruhig«. Wir stülpen den sich von Augenblick zu Augenblick verändernden Bedingungen den Überbau eines »Ich«, eines »Selbst«, über. Beobachten wir das jeweilige Geschehen sorgsamer, so erkennen wir, dass jeder dieser Geistesfaktoren aus den Bedingungen des Augenblicks heraus erwächst, sich seinem Wesen gemäß zum Ausdruck bringt und mit den sich verändernden Umständen vergeht.

In einem tibetischen Text wird dieses Phänomen mit Wolken verglichen, die am Himmel vorüberziehen, ohne Wurzeln, ohne Heimat. Nützlicher und befreiender wäre eine Ausdrucksweise im Sinne von »Der Gedanke ist der Denkende«, »Liebe liebt«, »Ärger ärgert sich«, »Freude ist fröhlich«. Diese Geistesfaktoren sind nicht »Selbst«, nicht »ich«, nicht »mein« – sie gehören niemandem.

Um all diese Geistesfaktoren mit Weisheit und Einsicht zu betrachten, hilft die Erkenntnis, welche Bedingungen die verschiedenen Emotionen und Geisteszustände verursacht. Wir können bemerken, wie oft eine Stimmung oder Emotion von bestimmten Gedanken ausgelöst wird. Wir denken an eine Person und spüren Freude oder Sehnsucht oder Ärger. Obwohl der Gedanke an die Person vielleicht nur kurz war, kann die dadurch ausgelöste Emotion noch lange im Körper und Geist nachklingen. Oder unsere Stimmung ruft bestimmte Gedankenmuster hervor: Wenn wir beispielsweise müde, entmutigt oder mürrisch sind, kann es passieren, dass viele urteilende Gedanken in uns auftauchen.

Wir können auch erkennen, wie sehr unser persönlicher Hintergrund und unsere Verständnisebene unser Denken, unsere Emotionen und das ganze übrige Spektrum der Geistesfaktoren prägen. Was den einen glücklich macht, verursacht einem anderen Unbehagen. Für viele Laien sind die Sinnesvergnügungen eine Quelle der Freude, während das Eintauchen in das weltliche Leben für einen Ordinierten eher anstrengend sein mag.

Der Faktor der Willenskraft

Einem der Faktoren dieser vierten Daseinsgruppe kommt eine besondere Bedeutung zu: dem Faktor der Willenskraft (*Cetanā* auf Pali). Wenn *Saṅkārā* mit »Willenskraft« übersetzt wird, bezieht es sich auf genau diese Geistesqualität. Bhikkhu Bodhi beschreibt Willenskraft als den Faktor, der mit der Umsetzung eines Zieles zu tun hat. Er ist gewissermaßen der Einsatzleiter des Geistes, der alle anderen Faktoren koordiniert, um ein bestimmtes Ziel zu erreichen, und zu jedem Bewusstseinsmoment gehört.

Dieser Faktor von *Cetanā* – was manchmal auch mit »Absicht« übersetzt wird – ist für das Verständnis unseres Lebens so wichtig, weil er die karmische Tatkraft in sich trägt und damit die Möglichkeit, glücklich zu sein. Das bedeutet, dass alle absichtlichen, willentlichen Handlungen, ob körperlicher oder geistiger Art, die Kraft haben, sowohl in der Gegenwart als auch in der Zukunft etwas zu bewirken. Die Energie der Absicht ist wie das Potenzial eines Samens: Aus einem klitzekleinen Samen kann ein riesengroßer Baum werden. Und genau wie aus jedem Samen viele Früchte hervorgehen können, können auch unsere willentlichen Handlungen eine Fülle von Ergebnissen nach sich ziehen.

Absicht ist zunächst einmal ethisch neutral. Die Motivation hinter der Absicht bestimmt die jeweilige karmische Konsequenz eines Handelns, ob angenehm oder unangenehm. Wir mögen zwar alle möglichen Gründe für unser Handeln haben, doch letztlich lassen sich alle auf eine der drei heilsamen oder der drei unheilsamen Wurzeln zurückführen. Die heilsamen Wurzeln sind Nicht-Gier, Nicht-Hass und Nicht-Verblendung; die unheilsamen sind Gier, Hass und Verblendung. Weil unsere Motivation so stark bestimmt, wie sich unser Leben entfaltet, heißt es in einer Lehre: »Alles beruht auf der Motivation.«

Die Motivation bestimmt zwar das Ergebnis, doch die karmische Energie hängt davon ab, ob es willentlich geschieht. Diesen Faktor der Willenskraft zu erkennen und zu verstehen, ist nicht nur wegen seines karmischen Potenzials wichtig, sondern auch, weil wir uns oft unbewusst damit identifizieren. Selbst wenn wir etliche Geistesfaktoren wie Verlangen, Ruhe, Ärger oder Freude achtsam wahrnehmen und als Nicht-Selbst erkennen, kann es leicht passieren, dass wir uns mit der Willenskraft identifizieren, die unserem Handeln zugrunde liegt, jenem Empfinden, dass »ich« es bin, der all das will, was ich tue. So können Absicht und Willenskraft zu einem subtilen Versteck für das Selbst werden.

Wie können wir anfangen, diesen wichtigen Faktor der Willenskraft direkt zu erkennen? Er ist zwar immer vorhanden, doch er steht nicht immer im Vordergrund. Am besten beginnt man, ihn vor eindeutigen körperlichen Bewegungen zu erkennen. Der Körper bewegt sich nicht von alleine, sondern weil im Geist der Wille dazu entsteht. Wir können das zum Beispiel beobachten, sooft wir nach etwas greifen oder den Körper drehen.

Wir können uns durch einen achtsam wahrgenommenen Gedanken, etwas tun zu wollen, vorwarnen lassen. Der Gedanke an sich ist nicht die Absicht, aber er kann uns darauf aufmerksam machen, dass eine absichtsvolle Handlung folgen könnte. Während wir diesen Prozess aufmerksam beobachten, spüren wir manchmal eine gewisse Ansammlung von Energie im Geist, eine Art Impuls, der dazu führt, dass die Hand nach etwas greift oder der Körper sich dreht. Manchmal ist es auch nicht so deutlich spürbar, sondern wir wissen einfach, dass wir uns gleich bewegen werden – ich nenne das den »Gleich-Moment«. All diese Prozesse verbinden uns mit dem Faktor der Willenskraft.

Auch während wir handeln, entstehen Willensimpulse, die wir bemerken können. Wir können Absicht mit elektrischem Strom vergleichen, der eine Glühbirne leuchten lässt: Fließt kein Strom mehr, erlischt die Glühbirne. Genauso benötigen wir selbst für einen einzigen Schritt einen kontinuierlichen Strom von Absichten, damit der Fuß weiter durch die Luft bewegt wird. Wenn die Absicht aufhört, hält der Fuß an. Die unpersönliche Natur der Absicht wird in jenen Momenten direkt erfahrbar, in denen wir uns mit einem gewissen Momentum bewegen und merken, dass es einer inneren Entscheidung bedarf, die Bewegung anzuhalten. Ohne diese Entscheidung trägt uns der Strom der Absichten einfach von alleine weiter, als hätte er ein Eigenleben.

Nehmen Sie sich etwas Zeit, Ihre eigene Erfahrung dieses Faktors der Willenskraft zu erkunden. Dabei geht es nicht darum, darüber nachzudenken, sondern mit einem gewissen Forschergeist zu entdecken, was Sie durch den Tag bewegt.

Bei einem Einzel-Retreat in den Bergen Indiens experimentierte ich einmal mit diesem Ansatz. Ich stand am Rand eines Weges und wartete darauf, die Absicht zur Bewegung zu erkennen. Im Laufe der Zeit entstanden viele verschiedene Gedanken, mich zu bewegen, aber keiner davon setzte eine Handlung in Gang. Irgendwann, vielleicht durch aufkommende Ungeduld, bemerkte ich den Moment des Kommandos, den Impuls, der die Bewegung initiierte.

Absichten sind zwar schnell und gering, doch jede von ihnen enthält eine enorme Kraft – die Kraft, zu Ergebnissen zu führen, die Macht, etwas zu bewirken. In der Betrachtung dieser Daseinsgruppe der Gestaltungen verstehen wir sowohl die Erfahrung und die Bedeutung einer Absicht als auch die verschiedenen heilsamen oder unheilsamen Geistesfaktoren, die das Ergebnis bestimmen.

BEWUSSTSEIN

Die letzte der fünf Daseinsgruppen ist Bewusstsein (*Viññāna* auf Pali). Damit wird jener Aspekt des Geistes bezeichnet, der erkennt, der einfach weiß. Bewusstsein wird oft als Sinnesbewusstsein beschrieben, zum Beispiel Seh- oder Hörbewusstsein, und es hat ein grundlegendes Merkmal, nämlich Wissen oder Erkennen. Diese wesentliche Geistestätigkeit verändert sich nicht mit den Umständen. Sie mag von verschiedenen Geistesfaktoren gefärbt sein, doch wenn wir die reine wissende Natur des Bewusstseins erkennen, sehen wir, dass sie sich immer auf dieselbe Weise zeigt, unabhängig davon, was gerade auftaucht. In diesem Sinne können wir es als spiegelgleiches Gewahrsein bezeichnen, denn es zeigt wie ein Spiegel einfach das, was gerade davor ist.

Die bedingte Natur des Bewusstseins

In den Lehren über die Daseinsgruppen betont der Buddha besonders das Verständnis der unbeständigen, bedingten Natur des Bewusstseins. So entsteht beispielsweise ein Augenblick bewussten Sehens aus dem Zusammenwirken von vier Ursachen: einem funktionierenden Sinnesorgan des Auges, einer sichtbaren Form, Licht und Aufmerksamkeit. Fehlt auch nur eines davon, kann kein Sehbewusstsein entstehen. Es ist hilfreich, diese bedingte Natur des Bewusstseins in der eigenen Erfahrung zu überprüfen, um uns aus der Identifikation mit der Aktivität des Erkennens zu befreien.

Während Sie dieses Buch lesen, sehen Sie die Buchstaben auf den Seiten. Doch was wäre, wenn Sie keine Augen hätten, wenn es kein Licht oder keine Aufmerksamkeit auf das Objekt gäbe? Gäbe es dann irgendein Sehen? Manchmal können wir spontan Einsichten in diese bedingte Natur des Bewusstseins erlangen, zum Beispiel, wenn wir so in eine Tätigkeit versunken sind, dass wir die Geräusche um uns herum nicht mehr hören. Wenn das Geräusch keine Aufmerksamkeit erhält, kann kein Hörbewusstsein entstehen.

Der Buddha betonte diese bedingte Natur des Bewusstseins auch in seiner Antwort an den Mönch Sāti, der meinte, es gäbe nur ein Bewusstsein, welches von Leben zu Leben weiterbesteht. Der Buddha fragte Sāti daraufhin:

»›Was ist jenes Bewusstsein, Sāti?‹
›Ehrwürdiger Herr, es ist das, was spricht und fühlt und hier und da die Resultate guter und schlechter Taten erfährt.‹
›Du fehlgeleiteter Mensch, wen sollte ich jemals das Dhamma auf solche Weise gelehrt haben? Du fehlgeleiteter Mensch, habe ich nicht in vielen Lehrreden dargelegt, dass Bewusstsein bedingt entsteht, weil es ohne Bedingung keine Entstehung von Bewusstsein gibt?‹«[1]

Hier wird deutlich, dass Bewusstsein nichts Dauerhaftes ist, nichts, was immer da wäre und nur darauf wartet, dass ein Objekt erkannt werden kann. Es ist vielmehr ein in jedem Moment vielfach entstehender und vergehender Prozess. Dies passiert jedoch so schnell, dass es uns als etwas Beständiges erscheint. In seinem Buch über das Abhidhamma schreibt Bhikkhu Bodhi:

»In der Weite eines Geistesmoments entsteht ein *Citta* [Bewusstsein], vollzieht die Funktion, die es in diesem Augenblick hat, und löst sich auf, womit es das Entstehen des unmittelbar folgenden *Citta* bedingt. Durch die Sequenz dieser Geistesmomente entsteht der Strom des Bewusstseins, ununterbrochen wie das Wasser eines Flusses.«[2]

Zu den wichtigen Begleiterscheinungen dieser Unbeständigkeit gehört, dass Bewusstsein genau wie die anderen Daseinsgruppen substanzlos und leer ist wie eine Fata Morgana.

»Es ist, ihr Bhikkhus, wie wenn ein Gaukler oder Gehilfe eines Gauklers am Treffpunkt vierer Straßen sein Gaukelwerk zeigt. Und ein scharfsichtiger Mann würde es erblicken, darüber nachsinnen, es gründlich untersuchen. Ihm, der es erblickt, darüber nachsinnt, es gründlich untersucht, eben als leer würde es ihm erscheinen, als hohl würde es ihm erscheinen, als kernlos würde es ihm erscheinen. Wie sollte auch, ihr Bhikkhus, im Gaukelwerk ein Kern sein!
Ebenso auch, ihr Bhikkhus: Was es irgend an Bewusstsein gibt, sei es vergangen, künftig oder gegenwärtig, eigen oder

fremd, grob oder fein, gewöhnlich oder edel, fern oder nahe – das erblickt ein Bhikkhu, sinnt darüber nach, untersucht es gründlich. Ihm, der es erblickt, darüber nachsinnt, es gründlich untersucht, eben als leer würde es ihm erscheinen, als hohl würde es ihm erscheinen, als kernlos wurde es ihm erscheinen. Wie sollte auch, ihr Bhikkhus, im Bewusstsein ein Kern sein!«[3]

Die Herausforderung liegt darin, gleichermaßen Bewusstheit als Gauklerspiel zu erkennen und engagiert und voller Weisheit und Mitgefühl in der Welt zu leben. Victor S. Johnston hat in seinem Buch *Why We Feel: The Science of Human Emotions* genau beschrieben, wie diese beiden Ebenen in Wechselwirkung zueinander stehen und wie der Geist die Wirklichkeit, die wir erleben, erschafft:

»Stellen Sie sich eine Welt ohne Bewusstsein vor. Die Dunkelheit ist wie ein blubbernder Kessel, voller Energie und schwingender Materie, gefangen in dem Tanz thermischer Erregung. Gebunden durch gemeinsame Elektronen oder die merkwürdige Anziehungskraft ungleicher Ladungen, geben bebende Moleküle ihre charakteristischen Quantenpäckchen von Energie an den sie umgebenden Nebel ab und nehmen andere daraus auf. Fast unabhängig von der Schwerkraft, jedoch in alle Richtungen von ihren Nachbarn umzingelt, bilden freie Gasmoleküle wirbelnde, turbulente Ströme der Kompression oder der Expansion. ... Eine massive Sonneneruption und in längst vergangenen Ereignissen freigesetzte kosmische Strahlung durchzucken den Raum mit ihrer Strahlungsenergie und mischen sich lautlos mit dem thermischen Glimmen lebendiger Kreaturen. ... In der Wärme ihrer klebrigen Proteinkörper taucht schemenhaft das Leuchten des Bewusstseins auf und fügt dieser wirbelnden Mischung aus Energie und Materie sein eigenes Organisationsmuster hinzu. Der aktive Filter des Bewusstseins erhellt die Dunkelheit, verwirft alle irrelevanten Strahlungen und hebt in einem großen Umformungsprozess das Relevante hervor. Tote Moleküle werden zu einem bitteren oder süßen

Geschmack, elektromagnetische Frequenzen zu leuchtenden Farben, aus Druckwellen wird Kinderlachen und ein eben vorüberschwebendes Molekül erfüllt das Bewusstsein mit dem Rosenduft eines warmen Sommernachmittags.«[4]

Erforschen des Bewusstseins

Wir können das Bewusstsein aus verschiedenen Blickwinkeln erforschen. Da ist zum einen das Verständnis, dass die größere Achtsamkeit auf das erscheinende Objekt zu einem klareren Bewusstsein von diesem Objekt führt. Wenn wir sorgfältig auf den Atem, die Empfindungen, Anblicke, Geräusche und Gedanken achten, erleben wir im Laufe der Zeit, wie das Erkennen selbst immer klarer und transparenter wird.

Um diese fünfte Daseinsgruppe unmittelbar zu erfahren, hilft es mir auch, meine Erfahrung passiv zu formulieren. Die Beschreibung unserer Erfahrung (auch uns selbst gegenüber) prägt die Art unserer Erfahrung. Gewöhnlich verwenden wir aktive Formulierungen wie »Ich höre«, »Ich sehe«, »Ich denke«. So fördert unsere Sprache den Eindruck eines Denkenden, eines Zeugen, eines Beobachters, der hinter der Erfahrung steht und sie erlebt.

Statt unsere Erfahrung aus dem Blickpunkt eines Beobachters zu beschreiben, können wir passive Formulierungen wählen wie: »Ein Geräusch wird gehört«, »Ein Gedanke wird erkannt«, »Eine Empfindung wird gespürt.« Wir brauchen diese Formulierungen nicht ständig zu verwenden, aber sie helfen uns, unmittelbar zu erfahren, wie Dinge auftauchen und von Augenblick zu Augenblick erkannt werden.

Dieses Umformulieren funktioniert, weil es das »Ich« weglässt. Der Philosoph Ludwig Wittgenstein hat es sehr schön formuliert: »Das Empfinden eines eigenständigen, getrennten Selbst ist nur ein von der Grammatik geworfener Schatten.«

Während der Gehmeditation können wir diese passive Perspektive deutlich erleben: Mit jedem Schritt zeigen sich unterschiedliche Empfindungen, die im Augenblick ihres Erscheinens ins Bewusstsein treten. Diese einfache Erkenntnis von Bewegungen und Empfindungen offenbart verschiedene Dinge über die Natur des Bewusstseins. Zunächst wird deutlich, dass jeder Augenblick des Erkennens, der Bewusstheit gleichzeitig mit der Empfindung entsteht – keine Sekunde früher, keine Sekunde später. Zum Zweiten können wir bemerken, dass dieses Erkennen spontan entsteht. Niemand befiehlt dem Bewusstsein zu entstehen. Wenn die entsprechenden Bedingungen vorhanden sind, entsteht automatisch Bewusstsein.

Reinheit der Erkenntnis

Unabhängig davon, ob wir uns dem Objekt unserer Erfahrung aktiv zuwenden – das heißt den Geist auf das Objekt richten – oder unsere Erfahrung passiv als das Erkennen von Dingen beschreiben: Wenn der Geist über längere Zeiträume zur Ruhe kommt, führen beständige Achtsamkeit und Erkundung zu einer Reihe von Einsichts-Erfahrungen. Eine davon wird »Reinheit der Erkenntnis« genannt. Dabei erleben wir jeden Moment als gemeinsame Weiterentwicklung von Bewusstsein und Objekt, ohne die Idee, es gäbe irgendjemanden hinter dem Prozess. Wir sehen, dass alles, was wir »Selbst« oder »Ich« nennen, einfach das Wechselspiel von mentalen und physischen Phänomenen ist, ein momentanes Entstehen und Vergehen des Erkennens und des Objekts.

Zu diesem Zeitpunkt können wir klar zwischen Geist und Materie unterscheiden. Könnten wir beispielsweise einem Leichnam Luft in die Lungen pumpen, würde die Ausdehnung der Lungen zwar zu einer Bewegung führen, aber es gäbe keinen dem Körper innewohnenden Geist, der das erkennen könnte. Wenn wir atmen, geschieht also noch etwas anderes. Es sind dabei offensichtlich sowohl geistige als auch physische Prozesse am Werk.

Wir können Geist und Materie zwar unterscheiden, doch wir können sie nicht voneinander trennen. Es ist, als betrachtete man Farbe und Form eines physischen Objekts und wollte beide voneinander trennen – es geht nicht. Die Farbe hat eine bestimmte Form, und die Form hat eine Farbe. Es sind eigenständige Merkmale, doch sie lassen sich nicht voneinander lösen.

Diese Einsicht in die gemeinsame Entwicklung von Erkenntnis und Objekt ist das erste tiefe, erfahrungsbezogene Verständnis von *Anattā,* dem Nicht-Selbst. Diese Einsicht ist damit noch nicht umfassend – wir identifizieren uns immer noch in vielen Situationen mit Gedanken oder Gefühlen oder Bewusstsein –, doch sie ist bereits eine radikale Abkehr von unserer gewöhnlichen Art, die Welt und uns selbst wahrzunehmen und zu verstehen. Wenn wir die Praxis fortsetzen und sich unsere Wahrnehmung der Unbeständigkeit verfeinert, erkennen wir, dass nicht nur das Objekt mit großer Geschwindigkeit entsteht und vergeht, sondern auch der erkennende Geist. Dabei können wir erkennen, wie das Bewusstsein selbst sich kontinuierlich auflöst. Dann gibt es keinen Halt mehr, keinen festen Boden unter den Füßen; es ist, als stünden wir an einem sehr steilen Abhang in losem Sand.

In dieser Phase der Praxis entsteht viel Verunsicherung. Wir erkennen zutiefst, dass es nichts Substanzielles gibt, was »ich« oder »mein« genannt werden könnte. Es scheint sogar, als hätten wir unsere Fähigkeit zur Meditation verloren: Weder das Objekt noch das Erkennen währt lange genug, als dass wir es achtsam wahrnehmen könnten, also denken wir, die Achtsamkeit hätte sich verflüchtigt. Wird die Auflösung so stark erlebt, durchläuft der Geist oft Zustände der Angst und sogar der Abscheu vor dieser Instabilität der Phänomene. An diesem Punkt hilft es sehr, von einem Lehrer oder einer Lehrerin daran erinnert zu werden, geduldig zu sein und weiterzupraktizieren.

Wenn wir diese schwierige Phase unbeirrt durchstehen, erleben wir verschiedene Perspektiven auf den Prozess von Geist und Materie, die uns in einen Zustand tiefen Gleichmuts führen. Unser Verständnis der Natur des Bewusstseins wird noch umfassender. Einige große Meister der Theravāda-Tradition schildern diese Erfahrungen sehr deutlich. So schreibt beispielsweise Ajahn Jumnien, ein zeitgenössischer Meditationsmeister aus Thailand:

> »An einem gewissen Punkt wird der Geist so klar und ausgeglichen, dass alles, was entsteht, erkannt und unberührt gelassen wird, ohne jegliche Einmischung. Man hört auf, sich auf irgendeinen bestimmten Inhalt zu konzentrieren, und sieht alles einfach als Geist und Materie, als einen leeren Prozess, der von selbst entsteht und vergeht …, ein vollkommenes Gleichgewicht des Geistes, ohne Reaktionen. … Es gibt kein Tun mehr …«[5]

Doch dieser verfeinerte Zustand birgt seine eigenen Herausforderungen. Es ist wichtig, im achtsamen Gewahrsein dieses erkennenden Geistes zu bleiben, denn es ist leicht, sich mit diesem sehr reinen, verfeinerten Bewusstsein subtil zu identifizieren. Der große burmesische Meister Mahāsi Sayadaw erinnert uns daran, wenn er schreibt:

> »[Manchmal gibt es] nichts zu bemerken, der Körper verschwindet und das Empfinden von Berührung löst sich auf. Doch das wissende Bewusstsein ist noch da. In diesem äußerst klaren, offenen Raum ist nichts als ein sehr klares, seliges Bewusstsein, unvergleichlich klar und zutiefst glückselig. Der Yogi neigt dazu, dieses klare, selige Bewusstsein zu genießen. Doch das Bewusstsein wird nicht beständig bleiben. … Es gilt, es als ›Erkennen, erkennen‹ zu benennen.«[6]

An diesem Punkt müssen wir besonders sorgfältig praktizieren. Es ist leicht, wundervolle, subtile Geisteszustände mit dem Loslassen des Geistes zu verwechseln. »Sobald etwas als wichtig erachtet wird, wird es ein Nest«, hat es im 12. Jahrhundert der Ch'an-Meister Ta Hui formuliert. Da wir nach Freiheit streben, wollen wir uns noch nicht einmal im Bewusstsein ein Nest bauen. Solange es eine Art von Identifikation mit irgendetwas gibt, irgendein Empfinden von einem Wissenden, von jemandem, der erkennt, befinden wir uns noch im Bereich des konventionellen, bedingten Geistes.

22

Betrachtung der fünf Daseinsgruppen

Der große Wert dieser Lehren über die fünf Daseinsgruppen liegt darin, dass sie unserer erfahrungsbasierten Analyse dessen, was wir »Selbst« nennen, einen Rahmen geben. Wie der Buddha zeigt, führt ein mangelndes Verständnis dieser Daseinsgruppen zu Aufregung, Stress und Leiden. Diese Betrachtung ist keine abstrakte Übung in buddhistischer Philosophie, sondern ein Weg, direkte und präzise Einblicke in die Natur unserer Erfahrung zu erlangen. In der großen Sammlung von Suttas, die wir die »Gruppierte Sammlung der Lehrreden« nennen (*Samyutta Nikāya* in Pali) gibt es 159 kurze Lehrreden über die Daseinsgruppen. Der Buddha führt hier etwas genauer aus, wie wir aus Gewohnheit an diesen Daseinsgruppen anhaften und wie wir uns aus dieser Anhaftung lösen können, indem wir ihre unbeständige, unbefriedigende und selbstlose Natur erkennen.

EINSICHT IN DIE UNBESTÄNDIGKEIT

In der klassischen Aufreihung dieser drei Daseinsmerkmale beginnt der Buddha fast immer mit Unbeständigkeit. So auch im Satipaṭṭhāna Sutta:

»Sodann, ihr Mönche, verweilt er hinsichtlich der Dhammas, Dhammas in der Form der fünf Daseinsgruppen des Anhaftens betrachtend. Und wie verweilt er hinsichtlich der Dhammas, Dhammas in der Form der fünf Daseinsgruppen des Anhaftens betrachtend?
Hier erkennt er: ›So ist die materielle Form, so ist ihr Entstehen, so ist ihr Vergehen; so ist Gefühl …, so ist Wahrnehmung …, so sind Willensregungen …, so ist Bewusstsein, so ist sein Entstehen, so ist sein Vergehen.‹«[1]

Wir beginnen also mit der Einsicht in die Unbeständigkeit. Wann immer wir das Entstehen und Vergehen von Phänomenen bemerken – seien es körperliche Empfindungen, Stimmungen, Wahrnehmungen durch die Sinnestore oder Konzepte des Geistes, Absichten und andere Geisteszustände oder Bewusstsein –, üben wir Achtsamkeit auf die Daseinsgruppen, so wie es der Buddha gelehrt hat.

Die Wahrheit der Unbeständigkeit offenbart sich zwar ganz natürlich, wenn wir jedes Erscheinen eines Objekts beachten, doch wir können auch unsere Absicht darauf ausrichten, diese Wahrheit der Veränderung konkret zu erforschen. Als ich mit Sayadaw U Paṇḍita praktizierte, hatten wir die Aufgabe, nicht nur zu berichten, welche Objekte in unserer Meditation auftauchten, sondern auch, was mit ihnen geschah, während wir sie beobachteten. Diese Art der Erkundung erfordert ein konzentriertes, genaues und beständiges Interesse.

»Seitwärts sitzend sprach dieser Bhikkhu zu dem Erhabenen: ›Gibt es wohl, o Herr, irgendeine Körperlichkeit, die unvergänglich ist, beständig, ewig, unveränderlich, die ewig dauernd in gleicher Weise bestehen wird? Gibt es wohl irgendein Gefühl, irgendeine Wahrnehmung, irgendwelche Gestaltungen, irgendein Bewusstsein, die unvergänglich sind, beständig, ewig, unveränderlich, die ewig dauernd in gleicher Weise bestehen werden?‹
›Nicht gibt es, o Bhikkhu, irgendeine Körperlichkeit, die unvergänglich ist, beständig, ewig, unveränderlich, die ewig dau-

ernd in gleicher Weise bestehen wird. Nicht gibt es irgendein Gefühl, irgendeine Wahrnehmung, irgendwelche Gestaltungen, irgendein Bewusstsein, die unvergänglich sind, beständig, ewig, unveränderlich, die ewig dauernd in gleicher Weise bestehen werden.«[2]

DIE UNBEFRIEDIGENDE NATUR DER ERFAHRUNG

Die Betrachtung der Unbeständigkeit der Daseinsgruppen erinnert uns daran, dass sie alle Teil einer endlosen, vorüberziehenden Show und deshalb letztlich unbefriedigend sind. Mein erster Lehrer Munindra-ji fragte uns oft: »Wo ist das Ende von Sehen, von Hören, von Denken, von Erkennen?« Diese Erfahrungen sind nicht verkehrt, sie führen nur zur Erfüllung unseres tiefsten Strebens nach Glück und Frieden. Aufgrund ihrer instabilen, wechselhaften Natur warten wir immer auf den nächsten Höhepunkt an Erfahrung.

Diese Erwartungshaltung zeigt sich beispielsweise in unseren weltlichen Begierden und auch in unserer Meditationspraxis. Wie oft warten wir innerlich auf das nächste konzentrierte Gehen oder das nächste »gute« Sitzen? All diese veränderlichen Phänomene, seien es Sinnesobjekte oder meditative Zustände, erfüllen uns letztlich genau deshalb nicht, weil sie vergehen. Als Objekt unserer Achtsamkeit wird jede Erfahrung jedoch zum Werkzeug für unser Erwachen. Das ist das Paradox des spirituellen Lebens. Wir brauchen nicht auf irgendeine gute oder besondere Erfahrung zu warten, um achtsam zu sein. Alles ist dienlich, nichts liegt außerhalb der Reichweite von Achtsamkeit.

DIE DASEINSGRUPPEN ALS NICHT-SELBST ERKENNEN

Bei der Betrachtung der unbeständigen, unbefriedigenden Natur der Daseinsgruppen öffnen wir uns schließlich für die profunde Erfahrung, sie als Nicht-Selbst zu erleben. Sobald sich diese Einsicht vertieft, beanspruchen wir nichts mehr als »ich« oder »mein«

und leiden nicht mehr, wenn die unausweichlichen Veränderungen eintreten. Dies führt zu einer radikal anderen Perspektive auf Körper und Geist.

> »Daher, ihr Bhikkhus, was immer nicht euer ist, gebt es auf; wenn ihr es aufgegeben habt, wird das lange zu eurem Wohlergehen und Glück beitragen. …
> Ihr Bhikkhus, was meint ihr? Wenn die Leute das Gras, die Stöcke, Äste und Blätter in diesem Jeta-Hain forttragen oder sie verbrennen oder mit ihnen nach Belieben verfahren würden, würdet ihr denken: ›Die Leute tragen uns fort oder verbrennen uns oder verfahren mit uns nach Belieben?‹
> ›Nein, ehrwürdiger Herr. … Weil, ehrwürdiger Herr, jenes weder unser Selbst ist noch unserem Selbst gehört.‹
> Genauso, ihr Bhikkhus, was immer nicht euer ist, gebt es auf; … Form ist nicht euer. [Gefühle sind nicht euer. Wahrnehmung ist nicht euer. Gestaltungen sind nicht euer. Bewusstsein ist nicht euer.] Gebt sie auf. Wenn ihr sie aufgegeben habt, wird das lange zu eurem Wohlergehen und Glück beitragen.«[3]

Aufgeben bedeutet hier, jeglichen Anspruch auf Eigentum, jegliches Gefühl von Identifikation mit den Daseinsgruppen als »ich« oder »mein« loszulassen.

Wie ist es dazu gekommen, dass wir so an den Daseinsgruppen als Selbst verhaftet sind? Unsere Besitzansprüche darauf sind längst im kosmischen Grundbuchamt verzeichnet. Doch wir verteidigen sie mit großer Hartnäckigkeit. Wie bereits erwähnt, klammern wir uns so an die Idee des Selbst, weil uns die oberflächlichen Wahrnehmungen und die Konzepte, mit denen wir unsere Erfahrungen beschreiben, befriedigen. Die Nachlässigkeit unserer Beobachtung verhindert, dass wir die unbeständige, substanzlose Natur dessen, was wir »Selbst« nennen, klar erkennen.

Die zusammengesetzte Natur des Körpers

Es ist deutlich zu erkennen, wie diese oberflächliche Beobachtung in Bezug auf den Körper das Empfinden eines Selbst erzeugt. Wir stehen morgens auf, schauen in den Spiegel, sehen bestimmte Formen und Farben, erkennen ein Muster und erzeugen dann ein Konzept, dem wir diesen Anblick zuordnen: ein Bild von Joseph, von mir selbst, als ob Joseph oder ich selbst ein substanzielles Wesen wären.

Wir bauen auf diese Wahrnehmungen – nicht nur in Bezug auf das Spiegelbild, sondern auch hinsichtlich unserer Erfahrung des Körpers und anderer physischer Phänomene. Wie viel unseres Selbstempfindens stammt aus der oberflächlichen Wahrnehmung unseres Körpers? Er scheint so fest zu sein, so »Ich«. In der *New York Times* wurde einmal für ein T-Shirt mit der Aufschrift »Ich Ich Ich« geworben. Vielleicht sollten wir auch T-Shirts bedrucken mit »Nicht-Ich Nicht-Ich Nicht-Ich«.

Wenn wir den Körper näher betrachten und über die erste Daseinsgruppe der physischen Formen nachsinnen, löst sich die Illusion der Festigkeit auf und wir erkennen die zusammengesetzte Natur des Körpers. Wir erkennen all die miteinander verwobenen Elemente des Skeletts, der Muskulatur, des Herz-Kreislauf-Systems und der verschiedenen Organe. Doch sobald wir das Ganze nett in Haut einwickeln, haften wir gleich an und bezeichnen es als »meinen« Körper. Oder wir entwickeln Anhaftungen an anderer Leute Körper. Würden wir genauso empfinden, wenn wir einen Röntgenblick hätten? Diese Anhaftung an den Körper nährt auch unsere Angst vor dem Tod. Je mehr wir anhaften, desto schwerer ist es, loszulassen.

Schauen wir noch tiefer, auf die zelluläre oder atomare Ebene, sehen wir fast nur noch leeren Raum. In einem naturwissenschaftlichen Artikel stand, wenn wir aus dem, was einen Körper ausmacht, allen Raum wegnähmen, bliebe weniger als ein Staubkorn an Substanz übrig. In der Meditation lassen wir die Wahrnehmung der Festigkeit des Körpers hinter uns und betrachten ihn als sich veränderndes, fließendes, substanzloses Energiesystem.

Identifikation mit Gedanken und Emotionen

Wir können auch aus der Identifikation mit den geistigen Daseinsgruppen ein starkes Empfinden eines Selbst erzeugen, vor allem in Bezug auf Gefühle, Gedanken, Emotionen und Meditationszustände. Wenn wir uns zum Beispiel in Gedanken wie »Ich denke«,

»Ich plane« oder »Ich urteile« verlieren, erhält das »Ich« eine besondere Betonung. Oder denken Sie daran, welche Besitzansprüche wir auf die vielen Geschichten erheben, die wir über uns selbst und andere erzählen. Indem wir sorgfältig auf all diese Elemente des Geistes achten, erkennen wir, wie viel Zeit wir in einer Welt der mentalen Projektionen verbringen.

Eine der befreiendsten Einsichten der Meditationspraxis ist die Erkenntnis, dass Gedanken nur so viel Macht haben, wie wir ihnen zugestehen. Zugegeben, sie sind enorm verführerisch, vor allem, wenn sie mit bestimmten Emotionen einhergehen. Unbemerkte Gedanken haben eine bezwingende Macht über uns, doch sobald wir uns ihrer bewusst sind, verstehen wir, dass sie lediglich ein Spiel der Daseinsgruppen sind, vergänglich und leer von einem Selbst. Beachten Sie den Unterschied: Wie erleben Sie es, sich in Gedanken verloren zu haben, und wie erleben Sie es, sich Ihrer Gedanken bewusst zu sein? Egal, wie lange Sie mit dem Gedankenstrom davongetragen wurden: In dem Moment, in dem Sie sich dessen bewusst werden, können Sie sich dieser Erfahrung der Wachheit öffnen, diesem Moment des Erkennens, ohne sofort zum Atem oder zum Körper zurückzueilen. In solchen Momenten können sich die leere Natur der Gedanken und die erhellende Kraft des Gewahrseins offenbaren.

Dilgo Khyentse Rinpoche erinnert uns an diese leere Natur des Geistes:

> »Gewöhnlich leben wir unter der irrigen Annahme, dass alles eine Art echter, substanzieller Wirklichkeit hätte. Doch wenn wir genauer hinschauen, stellen wir fest, dass die Welt der Phänomene wie ein Regenbogen ist – anschaulich und bunt, doch ohne greifbare Existenz.
>
> Wenn ein Regenbogen erscheint, sehen wir viele schöne Farben – doch ein Regenbogen ist nichts, womit wir uns bekleiden oder schmücken könnten. Er entsteht einfach durch das Zusammentreffen verschiedener Bedingungen. Genauso erscheinen auch die Gedanken im Geist. Sie besitzen keine greifbare Wirklichkeit, keinerlei eigenständige Existenz. Von daher gibt es keinen logischen Grund, weshalb Gedanken so viel Macht

> über uns haben sollten oder warum wir uns von ihnen versklaven lassen müssten. …
> Wenn wir einmal erkannt haben, dass Gedanken leer sind, wird der Geist nicht mehr die Macht haben, uns zu täuschen. Doch solange wir unsere irrigen Gedanken für wahr nehmen, quälen sie uns gnadenlos weiter, wie sie bereits seit unzähligen vergangenen Leben tun.«[4]

Auf dieselbe Weise identifizieren wir uns mit manchen Stimmungen oder Geisteszuständen, indem wir nicht nur ein tiefes Empfinden eines Selbst erzeugen, sondern häufig durch Gedanken wie »So bin ich eben«, »Das ist ein so tief sitzendes Muster bei mir« oder »Es dauert lange, sich von so etwas zu befreien« eine ganze Lebensgeschichte darauf aufbauen. Wir erschaffen die Geschichte unseres Lebens, und dann agieren wir diese Geschichte aus. Doch alles, was tatsächlich geschieht, ist das Entstehen und Vergehen momentaner Geisteszustände.

Wie im Satipaṭṭhāna Sutta ausführlich dargestellt, können wir durch unsere Praxis der Achtsamkeit die unbeständige, selbstlose Natur der Daseinsgruppen erkennen. Das nennt der Buddha »wahres Wissen«.

> »Hier, ihr Bhikkhus, versteht ein geschulter, edler Schüler: Form ist dem Entstehen unterworfen, dem Vergehen unterworfen und dem Entstehen und Vergehen unterworfen. Er versteht: Gefühle, Wahrnehmungen, Willensregungen, Bewusstsein ist dem Entstehen unterworfen, dem Vergehen unterworfen und dem Entstehen und Vergehen unterworfen. Das, ihr Bhikkhus, wird wahres Wissen genannt.«[5]

DEKONSTRUKTION DES KONZEPTS DES SELBST

Auf der Grundlage dieses Verständnisses der Daseinsgruppen gab der Buddha eine Reihe von Lehrreden, in denen er das Konzept des Selbst mit präziser Klarheit auseinandernahm. Wir erfahren, dass das »Selbst« oder das »Ich« nichts sind, was wir loswerden oder zerstören müssten. Es geht vielmehr darum, zu verstehen, dass es niemals da gewesen ist. Diese Lehrreden wurden zwar vor dem Hintergrund der damaligen indischen philosophischen Traditionen gehalten, doch wenn wir uns wirklich auf diese Dialoge einlassen, können sie bis heute zu erstaunlichen und radikalen Transformationen unseres Verständnisses führen.

So beginnt eine bestimmte Lehrrede mit einem Gespräch zwischen dem Mönch Anurādha und einigen Wanderasketen, in dem Letztere behaupten, zum Zeitpunkt des Todes ließe sich der Tathāgata (ein Begriff, mit dem der Buddha bezeichnet wurde) auf eine der folgenden vier Weisen beschreiben: entweder als nach dem Tod existierend oder als nicht existierend; als sowohl existierend als auch nicht existierend, und als weder existierend noch nicht existierend.

Als Anurādha erklärt, der Tathāgata definiere sich durch keinen dieser vier Fälle, antworten die Asketen geringschätzig, dieser Mönch müsse erst seit Kurzem ordiniert sein oder ein alter, unerfahrener Narr. Nach dieser Begegnung geht Anurādha zum Buddha, erzählt ihm von dem Gespräch und fragt: »Falls mich diese Wanderer erneut befragen sollten: Wie könnte ich es im Einklang mit dem Dhamma so erklären, dass meine Aussage keinen Anlass zu Kritik gibt?« Der Buddha stellt Anurādha daraufhin eine Reihe von Fragen, mit denen er auf ein völlig anderes Verständnis hinführt. Um diesen Dialog wirklich zu lesen und auch die Wiederholungen nicht zu überfliegen oder als philosophische Übungen abzutun, können wir uns vorstellen, der Buddha richte seine Fragen an uns selbst, und entsprechend über ihre tiefere Bedeutung nachsinnen.

> »›Was meinst du, Anurādha: Ist Form [Gefühl, Wahrnehmung, Willensregungen und Bewusstsein] unvergänglich oder vergänglich?‹
> ›Vergänglich, Herr.‹«[6]

Der Buddha fragt dann, ob das Vergängliche als befriedigend oder unbefriedigend, als zuverlässig oder unzuverlässig betrachtet werden sollte und ob das Vergängliche und Unzuverlässige als »Dies ist mein, dies bin ich« betrachtet werden kann. Als Anurādha antwortet: »Nein, Herr«, fährt der Buddha fort:

»›Was denkst du, Anurādha, siehst du Form als den Tathāgata an?‹
›Nein, Herr.‹
›Was denkst du, Anurādha, siehst du den Tathāgata als in Form seiend an?‹
›Nein, Herr.‹
›Siehst du den Tathāgata als anders als Form an?‹
›Nein, Herr.‹
›Was denkst du, Anurādha, siehst du den Tathāgata als Form-Gefühl-Wahrnehmung-Gestaltungen-Bewusstsein [zusammengenommen] an?‹
›Nein, Herr.‹
›Was denkst du, Anurādha, siehst du den Tathāgata als das an, was ohne Form, ohne Gefühle, ohne Wahrnehmung, ohne Gestaltungen, ohne Bewusstsein ist?‹
›Nein, Herr.‹«[7]

Jetzt kommt der Buddha zum wesentlichen Punkt, indem er erklärt, dass der *Tathāgata in diesem Leben nicht gefunden werden kann,* ihm nicht in der Wirklichkeit begegnet werden kann und es von daher nicht angemessen sei, nach seinem Tod auf diese vier Weisen von ihm zu sprechen.

Der Buddha schließt den Dialog mit der Wiederholung der zentralen Aussage seiner Lehre: »Früher, Anurādha, und auch jetzt erkläre ich nur Leiden und die Aufhebung des Leidens.«[8]

Dieses Verständnis, dass das Selbst weder innerhalb der Daseinsgruppen noch außerhalb davon gefunden werden kann, ist ein entscheidender Bezugspunkt für ein tieferes Verständnis unseres Daseins. Was ist es eigentlich, woran wir anhaften? Was ist es, wonach wir verlangen? Wir beginnen zu verstehen, dass es bei diesem Weg der Praxis nicht darum geht, neue Erfahrungen mit den Daseinsgruppen zu machen, sondern um die Freiheit von jeglicher Anhaftung an sie als etwas, was als »ich« oder »mein« bezeichnet werden könnte.

Dilgo Khyentse Rinpoche schreibt über die Bedeutung dieser Erkenntnis:

> »Die Vorstellung eines beständigen Selbst hat dich seit unzähligen Leben hilflos umherwandern lassen. Sie ist genau das, was dich jetzt daran hindert, dich und andere von der bedingten Existenz zu befreien. Wenn du einfach diesen einen Gedanken des ›Ich‹ loslassen könntest, wäre es leicht für dich, frei zu sein und auch andere zu befreien. Wenn du die Überzeugung, es gäbe ein wirklich existierendes Selbst, heute überwinden würdest, wärst du morgen erleuchtet. Doch wenn du sie nie überwindest, wirst du nie Erleuchtung finden. …
> Nutze jede Praxis, die du übst, um diese Idee des ›Ich‹ und der damit verbundenen selbstbezogenen Motivationen aufzulösen. Selbst wenn dir das anfänglich nicht gelingt, versuche es weiter.«[9]

Achtsamkeit auf die Dhammas

Die sechs Sinnesbereiche

23

Wie wir die Welt erfahren

Im nächsten Abschnitt der Lehrrede geht es um die Lehren von den sechs inneren und äußeren Sinnesbereichen. Die inneren Bereiche bestehen aus den Grundlagen der sechs Sinne: Augen, Ohren, Nase, Zunge, Körper und Geist. Die äußeren Bereiche sind die entsprechenden Sinnesobjekte: sichtbare Formen, Geräusche, Gerüche, Geschmäcker, Tastempfindungen und Geistesobjekte. Wenn wir unsere Aufmerksamkeit der direkten Erfahrung dieser sechs inneren und äußeren Sinnesbereiche zuwenden, erkennen wir darin einen subtilen, tiefgründigen und weitreichenden Aspekt der Praxis. Sie sind die Grundlage für alles, was wir wissen, für das Entstehen der gesamten Welt unserer sich entfaltenden Erfahrung.

> »Alles will ich euch zeigen, ihr Bhikkhus, das höret wohl. Was ist also, ihr Bhikkhus, alles? Das Auge ist es und die Formen, das Ohr und die Töne, die Nase und die Düfte, die Zunge und die Säfte, der Körper und die Gegenstände, der Geist und die Dinge: Das heißt man, ihr Bhikkhus, alles.«[1]

Ledi Sayadaw, der große burmesische Meditationsmeister und Gelehrte des späten 19. und beginnenden 20. Jahrhunderts, verglich die Sinnesgrundlagen mit sechs Bahnhöfen, aus denen Züge in verschiedene Richtungen fahren. Sie können uns zu Situationen des Leidens oder in Bereiche des Glücks, zu Freiheit und vollständigem Erwachen bringen. Beginnen nicht all unsere heilsamen und unheilsamen Handlungen mitsamt ihren karmischen Folgen an einem dieser Sinnestore? Der Geist und die Geistesobjekte – Gedanken, Überlegungen, Erinnerungen, Stimmungen, Emotionen – werden übrigens einfach als sechster Sinn betrachtet und sind damit so unpersönlich wie alle anderen Sinnesobjekte.

Im Satipaṭṭhāna Sutta lauten die Anweisungen des Buddha zum Umgang mit den Sinnesbereichen wie folgt:

> »Sodann, ihr Bhikkhus, verweilt er hinsichtlich der Dhammas, Dhammas in der Form der sechs innerlichen und äußerlichen Sinnesbereiche betrachtend. Und wie verweilt er hinsichtlich der Dhammas, Dhammas in der Form der sechs innerlichen und äußerlichen Sinnesbereiche betrachtend? Hier erkennt er das Auge, er erkennt Formen, und er erkennt die Fessel, die in Abhängigkeit von beiden entsteht, und er erkennt auch, wie eine nicht entstandene Fessel entstehen kann, wie eine entstandene Fessel überwunden werden kann und wie dem künftigen Entstehen der überwundenen Fessel vorgebeugt werden kann.«[2]

Weiter heißt es, auf die gleiche Weise sollten wir jede andere der sechs Sinnesgrundlagen (Ohren, Nase, Zunge, Körper und Geist) und ihre entsprechenden Objekte erkennen, mitsamt den Fesseln, die in Abhängigkeit von ihnen entstehen. Und wir sollten auch wissen, wie noch nicht entstandene Fesseln entstehen, wie bereits entstandene entfernt werden können und wie das zukünftige Entstehen von Fesseln vermieden werden kann.

DAS BEDINGTE ENTSTEHEN DES BEWUSSTSEINS

Wir mögen den ersten Teil der Anweisung – das Erkennen von Auge und Form, Ohr und Geräusch und so weiter – für nicht weiter bemerkenswert halten. Doch es gibt einen wichtigen Unterschied zwischen unserem gewöhnlichen Verständnis dieser Dinge und dem, worauf der Buddha hinweist. In unserer alltäglichen Art, die Welt zu erfahren, beziehen wir all diese Erfahrungen gewöhnlich auf jemanden, auf ein Selbst, welches dahinter steht: »Ich sehe«, »Ich höre«, »Ich denke.« Es ist zwar leicht, die Unbeständigkeit der verschiedenen Sinnes*objekte* zu erkennen, doch die bedingte, selbstlose Natur der Sinnesgrundlagen (Augen, Ohren, Nase, Zunge, Körper und Geist) zu begreifen, mitsamt dem Bewusstsein, das in Abhängigkeit von ihnen entsteht, ist schon schwieriger.

Sie können einmal damit experimentieren, bei Ihrer nächsten Mahlzeit genau auf die Sinnesgrundlage der Zunge zu achten und zu bemerken, welches Geschmacksbewusstsein daraus entsteht. Wie ist es, dieses etwas merkwürdige Sinnesorgan zu erleben, das sich im Mund herumbewegt, das Essen mischt sowie haptische Sinneseindrücke des Essens und verschiedene Geschmäcker und Aromen aufnimmt? Bei achtsamer Beobachtung dieses kleinen Dramas kann es scheinen, als hätte die Zunge einen eigenen Geist, als verfolgte sie ganz eigene Absichten. Mit etwas mehr Aufmerksamkeit bemerken wir, wie all ihre Bewegungen durch die Absichten des Geistes gesteuert werden.

Bei weiterer Erkundung können wir auch erkennen, wie jeder Augenblick des Geschmacksbewusstseins, des bewussten Erkennens von Geschmack, aus einer Verbindung von Ursachen entsteht: Wenn Nahrung, Zunge, Feuchtigkeit und Aufmerksamkeit zusammenkommen, entsteht das Geschmacksbewusstsein. Stellen Sie sich jetzt einen Moment lang vor, was mit diesem Bewusstsein geschähe, wenn die Zunge oder die Nahrung fehlte. Es ist offensichtlich, dass es dann keine bewusste Wahrnehmung von Geschmack gäbe; es entstünde kein Geschmacksbewusstsein. Diese Art von Erforschen hilft, die bedingte, selbstlose Natur des Bewusstseins zu erkennen, welche, wenn sie nicht hinterfragt wird, oft ein letztes Versteck des Empfindens eines Selbst ist.

Wir können jeden der Sinnesbereiche auf diese Weise erkunden und zu einer direkten, intuitiven Erfahrung der bedingten Natur des Bewusstseins der Sinnestore gelangen. Diese Art der Erfahrung mindert die Identifikation mit jedem der endlos ablaufenden Spiele der Phänomene. Wir merken: Jede Erfahrung ist einfach, was sie ist, und das »Ich« und »mein« haben damit nichts zu tun.

All dies wird wunderbar in einem Sutta der Gruppierten Sammlung der Lehrreden des Buddha zusammengefasst. Ein Bhikkhu namens Udāyi kam zu Ānanda und fragte:

>»›Bruder Ānanda, [die Natur] dieses Körpers ist vom Erhabenen in mancherlei Weise so gezeigt, enthüllt, erklärt worden: *So ist dieser Körper nicht das Ich.* Ist es möglich, ebenso [die Natur] dieses Bewusstseins zu zeigen, aufzuweisen, darzulegen, darzustellen, zu enthüllen, zu entwickeln, offenbar zu machen: *So ist dieses Bewusstsein nicht das Ich?*‹
>›Es ist möglich, Bruder Udāyi. Steigt da nicht, durch das Auge und die Formen bedingt, Sehbewusstsein auf …?‹
>›Gewiss, Bruder.‹
>›Was, wenn nun, Bruder, der Grund und die Bedingung für das Aufsteigen des Sehbewusstseins … vollkommen, ganz und gar völlig ohne Überrest aufgelöst würden, könnte dann noch Sehbewusstsein … zum Vorschein kommen?‹
>›Gewiss nicht, Bruder.‹
>›So ist also durch solche Darlegung des Erhabenen gezeigt, enthüllt, erklärt, wie dieses Bewusstsein nicht das Ich ist.‹«[3]

Wir können dieses Verständnis auch auf jeden anderen der Sinnesbereiche anwenden und erkennen, wie Bewusstheit selbst eine bedingte Erscheinung ist, ohne »ich«, ohne »selbst«, ohne »mein«.

Die japanische Zen-Äbtissin Teijitsu hatte die gleiche Erkenntnis, als sie schrieb:

>»Und also sah sie, wie Entstehen entstand, verweilte und zerfiel. … Sie sah, dass Erkennen entstand, verweilte und zerfiel. Da wusste sie, dass es nichts anderes gab als dies, keinen Grund, nichts, woran sie sich stärker anlehnen konnte als der Stock, den sie hielt, gar nichts zum Anlehnen, niemand, der sich anlehnte, und sie öffnete die geballte Faust in ihrem Geist und ließ los und fiel in die Mitte von allem.«[4]

Doch offenbar hält uns etwas davon ab, die geballte Faust unseres Geistes zu öffnen und uns in die Mitte von allem fallen zu lassen. Deshalb empfiehlt der Buddha im nächsten Teil der Anweisungen des Satipaṭṭhāna Sutta, nicht nur die Sinnesgrundlagen und ihre Objekte, Augen und Formen, Ohren und Geräusche und so weiter zu erkennen, sondern auch um die Fesseln oder Verunreinigungen zu wissen, die in Abhängigkeit von beiden entstehen: zu wissen, wie sie entstehen, wie sie entfernt und wie sie vermieden werden können.

In unserer Praxis können wir an allen sechs Sinnestoren das Entstehen der Fesseln beobachten. Das ist keine akademische Übung, vielmehr geht es hier um das Entstehen und das Beenden des Leidens in unserem Leben. In der »Feuerpredigt«, der dritten Lehrrede, die der Buddha nach seiner Erleuchtung hielt, macht er das sehr deutlich. Er bezog sich auf das Feuer, weil er zu einer Gruppe von tausend Mönchen sprach, die bis dahin als Asketen gelebt und das Feuer angebetet hatten.

> »Alles brennt, ihr Mönche. Und was alles brennt, ihr Mönche? Das Sehen, ihr Mönche, brennt, die sichtbaren Gestalten brennen, das Sehbewusstsein brennt, die Sehberührung brennt und was durch die Bedingung der Sehberührung entsteht, nämlich freudiges, leidiges oder neutrales Gefühl, auch das brennt. Durch was brennt es? Durch das Feuer des Begehrens, durch das Feuer des Hasses, durch das Feuer der Verblendung brennt es, durch Geburt, Alter, Tod, Kummer, Jammer, Schmerz, Leid und Verzweiflung brennt es, so sage ich.
> Das Hören brennt …, das Denken, die Gedanken brennen …
> So sehend, ihr Mönche, wird der belehrte, edle Schüler des Sehens überdrüssig, der sichtbaren Gestalten überdrüssig, des Sehbewusstseins überdrüssig, der Sehberührung überdrüssig und was durch die Bedingung der Sehberührung entsteht, nämlich freudiges, leidiges oder neutrales Gefühl, auch dessen wird er überdrüssig. Er wird des Hörens, des Riechens, des Schmeckens, des Tastens, des Denkens überdrüssig, des

> Denkbewusstseins überdrüssig, der Denkberührung überdrüssig und was durch die Bedingung der Denkberührung entsteht, nämlich freudiges, leidiges oder neutrales Gefühl, auch dessen wird er überdrüssig. Überdrüssig löst er sich ab, abgelöst befreit er sich.«[5]

Da es unwahrscheinlich ist, dass jemand von uns das Feuer angebetet hat, kann es nützlich sein, zu ergründen, wie wir das Entstehen der Verunreinigungen erleben. Manche Menschen nehmen es vielleicht als Brennen wahr, andere als eine Anspannung oder als Stress oder Unwohlsein. Vielleicht hätte der Buddha diese Rede heutzutage »Stressabbau-Predigt« genannt.

Mit Verunreinigungen praktizieren

Wir können das Entstehen der Verunreinigungen schneller bemerken, wenn wir uns nicht nur der Art der Fessel bewusst sind, die aus dem Sinneskontakt entsteht – sei es eine Form der Gier oder Verlangen, Abneigung oder Widerwillen oder ein teilnahmsloses Nichtwissen –, sondern auch wahrnehmen, wie wir uns dabei energetisch fühlen. Dieses direkte Spüren kann uns motivieren, sie loszulassen, weil wir dabei direkt das damit verbundene Leiden erleben. Es ist, als hielte man glühende Kohle: Sobald wir erst einmal das Brennen spüren, brauchen wir keine weitere Ermutigung, sie fallen zu lassen.

In unserer Praxis können wir diese Anweisungen des Buddha jeweils auf das gerade vorherrschende Sinnestor beziehen. Angenommen, wir sitzen und spüren, wie der Atem durch unsere Nasenlöcher strömt, oder wir spüren die Bewegungen der Brust oder des Bauches, dann können wir darauf achten, ob damit ein Widerstand oder ein Verlangen einhergeht. Manchmal sind die Verunreinigungen, die Fesseln, sehr offensichtlich, zu anderen Zeiten sind sie äußerst subtil und zeigen sich vielleicht nur in einem leichten Festhalten des Geistes oder in einem kaum spürbaren inneren Druck. Der dazu passende taoistische Spruch lautet: »Der Fluss lässt sich nicht antreiben.« Wie der Fluss strömt auch der Atem ganz gut in seinem eigenen Tempo. Doch häufig wollen wir die Dinge irgendwie anders haben, besser machen.

Es gibt einen großen Unterschied zwischen dem verlangenden Geist, der sich ganz auf die Erfahrung einlassen will, und der echten Offenheit, die keine Vorlieben hat. Das bedeutet nicht, dass wir plötzlich aufhören, Entscheidungen zu treffen. Doch indem wir uns achtsam den Sinnestoren zuwenden, können wir üben, uns – und sei es auch nur kurz – in einen Geist hinein zu entspannen, der nicht durch Verlangen geprägt ist.

Wir können das Entstehen der Fesseln an den Sinnestoren nicht nur während der Sitzmeditation erkunden, sondern auch zu anderen Zeiten. Es mag zum Beispiel Geräusche oder Anblicke geben, die wir als anziehend oder als störend empfinden, oder Aromen von Nahrung oder Gedanken und Fantasien, die uns davontragen.

Ich stelle mir manchmal vor, die verschiedenen Sinnesobjekte hätten kleine Haken, in denen wir uns beim Entstehen des Sinneskontakts verfangen, bis sie vergehen.

> »Formen, Töne, Geschmäcke, Gerüche, Tastgefühle und die Dinge alle, sie sind ein schlimmes Lockmittel für die Welt, in sie ist die Welt verstrickt. Darüber hinweggekommen ist der besonnene Schüler des Erleuchteten, weggekommen über den Bereich des Todes strahlt er wie die Sonne.«[6]

Wir kennen also die Augen, die sichtbaren Formen und die Fesseln, die in Abhängigkeit von beiden entstehen; wir wissen um die Ohren und die Geräusche, die Nase und die Gerüche, die Zunge und die Geschmäcker, den Körper und die Empfindungen, den Geist und die Geistesobjekte und die jeweiligen Fesseln, die in Abhängigkeit von ihnen entstehen. Es sind genau diese sechs Sinnesbereiche, in denen wir uns entweder durch Verlangen, Abneigung oder Täuschung verfangen oder in denen wir frei bleiben können. Deshalb legte der Buddha so viel Wert darauf, sie zu verstehen und sie achtsam wahrzunehmen.

24

Das Rad von Saṃsāra

Wir wollen diese Erkundung der sechs Sinnesbereiche fortsetzen und uns dabei besonders auf den letzten Teil der Anweisungen konzentrieren:

> »Er erkennt auch, wie eine nicht entstandene Fessel entstehen kann, wie eine entstandene Fessel überwunden werden kann und wie dem künftigen Entstehen der überwundenen Fessel vorgebeugt werden kann.«[1]

Hier wissen wir nicht nur, dass Fesseln entstehen können, sondern auch, wie sie entstehen und wie wir uns von ihrem Einfluss befreien können. Dafür müssen wir uns genauer die Ursachen und Bedingungen anschauen, aus denen Fesseln und Verunreinigungen entstehen, und welcher Prozess dabei in unserem Körper und Geist abläuft.

Unser Vorgehen lässt sich durchaus mit wissenschaftlicher Forschung vergleichen. Vor einiger Zeit stand in der *New York Times* ein Artikel über die großen Fortschritte der Genforschung. Darin wurde festgestellt, je präziser das Verständnis des genetischen Prozesses ist, desto spezifischer können diese Erkenntnisse zur Heilung von Krankheiten genutzt werden. In buddhistischen Texten wird der Buddha oft als der »große Arzt« bezeichnet, weil er die Ursachen von Leiden genau untersuchte und daraus Heilmittel ableitete. Das ist das große Geschenk der Lehren: Wir müssen die Arbeit zwar selbst machen, aber wir brauchen nicht selbst herauszufinden, wie es geht. Ein bekanntes buddhistisches Chanting erinnert uns an die verschiedenen Qualitäten des Dharma: Es ist hier und jetzt zu verwirklichen, zeitlos, lädt ein zum »Komm und sieh«, bringt uns weiter und wird von den Weisen praktiziert.

BEDINGTES ENTSTEHEN

Die Lehre, die den Ursprung und die Befreiung von Leiden am genauesten auf den Punkt bringt, ist die tiefgreifende Analyse, die wir »bedingtes Entstehen« nennen. Manchmal wird es auch als das Entstehen und Vergehen der Welt bezeichnet. Die übliche Beschreibung des bedingten Entstehens umfasst zwölf Glieder und beginnt mit Unwissenheit und willentlichen Handlungen, welche traditionell als die aus vergangenen Leben herrührenden Ursachen für die gegenwärtige Wiedergeburt betrachtet werden. Der Buddha beschreibt im Folgenden jedoch, was allein in diesem Leben bedingt, dass die Verunreinigungen entstehen, und so das Rad der samsarischen Existenz weiterrollen lassen:

> »Welches, ihr Bhikkhus, ist der Welt Ursprung? Infolge des Sehens und der (sichtbaren) Formen entsteht das Bewusstsein des Sehens; die Verbindung der drei ist die Berührung. Aus der Berührung als Ursache entsteht die Empfindung; aus der Empfindung als Ursache entsteht der Durst; aus dem Durst als Ursache entsteht das Erfassen; aus dem Erfassen als Ursache entsteht das Werden; aus dem Werden als Ursache entsteht die Geburt; aus der Geburt als Ursache entstehen Alter und Tod, Schmerz, Kummer, Leid, Betrübnis und Verzweiflung. Dies, ihr Bhikkhus, ist der Welt Ursprung.«[2]

Die Glieder des bedingten Entstehens beschreiben sowohl die großen Zyklen von Geburt, Tod und Wiedergeburt in verschiedenen Existenzebenen als auch – etwas unmittelbarer anwendbar – den Prozess, der die Entfaltung unseres gegenwärtigen Lebens bestimmt. Da wir bereits geboren wurden, sind die Sinnesbereiche schon vorhanden. Abhängig von den Sinnesbereichen entsteht unausweichlich Kontakt (das Zusammentreffen der Sinnesgrundlagen mit den Sinnesobjekten und dem Bewusstseins). Mit dem Kontakt entsteht das Gefühl, welches das Objekt als angenehm, unangenehm oder neutral einstuft.

Die Kette des bedingten Entstehens durchbrechen

Damit befinden wir uns an einem kritischen Punkt: In diesem Zusammentreffen von Sinnesbereichen, Kontakt und Gefühl zeigt uns der Buddha den Weg aus dem Leiden, das Tor zur Freiheit. Wird dem Kontakt und dem Gefühl mit unweiser Aufmerksamkeit begegnet, so folgt als erlernte Reaktion auf angenehme Erfahrungen Verlangen; auf unangenehme Erfahrungen Abneigung; auf neutrale Erfahrungen Dumpfheit oder Verblendung. Doch indem wir den Kontakt und das Gefühl achtsam wahrnehmen, durchbrechen wir genau an dieser Stelle die Kette des bedingten Entstehens und es folgt kein Verlangen, kein Anhaften, weder Werden noch ein Kreislauf von Geburt und Tod.

Die Frage ist, wie wir daraus eine sinnvolle Praxis machen können, damit es nicht nur eine interessante Idee bleibt. Es gerät leicht aus dem Blick, dass es dem Buddha immer um die direkte Erfahrung dessen geht, was Leiden erzeugt und wie wir uns davon befreien können. Wir können den Sinnesbereichen, dem Kontakt und den Gefühlen auf unterschiedliche Weise achtsam begegnen. Wir können einfach das Auftauchen der verschiedenen Sinnesobjekte bemerken – Anblicke, Geräusche, Gerüche, Geschmäcker, Körperempfindungen und Gedanken. Oder wir achten mehr auf den Prozess des Kontaktes: Sehen, Hören, Riechen, Schmecken, Berühren und Denken. Dies ist der Moment, in dem die Sinnesgrundlage, das Sinnesobjekt und das Bewusstsein zusammenkommen.

Manchmal betonen wir vielleicht den wissenden Aspekt und ruhen in der Erkenntnis. Dann bemühen wir uns weniger darum, den Geist auf ein Objekt auszurichten, sondern üben uns eher in empfänglichem Gewahrsein, der Leichtigkeit des bloßen Erkennens dessen, was erscheint. Wir brauchen uns in allen Situationen lediglich daran zu erinnern, dass nur sechs Dinge geschehen – das ist alles. Indem wir auf diese Art wiederholt bemerken, was entsteht, entkommen wir den Komplexitäten unserer Lebensgeschichten und ruhen in der schlichten momentanen Erfahrung. Achtsamkeit bedeutet nicht, Sinneseindrücke und Gefühle zu vermeiden oder abzuschneiden – was ohnehin unmöglich wäre. Achtsamkeit bedeutet vielmehr, einfach zu bemerken, was von Moment zu Moment erscheint.

Während wir die Sinnesobjekte oder den Kontakt bemerken oder einfach im Erkennen verweilen, kann es sich jedoch zeigen, dass wir uns weiterhin in Reaktionen verwickeln und nach wie vor Fesseln und Verunreinigungen auftauchen. Dann kann es hilfreich sein, die Art des Gefühls im Geist zu benennen: »Angenehm, angenehm«, »Unangenehm, unangenehm.« Oder wir können die Gefühle konkret bezeichnen.

Manchmal hilft auch eine doppelte Benennung – »Kontakt, angenehm« oder »Kontakt, unangenehm« –, den Geist aus seiner Verstrickung mit dem Objekt zu lösen. Der Begriff »Kontakt« bringt uns mit dem jeweiligen Sinnesobjekt direkt in Berührung, während »angenehm« oder »unangenehm« uns daran erinnert, das Gefühl achtsam zu bemerken, statt unbewusst darauf zu reagieren.

Achtsamkeit auf Verlangen

Es scheint so einfach: Die Sinnesbereiche, den Kontakt und das Gefühl achtsam wahrnehmen, und schon hat das Leiden ein Ende. Doch wir alle wissen, wie uns alte Gewohnheiten und Neigungen an diesen Toren zur Freiheit vorbeischießen lassen. Nur allzu oft merken wir erst, was geschieht, wenn wir uns bereits im Klammergriff des Verlangens befinden. Zum Glück führt ein Verständnis der nächsten Glieder dieser Kette zu etlichen weiteren Möglichkeiten, den Geist zu befreien.

Verlangen entsteht aufgrund von konditionierten Gefühlen. An dieser Stelle können wir auf das Verlangen selbst achtsam sein. Dieser Teil der Praxis ist äußerst erhellend, weil wir damit eine der grundlegenden Kräfte des Lebens erkunden. »Verlangen« ist die übliche Übersetzung des Pali-Wortes *Taṇhā,* welches auch als »Gier, Hunger, Durst« verstanden werden kann. Seine zentrale Bedeutung kommt in dem Lied der Erleuchtung zum Ausdruck, das dem Buddha unmittelbar nach seinem Erwachen unter dem Bodhi-Baum entsprang. In den letzten Zeilen, die den befreiten Zustand verkünden, heißt es: »Verwirklicht ist das Unbedingte, das Ende des Verlangens ist erlangt.«

Wir mögen noch nicht so weit sein, dass wir das selbst so bekunden könnten, doch wir können anfangen, die Kraft von *Taṇhā,* von Verlangen, klarer zu begreifen, und zumindest für kurze Momente die Freiheit erfahren, die mit seinem Überwinden einhergeht. Wir können das in unserer eigenen Praxis üben, indem wir es bemerken, sobald ein simples Verlangen im Geist erscheint. Das kann der Wunsch nach einer Tasse Tee, einem Stück Schokolade oder dem nächsten Urlaub sein. Wir können versuchen, das Verlangen achtsam zu bemerken, ohne uns darin zu verlieren und ohne es zu verdrängen. Wir können spüren, wie sich die Energie des Wollens im Körper anfühlt. Während wir das Verlangen achtsam bemerken, zeigt sich, dass es auch irgendwann wieder verschwindet. Seien Sie sich dieses Moments besonders bewusst, denn in ihm liegt eine wesentliche Erkenntnis über die vergängliche Natur des Verlangens selbst. Es wird klar, dass ein Verlangen nicht erfüllt werden muss, um sich aufzulösen. Wie auch alles andere, so entsteht und vergeht Verlangen von selbst.

Manchmal vergeht Verlangen und kehrt nicht zurück. In dem Fall haben wir zumindest für diesen Augenblick die Kette des bedingten Entstehens durchbrochen. Zu anderen Zeiten scheint das Verlangen jedoch nur auf einen unachtsamen Augenblick zu lauern, um wiederzukehren, und dann wird es durch das nächste Glied der Kette, die Anhaftung, gestärkt. Jetzt wird die Sache etwas ernster. Dies ist unsere letzte Chance, denn danach folgt in der Regel die Handlung. Doch es ist auch ein sehr interessanter Punkt der geistigen Aktivität.

An dieser Stelle können wir den Unterschied zwischen Verlangen und Anhaften bemerken. Verlangen ist das Wollen, der Durst nach etwas. Anhaften ist das Festhaltenwollen, das Greifen nach dem Objekt des Verlangens oder manchmal sogar nach dem Verlangen selbst.

Ich stelle fest, dass ich häufig weniger vom eigentlichen Objekt als von der Energie des Wollens angezogen werde. Ich halte vielleicht an dem Gedanken des Wollens fest, weil ich fürchte, mir könnte sonst etwas fehlen. Es scheint mir dann, als ob das Objekt des Verlangens eigentlich sekundär ist und es mir mehr darum geht, ein Gefühl des Mangels zu vermeiden. An dieser Stelle treten eine Menge verführerischer Gedanken auf den Plan wie: »Warum sollte ich nicht noch einen zweiten (dritten) Keks nehmen? Das wird mir mehr Energie geben«, oder: »Tu dir doch mal was Gutes.« So finden wir gute Gründe für unser Verlangen, statt es nur zu beobachten.

Uns so auf der Erfahrungsebene mit diesen Gliedern der Kette des bedingten Entstehens vertraut zu machen – Sinnesbereiche, Kontakt, Gefühl, Verlangen, Anhaften –, entspricht den Anweisungen, die uns der Buddha im Satipaṭṭhāna Sutta gegeben hat: »Er erkennt auch, wie eine nicht entstandene Fessel entstehen kann, wie eine entstandene Fessel überwunden werden kann und wie dem künftigen Entstehen der überwundenen Fessel vorgebeugt werden kann.« Dabei gilt es zu bedenken, dass der Buddha sich immer auf Leiden bezieht, sooft er über Fesseln und Verunreinigungen spricht. Diese Praxis ist daher sehr alltagstauglich und ein Schlüssel zu Frieden und Glück.

DIE BEDINGTE NATUR DER WAHRNEHMUNG

In seinem Buch *Der direkte Weg* verweist Anālayo auf einen weiteren tief eingeprägten Ablauf, der mit den Sinnesbereichen beginnt und in all den komplexen Verstrickungen unserer mentalen Projektionen endet. Diesen Ablauf zu verstehen ist ein weiterer Weg, die Anweisung des Buddha zum Erkennen des Entstehens, des Überwindens und des Vermeidens von Fesseln anzuwenden. Es geht dabei um den Kontakt mit den Sinnesbereichen als Grundlage für Gefühle und Wahrnehmungen. Dieser Faktor der Wahrnehmung kann dann zu sich vermehrenden Gedanken und sich ausbreitenden Vorstellungen führen. Es ist hilfreich, zu erkunden, wie all dies passiert und was es für unsere Lebensführung bedeutet.

Wie bereits erwähnt, ist die Wahrnehmung der mentale Faktor, welcher Erfahrung interpretiert, indem er die bezeichnenden

Merkmale eines Objekts erkennt und erinnert. Auf der simpelsten Ebene erkennt die Wahrnehmung den Unterschied zwischen rot und blau, zwischen heiß und kalt, zwischen Mann und Frau. Doch es gibt hier einen Aspekt, der für unsere Freiheit entscheidend ist: Wahrnehmungen sind nicht absolut. Sie sind auf vielen Ebenen bedingt. Zu den großen Missverständnissen, mit denen die meisten von uns durchs Leben gehen, gehört, dass unsere Wahrnehmung unserer selbst und der Welt im Wesentlichen zutreffend und wahr sei und eine stabile, absolute Wirklichkeit spiegele. Dieser Irrglaube führt zu sehr viel Leiden, sowohl global als auch in unseren persönlichen Lebenssituationen.

Beispiele für die relative, bedingte Natur der Wahrnehmung sind leicht zu finden. Zum einen beruht die Art, wie wir die Dinge sehen, auf unserer karmischen Ausgangssituation. Was für einen Geier eine köstliche Mahlzeit ist, erscheint uns als sehr unappetitliches verwesendes Fleisch. Dasselbe Objekt, unterschiedliche Wahrnehmungen.

Auch kulturelle Bedingungen beeinflussen unsere Sichtweise. Wir brauchen nur in den Nahen Osten zu schauen: Für die einen sind Selbstmordattentäter brutale Terroristen, die anderen betrachten sie als Märtyrer einer heiligen Sache.

Der buddhistische Gelehrte Rune Johansson schrieb: »Die Dinge werden durch die Linse unserer Verlangen, Vorurteile und Abneigungen wahrgenommen und entsprechend transformiert.«[3]

Wir können die Voreingenommenheit unserer Wahrnehmung auch in den ganz gewöhnlichen Umständen unseres Alltags erkennen. Vor einigen Jahren war ich in einen emotional stark aufgeladenen Organisationskonflikt verwickelt. Für mich stand außer Zweifel, dass ich die Situation ganz klar sah. Natürlich waren jene, die auf der Gegenseite standen, derselben Meinung. Die Auseinandersetzung heizte sich auf, und die Gefühle des Ärgers und der Abwehr nahmen zu. An einem gewissen Punkt wurde mir mein eigenes Leiden und das der anderen bewusst. Ich trat einen Schritt zurück und stellte mir eine äußerst befreiend wirkende Frage: »*Warum* fühlen die anderen so? Wie nehmen sie die Situation wahr?«

Sobald ich nicht mehr so stark an meiner eigenen Wahrnehmung der Dinge festhielt, verwickelte ich mich nicht mehr so leicht in Anklagen und Bewertungen und konnte die starken Gefühle der anderen besser verstehen.

Der japanische Zen-Meister des 16. Jahrhunderts Bankei hat diese Bereitschaft, die *Anhaftung* an die eigene Wahrnehmung aufzugeben und sie als relativ und begrenzt zu erkennen, in dem Spruch auf den Punkt gebracht: »Ergreife nicht für dich selbst Partei.« Damit ist natürlich nicht gemeint, wir sollten all unsere Ansichten fallen lassen und uns immer der Meinung und den Ideen der anderen anschließen. Es gilt vielmehr zu erkennen, dass alle Perspektiven bedingt sind, und dann mit möglichst viel Weisheit die beste Lösung zu finden.

Unsere Wahrnehmungen sind auch durch die latenten Neigungen des Geistes geprägt, durch die gewohnten Projektionen, die unsere Sicht unserer selbst und der Welt färben. In Bezug auf die Meditation ist zum Beispiel eine weit verbreitete Ansicht, eine angenehme Sitzmeditation sei gut und eine unangenehme oder schmerzhafte schlecht. Obwohl wir vielleicht intellektuell wissen, dass das nicht wahr ist, bewirkt unsere durch die latente Neigung zu Verlangen und Abneigung geprägte Wahrnehmung diese gefühlte Bewertung. Das Besondere an der Art, wie der Buddha den Geist versteht, ist die Erkenntnis, dass Wahrnehmungen, die durch mentale Gewohnheiten geprägt wurden, auch durch Übung dahingehend verändert werden können, dass sie Glück und Freiheit fördern.

Die vier Verkehrtheiten der Wahrnehmung

Der Buddha sprach von vier großen Verkehrtheiten der Wahrnehmung, die uns an das Rad von Saṃsāra, das Rad der bedingten Existenz, gefesselt halten. Er nannte sie »Verkehrtheiten«, weil wir die Dinge in Bezug auf Glück und Freiheit irrtümlich wahrnehmen, obwohl wir meinen, sie richtig zu sehen.

Ein kleines Beispiel: Während eines Retreats übte ich auf dem Parkplatz des Meditationszentrums Gehmeditation, als ich sah, wie ein Vogel immer wieder sein Spiegelbild in der Stoßstange eines Autos anflog, in der irrigen Ansicht, dort sei ein anderer Vogel. Wie oft fliegen wir in unserem Leben in irrtümliche Wahrnehmungen?

Die vier wichtigen Verzerrungen der Wahrnehmung, auf die der Buddha hinweist, lauten:

- *Das Unbeständige für beständig halten*

Als Erstes halten wir das Unbeständige für beständig. Unsere erste Reaktion auf diese Aussage mag sein, dass wir es abstreiten – »Natürlich weiß ich, dass die Dinge unbeständig sind« –, doch es intellektuell und gelegentlich durch Erfahrung zu wissen, bedeutet noch lange nicht, dass wir es in jedem Augenblick leben und manifestieren.

Das Vorhandensein von Anhaften ist ein nützliches Feedback dazu. Es zeigt, dass wir nicht klar und tief die unbeständige Natur dessen sehen, was erscheint. Wir denken irrigerweise, eine bestimmte Erfahrung sei es wert, festgehalten zu werden. Damit ist nicht gemeint, dass wir uns vor Erfahrungen verschließen sollten, wir sollten sie nur nicht festhalten wollen.

- *Das Unschöne für schön halten*

Die zweite Verkehrtheit der Wahrnehmung entsteht, wenn wir das Unschöne für schön halten, das Unattraktive attraktiv finden. Es gibt zahlreiche Beispiele, wie wir uns von oberflächlichen Erscheinungen zu irrigen Wahrnehmungen verlocken lassen. Die enorme Kosmetik- und Werbeindustrie zielt darauf ab, dass wir unsere menschlichen Körper als schöner und perfekter wahrnehmen sollen, als sie tatsächlich sind.

Wenn wir diese Verkehrtheit der Wahrnehmung begreifen, werden wir frei, die Dinge aus verschiedenen Blickwinkeln zu sehen und verschiedene geschickte Mittel einzusetzen, um die Anhaftung loszulassen.

Das bedeutet nicht, dass wir die Erfahrung von Schönheit abweisen sollen. In den Pali-Suttas preisen viele Gedichte die Schönheit der Natur und den Frieden, der in ihr zu finden ist. Auch in den Lehren des Buddha werden alle heilsamen Geisteszustände als schön bezeichnet, womit eine tiefe Wertschätzung wahrer Schönheit zum Ausdruck gebracht wird. Doch wenn uns die Lust nach einer schönen Form ergriffen hat oder wir uns in Anhaftung verwickelt haben, erinnert uns das Verständnis dieser Verkehrtheit daran, tiefer zu schauen. Der unschöne Aspekt dieser Situationen wird deutlicher, wenn wir uns das Objekt näher betrachten oder uns seine wechselhafte Natur und letztlich seinen Verfall vergegenwärtigen.

◎ *Das Unbefriedigende für Glück halten*

Die dritte Verkehrtheit der Wahrnehmung verwechselt das Leiden oder das Unbefriedigende mit Glück. Das meiste dessen, was die Welt »Glück« nennt, beruht auf dem Genuss der Sinnesfreuden. Wir verbringen so viel Zeit damit, nach der nächsten angenehmen Erfahrung zu suchen, und arbeiten hart um des zukünftigen Genusses willen. Doch da aller Genuss unbeständig ist, hat die Suche nie ein Ende. Wie Nasruddin, eine Figur aus den Lehrgeschichten der Sufi-Tradition, sagte, als er eine brennend scharfe Chilischote nach der anderen aß: »Ich hoffe auf eine süße.«

Manchmal lassen wir uns von kleinen Vergnügungen verlocken, die viel größeres Leiden nach sich ziehen. Bei den Süchten ist das ganz deutlich, doch es passiert auch im Alltäglichen. Kürzlich sah ich in einer Statistik, wie schädlich es für unser Gehör ist, laute Rockkonzerte zu besuchen oder über Kopfhörer allzu laut Musik zu hören. Doch aus irgendwelchen Gründen meinen wir, diese schädliche Lautstärke mache uns glücklich.

Bei dieser Verkehrtheit der Wahrnehmung denken wir auch oft irrigerweise, das Wollen selbst mache glücklich. Haben Sie je erlebt, dass Sie die Idee hatten, da gäbe es etwas, das Sie unbedingt haben oder tun müssten? Und diese Idee nimmt geradezu zwanghafte Ausmaße an und hört nur auf, wenn Sie bekommen oder tun, was Sie wollen, oder das Verlangen verschwindet? Während dieser ganzen Zeit denken wir, dies bedeute Glück, bis wir endlich aufhören, es zu wollen, und die Erleichterung spüren, die damit einhergeht. Es entbehrt nicht einer gewissen Ironie, dass das, was die Welt »Leiden« nennt – Entsagung, Mäßigung an den Sinnestoren, Stille, Einfachheit, Umgebungen mit wenig Unterhaltungswert und Ablenkungen –, genau das ist, was der Buddha »Glück« nennt, wegen der Leichtigkeit, der Offenherzigkeit und des inneren Friedens, die damit verbunden sind.

Indem wir diese Verkehrtheit der Wahrnehmung durchschauen und aufhören, das letztlich Unbefriedigende als befriedigend zu betrachten, entsteht die Grundlage für tiefes Mitgefühl. Es heißt, nach seiner Erleuchtung sei es Mitgefühl gewesen, das den Buddha bewegt hatte zu lehren. Er sah all die Wesen, die nach Glück suchten, die Glück wollten und doch genau das taten, was Leiden hervorbringt. Das Durchschneiden unserer eigenen Verkehrtheiten kann *Bodhicitta* fördern: den Wunsch, zu erwachen, um den Wesen zu helfen, wahres Glück zu finden.

Das Nicht-Selbst für das Selbst halten

Die letzte Verkehrtheit der Wahrnehmung hält das Nicht-Selbst für das Selbst. Wir können dies jeden Tag viele Male beobachten. Achten Sie einmal darauf, wie oft Sie sich mit Körperempfindungen oder Gedanken oder Emotionen als »Ich« oder »Selbst« identifizieren. Oder wir identifizieren uns mit dem Erkennen all dieser Erfahrungen und erzeugen damit ein Empfinden des Selbst als Beobachter.

Zu den befreiendsten Aspekten der Lehren gehört die Erinnerung, dass Wahrnehmungen durch geistige Gewohnheiten entstehen, was bedeutet, dass sie auch durch Übung beeinflusst werden können. Es sollte nicht übersehen werden, dass diese Lehren die Macht haben, uns zu befreien. Der Buddha sprach von zwei Arten übernatürlicher Kräfte.

Die einen sind jene, von denen Sie vielleicht schon gelesen haben: Menschen, die durch die Lüfte fliegen, durch das himmlische Auge andere Existenzbereiche sehen und Gedanken lesen können. Die meisten von uns werden diese Erfahrungen nicht aus eigenem Erleben kennen, doch vielleicht haben wir von manchen unserer Lehrerinnen und Lehrer Berichte aus erster Hand gehört. Diese Kräfte mögen faszinierend wirken, doch der Buddha hielt sie nicht für wichtig, denn bei den Unerleuchteten seien diese weltlichen Kräfte mit Anhaftung und Makeln verbunden.

Die zweite Art von übernatürlichen Kräften werden die »edlen« genannt, weil sie nicht mit derartigen Verunreinigungen einhergehen. Der Buddha beschrieb diese Kräfte als die Meisterschaft über die eigenen Wahrnehmungen. Diese Meisterschaft entsteht durch die Kraft der Achtsamkeit. Anālayo schreibt dazu:

»Die Anwesenheit von *Sati* [Achtsamkeit] wirkt unmittelbar automatischen und unbewussten Arten des Reagierens entgegen, die so typisch für Gewohnheiten sind. Indem man *Sati* auf die anfänglichen Phasen des Wahrnehmungsprozesses richtet, kann man die Wahrnehmung trainieren und dadurch Gewohnheitsmuster umformen.«[4]

TRAINING UNSERER WAHRNEHMUNG

Als Gegenmaßnahme zu den Verkehrtheiten der Wahrnehmung empfahl der Buddha, andere Arten der Wahrnehmung zu kultivieren. Und genau in diesem Abschnitt des Satipaṭṭhāna Sutta über die Achtsamkeit auf die Sinnesbereiche erfahren wir, wie wir unsere Wahrnehmung auf günstigere Weise trainieren können.

Anālayo weist darauf hin, dass dieses Training nichts mit Reflexion oder Überlegung zu tun hat, sondern lediglich damit, ein bestimmtes Merkmal eines Objekts bewusst wahrzunehmen – oder anders gesagt, sich dessen bewusst zu sein, dass es aus einem bestimmten Blickwinkel erlebt wird. Wir können üben, die allgemeinen Merkmale aller Erfahrungen zu erkennen – das heißt ihre unbeständige, unbefriedigende und selbstlose Natur. Oder wir üben unsere Wahrnehmung auf eine Weise, die zu unserer persönlichen Konditionierung passt.

Zur Zeit des Buddha gab es einen Mönch, der über die unschönen Aspekte des Körpers kontemplierte. Er übte fleißig viele Monate lang, ohne rechte Fortschritte zu machen. Der Buddha erfuhr davon und sah durch sein himmlisches Auge, dass dieser Mönch viele Leben lang Goldschmied gewesen war und daher ein sehr stark ausgeprägtes Gespür für Schönheit hatte. Mithilfe seiner geistigen Kräfte erschuf der Buddha einen wunderschönen goldenen Lotus, der sich langsam veränderte und schließlich zerfiel. Als der Mönch damit die Unbeständigkeit betrachtete, fand er alsbald Erleuchtung.

Dem Training unserer Wahrnehmung dient auch, jene Merkmale der Erfahrungen zu erkennen, die unsere eigenen unheilsamen geistigen Neigungen ausgleichen. Angenommen, wir tragen viel Abneigung in unserem Geist und neigen zu Reizbarkeit, Ärger und Übelwollen, dann können wir üben, die guten und schönen Aspekte der anderen zu erkennen, was zur Grundlage für Mettā und liebevolle Gefühle führt.

Für Übende, die sich häufig in Lust verlieren, kann es hilfreich sein, die unschönen Aspekte des Körpers zu betrachten. Wie bereits erwähnt, befasst sich ein ganzer Abschnitt des Satipaṭṭhāna Sutta mit der Betrachtung verschiedener Stufen der Verwesung von Leichen. Die abschließende Übung dieser edlen übernatürlichen Kraft der Meisterschaft über die eigenen Wahrnehmungen besteht darin, in Gleichmut und Gelassenheit zu verweilen und achtsam und vollständig bewusst alles wahrzunehmen, was erscheint.

Bei all diesen Arten des Trainings der Wahrnehmung beruhen unsere Entscheidungen auf Weisheit und nicht auf gewohnter Reaktivität.

DER REFRAIN

Wie bei allen anderen Anleitungen des Suttas folgt auch auf den Abschnitt über die Sinnesbereiche der Refrain, in dem es darum geht, wie diese Betrachtung entwickelt werden soll.

> »Auf diese Weise verweilt er hinsichtlich der Dhammas, Dhammas innerlich …, äußerlich …, sowohl innerlich als auch äußerlich betrachtend. Er verweilt, die Natur des Entstehens …, des Vergehens …, sowohl des Entstehens als auch des Vergehens in den Dhammas betrachtend.«

Innerlich, äußerlich und sowohl innerlich als auch äußerlich bedeutet, wir bemerken, wie die Sinnesbereiche und alle aus ihnen entstehenden Konditionierungen in uns selbst, in anderen und sowohl in uns selbst als auch in anderen wirken. Je mehr wir unseren eigenen Prozess der Konditionierung verstehen und sehen, wie unsere Wahrnehmungen beeinflusst und von tief verwurzelten, meist unbewusst aktivierten Denkgewohnheiten gefärbt sind, desto mehr verstehen wir, wie andere Menschen zu ihren eigenen Ansichten gelangen. Das unterscheidet sich sehr davon, an unseren eigenen

Ansichten und Sichtweisen anzuhaften. Meditations-Retreats machen uns immer wieder demütig, weil wir dabei so unmittelbar den Umfang und die Tiefe unserer eigenen geistigen Prägungen erkennen. In der Öffnung dafür können Bescheidenheit und Großherzigkeit entstehen.

Also beachten wir die Sinnesbereiche innerlich, äußerlich und sowohl innerlich als auch äußerlich. Wir betrachten auch das Entstehen und Vergehen der Erfahrung in den sechs Sinnesbereichen. Am leichtesten können wir dies bei der Unbeständigkeit der Sinnesobjekte beobachten: Anblicke, Geräusche, Gerüche, Geschmäcker, Empfindungen und Gedanken. Mit etwas mehr Aufmerksamkeit bemerken wir auch die Unbeständigkeit der Sinnesgrundlagen selbst. Die Betrachtung des Entstehens und Vergehens der Phänomene ist auch das Tor zum Erkennen der anderen Merkmale. Indem wir die Unbeständigkeit der inneren und äußeren Erscheinungen erleben, begreifen wir zugleich ihre unbefriedigende und selbstlose Natur.

Der Buddha beschließt den Refrain dann mit den Worten:

> »Die Achtsamkeit ›Dhammas sind da‹ ist in ihm gegenwärtig in dem Maße, das zum reinen Erkennen und für andauernde Achtsamkeit erforderlich ist. Und er verweilt unabhängig, an nichts in der Welt haftend. Genau so verweilt er hinsichtlich der Dhammas, Dhammas in der Form der sechs innerlichen und äußerlichen Sinnesbereiche betrachtend.«[5]

Mitgefühl und Liebe sind keine bloßen Luxusgüter.
Als die Quelle von innerem und äußerem Frieden
sind sie grundlegend für das Überleben unserer Spezies.

S. H. der XIV. Dalai Lama

Anhang A

Übersetzung des Satipaṭṭhāna Sutta von Anālayo[1]

Anālayo, 1962 in Deutschland geboren, wurde 1995 in Sri Lanka als buddhistischer Mönch ordiniert. Satipaṭṭhāna war das Thema seiner Doktorarbeit an der Universität von Peradeniya. Derzeit widmet er sich dem Schreiben, Lehren und der Praxis der Meditation.

ÜBERSETZUNG DES SATIPAṬṬHĀNA SUTTA

So habe ich gehört: Einmal lebte der Erhabene im Land der Kuru bei einer ihrer Städte namens Kammāsadhamma. Dort sprach er die Mönche an: »Ihr Mönche!« – »Ehrwürdiger«, antworteten sie. Der Erhabene sagte dies:

[DIREKTER WEG:][2]

»Ihr Mönche, dies ist der direkte Weg zur Läuterung der Wesen, zur Überwindung von Kummer und Wehklage, zum Beenden von *Dukkha* und Betrübtheit, zur Erlangung der richtigen Methode, zur Verwirklichung von *Nibbāna,* nämlich die vier *Satipaṭṭhānas.*

....

1 Textgrundlage der Übersetzung: M I 55-63 (= Majjhima-nikâya, Sutta Nr. 10).

2 Zum erleichterten Auffinden bestimmter Passagen der Lehrrede habe ich [d.i. Anālayo] jeden Abschnitt mit einer kurzen Überschrift versehen, die sich nicht im Original findet.

[DEFINITION:]
Welche vier? Hier, ihr Mönche, verweilt ein Mönch hinsichtlich des Körpers den Körper betrachtend, unermüdlich, wissensklar und achtsam, frei von Verlangen und Betrübtheit hinsichtlich der Welt. Hinsichtlich der Gefühle verweilt er die Gefühle betrachtend, unermüdlich, wissensklar und achtsam, frei von Verlangen und Betrübtheit hinsichtlich der Welt. Hinsichtlich des Geistes verweilt er den Geist betrachtend, unermüdlich, wissensklar und achtsam, frei von Verlangen und Betrübtheit hinsichtlich der Welt. Hinsichtlich der *Dhammas* verweilt er *Dhammas* betrachtend, unermüdlich, wissensklar und achtsam, frei von Verlangen und Betrübtheit hinsichtlich der Welt.

[ATMUNG:]
Und wie, ihr Mönche, verweilt er hinsichtlich des Körpers den Körper betrachtend? Hier, nachdem er in den Wald oder zum Fuße eines Baumes oder zu einer unbewohnten Hütte gegangen ist, setzt er sich nieder; und [nachdem] er sich mit gekreuzten Beinen gesetzt, den Körper aufgerichtet und Achtsamkeit [geistig] in den Vordergrund gebracht hat, atmet er achtsam ein, atmet achtsam aus.

Lang einatmend weiß er: ›Ich atme lang ein‹; lang ausatmend weiß er: ›Ich atme lang aus‹; kurz einatmend weiß er: ›Ich atme kurz ein‹; kurz ausatmend weiß er: ›Ich atme kurz aus.‹ Er übt sich so: ›Ich werde, den ganzen Körper empfindend, einatmen‹; er übt sich so: ›Ich werde, den ganzen Körper empfindend, ausatmen.‹ Er übt sich so: ›Ich werde, die Körperformation beruhigend, einatmen‹; er übt sich so: ›Ich werde, die Körperformation beruhigend, ausatmen.‹

Gerade wie ein geschickter Drechsler oder sein Lehrling, wenn er eine lange Drehung macht, weiß: ›Ich mache eine lange Drehung‹, oder wenn er eine kurze Drehung macht, weiß: ›Ich mache eine kurze Drehung‹, so weiß der Mönch lang einatmend auch: ›Ich atme lang ein‹ … [weiter wie oben].

[KEHRVERS:]
Auf diese Weise verweilt er hinsichtlich des Körpers den Körper innerlich betrachtend, oder er verweilt hinsichtlich des Körpers den Körper äußerlich betrachtend, oder er verweilt hinsichtlich des

Körpers den Körper sowohl innerlich als auch äußerlich betrachtend. Er verweilt, die Natur des Entstehens im Körper betrachtend, oder er verweilt, die Natur des Vergehens im Körper betrachtend, oder er verweilt, die Natur sowohl des Entstehens als auch des Vergehens im Körper betrachtend. Die Achtsamkeit ›Ein Körper ist da‹ ist in ihm gegenwärtig in dem Maße, das zum reinen Erkennen und für andauernde Achtsamkeit erforderlich ist. Und er verweilt unabhängig, an nichts in der Welt haftend.

Genau so verweilt er hinsichtlich des Körpers, den Körper betrachtend.

[KÖRPERHALTUNGEN:]
Sodann, ihr Mönche, weiß er beim Gehen: ›Ich gehe‹, beim Stehen weiß er: ›Ich stehe‹, beim Sitzen weiß er: ›Ich sitze‹, beim Niederlegen weiß er: ›Ich lege mich nieder‹, oder er weiß der Haltung entsprechend, in der sich der Körper gerade befindet.

[KEHRVERS:]
Auf diese Weise verweilt er hinsichtlich des Körpers den Körper innerlich …, äußerlich …, sowohl innerlich als auch äußerlich betrachtend. Er verweilt, die Natur des Entstehens …, des Vergehens …, sowohl des Entstehens als auch des Vergehens im Körper betrachtend. Die Achtsamkeit ›Ein Körper ist da‹ ist in ihm gegenwärtig in dem Maße, das zum reinen Erkennen und für andauernde Achtsamkeit erforderlich ist. Und er verweilt unabhängig, an nichts in der Welt haftend.

Auch so verweilt er hinsichtlich des Körpers, den Körper betrachtend.

[AKTIVITÄTEN:]
Sodann, ihr Mönche, handelt er wissensklar beim Vorwärts- und Zurückgehen; er handelt wissensklar beim Hinblicken und Wegblicken; er handelt wissensklar beim Beugen und Strecken seiner Glieder; er handelt wissensklar beim Tragen von Obergewand, Essensschale und Robe; er handelt wissensklar beim Essen und Trinken, beim Kauen und Schmecken; er handelt wissensklar beim Entleeren von Kot und Urin; er handelt wissensklar beim Gehen, Stehen und Sitzen, beim Einschlafen und Aufwachen, beim Sprechen und Schweigen.

[KEHRVERS:]
Auf diese Weise verweilt er hinsichtlich des Körpers den Körper innerlich …, äußerlich …, sowohl innerlich als auch äußerlich betrachtend. Er verweilt, die Natur des Entstehens …, des Vergehens …, sowohl des Entstehens als auch des Vergehens im Körper betrachtend. Die Achtsamkeit ›Ein Körper ist da‹ ist in ihm gegenwärtig in dem Maße, das zum reinen Erkennen und für andauernde Achtsamkeit erforderlich ist. Und er verweilt unabhängig, an nichts in der Welt haftend.

Auch so verweilt er hinsichtlich des Körpers, den Körper betrachtend.

[ANATOMISCHE TEILE:]
Sodann, ihr Mönche, untersucht er prüfend ebendiesen Körper, von den Fußsohlen aufwärts und von den Haarspitzen abwärts, von Haut umschlossen, angefüllt mit vielen Arten von Unreinheit: In diesem Körper gibt es Kopfhaare, Körperhaare, Nägel, Zähne, Haut, Fleisch, Sehnen, Knochen, Knochenmark, Nieren, Herz, Leber, Zwerchfell, Milz, Lunge, Gedärm, Gekröse, Mageninhalt, Exkremente, Galle, Schleim, Eiter, Blut, Schweiß, Fett, Tränen, Talg, Speichel, Nasenschleim, Gelenkflüssigkeit und Urin.

Gerade so, als wäre da ein Beutel mit einer Öffnung an jedem Ende, gefüllt mit vielen Arten von Körnern, wie Hügelreis, roter Reis, Bohnen, Erbsen, Hirse und weißer Reis, und ein scharfsichtiger Mann würde ihn öffnen und ihn so untersuchen: Das ist Hügelreis, das ist roter Reis, das sind Bohnen, das sind Erbsen, das ist Hirse, das ist weißer Reis – so sieht er auch ebendiesen Körper … [weiter wie oben].

[KEHRVERS:]
Auf diese Weise verweilt er hinsichtlich des Körpers den Körper innerlich …, äußerlich …, sowohl innerlich als auch äußerlich betrachtend. Er verweilt, die Natur des Entstehens …, des Vergehens …, sowohl des Entstehens als auch des Vergehens im Körper betrachtend. Die Achtsamkeit ›Ein Körper ist da‹ ist in ihm gegenwärtig in dem Maße, das zum reinen Erkennen und für andauernde Achtsamkeit erforderlich ist. Und er verweilt unabhängig, an nichts in der Welt haftend.

Auch so verweilt er hinsichtlich des Körpers, den Körper betrachtend.

[ELEMENTE:]
Sodann, ihr Mönche, untersucht er prüfend ebendiesen Körper, gleich wo und in welcher Haltung er sich befindet, als aus Elementen bestehend: In diesem Körper gibt es das Erdelement, das Wasserelement, das Feuerelement und das Windelement.

Gerade so, als hätte ein geschickter Schlächter oder sein Lehrling eine Kuh geschlachtet und säße an einer Straßenkreuzung mit dem in Einzelteile zerlegten Tier, so sieht er auch ebendiesen Körper … [weiter wie oben].

[KEHRVERS:]
Auf diese Weise verweilt er hinsichtlich des Körpers den Körper innerlich …, äußerlich …, sowohl innerlich als auch äußerlich betrachtend. Er verweilt, die Natur des Entstehens …, des Vergehens …, sowohl des Entstehens als auch des Vergehens im Körper betrachtend. Die Achtsamkeit ›Ein Körper ist da‹ ist in ihm gegenwärtig in dem Maße, das zum reinen Erkennen und für andauernde Achtsamkeit erforderlich ist. Und er verweilt unabhängig, an nichts in der Welt haftend.

Auch so verweilt er hinsichtlich des Körpers, den Körper betrachtend.

[VERWESENDER LEICHNAM:]
Sodann, ihr Mönche, als sähe er einen Leichnam, hingeworfen auf einem Leichenfeld – einen Tag, zwei oder drei Tage tot, aufgedunsen, bläulich verfärbt, aus dem Flüssigkeiten sickern …, wie er von Krähen, Falken, Geiern, Hunden, Schakalen oder verschiedenen Arten von Würmern verschlungen wird …, ein Skelett mit Fleisch und Blut, von Sehnen zusammengehalten …, ein fleischloses Skelett, blutverschmiert, von Sehnen zusammengehalten …, ein Skelett ohne Fleisch und Blut, von Sehnen zusammengehalten …, voneinander gelöste Knochen, in alle Richtungen zerstreut …, weiß gebleichte Knochen, von der Farbe der Muschelschalen …, aufeinander gehäufte Knochen, über ein Jahr alt …, morsche Knochen, zu Staub zerfallend –, vergleicht er ebendiesen Körper damit: Auch

dieser Körper ist von derselben Art, so wird er sein, er ist von diesem Schicksal nicht ausgenommen.[3]

[KEHRVERS:]

Auf diese Weise verweilt er hinsichtlich des Körpers den Körper innerlich …, äußerlich …, sowohl innerlich als auch äußerlich betrachtend. Er verweilt, die Natur des Entstehens …, des Vergehens …, sowohl des Entstehens als auch des Vergehens im Körper betrachtend. Die Achtsamkeit ›Ein Körper ist da‹ ist in ihm gegenwärtig in dem Maße, das zum reinen Erkennen und für andauernde Achtsamkeit erforderlich ist. Und er verweilt unabhängig, an nichts in der Welt haftend.

Auch so verweilt er hinsichtlich des Körpers, den Körper betrachtend.

[GEFÜHLE:]

Und wie, ihr Mönche, verweilt er hinsichtlich der Gefühle, die Gefühle betrachtend?

Hier, wenn er ein angenehmes Gefühl empfindet, weiß er: ›Ich empfinde ein angenehmes Gefühl‹; wenn er ein unangenehmes Gefühl empfindet, weiß er: ›Ich empfinde ein unangenehmes Gefühl‹; wenn er ein neutrales Gefühl empfindet, weiß er: ›Ich empfinde ein neutrales Gefühl.‹

Wenn er ein weltliches angenehmes Gefühl empfindet, weiß er: ›Ich empfinde ein weltliches angenehmes Gefühl‹; wenn er ein nichtweltliches angenehmes Gefühl empfindet, weiß er: ›Ich empfinde ein nichtweltliches angenehmes Gefühl‹; wenn er ein weltliches unangenehmes Gefühl empfindet, weiß er: ›Ich empfinde ein weltliches unangenehmes Gefühl‹; wenn er ein nichtweltliches unangenehmes Gefühl empfindet, weiß er: ›Ich empfinde ein nichtweltliches unangenehmes Gefühl‹; wenn er ein weltliches neutrales Gefühl empfindet, weiß er: ›Ich empfinde ein weltliches neutrales Gefühl‹; wenn er ein nichtweltliches neutrales Gefühl empfindet, weiß er: ›Ich empfinde ein nichtweltliches neutrales Gefühl.‹

3 In der Lehrrede selbst folgt auf jedes Verwesungsstadium des Leichnams der vollständige Kehrvers, den ich [d.i. Anālayo] im Sinne einer besseren Lesbarkeit hier gekürzt habe.

[KEHRVERS:]
Auf diese Weise verweilt er hinsichtlich der Gefühle die Gefühle innerlich …, äußerlich …, sowohl innerlich als auch äußerlich betrachtend. Er verweilt, die Natur des Entstehens …, des Vergehens …, sowohl des Entstehens als auch des Vergehens in den Gefühlen betrachtend. Die Achtsamkeit ›Gefühl ist da‹ ist in ihm gegenwärtig in dem Maße, das zum reinen Erkennen und für andauernde Achtsamkeit erforderlich ist. Und er verweilt unabhängig, an nichts in der Welt haftend.

Genau so verweilt er hinsichtlich der Gefühle, die Gefühle betrachtend.

[GEIST:]
Und wie, ihr Mönche, verweilt er hinsichtlich des Geistes, den Geist betrachtend?

Hier erkennt er einen Geist voller Begierde als ›voller Begierde‹ und einen Geist ohne Begierde als ›ohne Begierde‹; er erkennt einen zornigen Geist als ›zornig‹ und einen zornlosen Geist als ›zornlos‹; er erkennt einen verblendeten Geist als ›verblendet‹ und einen nicht verblendeten Geist als ›nicht verblendet‹; er erkennt einen zusammengezogenen Geist als ›zusammengezogen‹ und einen zerstreuten Geist als ›zerstreut‹; er erkennt einen weiten Geist als ›weit‹ und einen engen Geist als ›eng‹; er erkennt einen übertreffbaren Geist als ›übertreffbar‹ und einen unübertreffbaren Geist als ›unübertreffbar‹; er erkennt einen konzentrierten Geist als ›konzentriert‹ und einen unkonzentrierten Geist als ›unkonzentriert‹; er erkennt einen befreiten Geist als ›befreit‹ und einen unbefreiten Geist als ›unbefreit‹.

[KEHRVERS:]
Auf diese Weise verweilt er hinsichtlich des Geistes den Geist innerlich …, äußerlich …, sowohl innerlich als auch äußerlich betrachtend. Er verweilt, die Natur des Entstehens …, des Vergehens …, sowohl des Entstehens als auch des Vergehens im Geist betrachtend. Die Achtsamkeit ›Geist ist da‹ ist in ihm gegenwärtig in dem Maße, das zum reinen Erkennen und für andauernde Achtsamkeit erforderlich ist. Und er verweilt unabhängig, an nichts in der Welt haftend.

Genau so verweilt er hinsichtlich des Geistes, den Geist betrachtend.

[HINDERNISSE:]

Und wie, ihr Mönche, verweilt er hinsichtlich der *Dhammas, Dhammas* betrachtend? Hier verweilt er hinsichtlich der *Dhammas, Dhammas* in der Form der fünf Hindernisse betrachtend. Und wie verweilt er hinsichtlich der *Dhammas*, *Dhammas* in der Form der fünf Hindernisse betrachtend?

Wenn Sinnesbegierde in ihm vorhanden ist, erkennt er: ›In mir ist Sinnesbegierde‹; wenn Sinnesbegierde nicht in ihm vorhanden ist, erkennt er: ›In mir ist keine Sinnesbegierde.‹ Und er erkennt, wie nicht entstandene Sinnesbegierde entstehen kann, wie entstandene Sinnesbegierde überwunden werden kann und wie dem künftigen Entstehen der überwundenen Sinnesbegierde vorgebeugt werden kann.

Wenn Übelwollen in ihm vorhanden ist, erkennt er: ›In mir ist Übelwollen‹; wenn Übelwollen nicht in ihm vorhanden ist, erkennt er: ›In mir ist kein Übelwollen.‹ Und er erkennt, wie nicht entstandenes Übelwollen entstehen kann, wie entstandenes Übelwollen überwunden werden kann und wie dem künftigen Entstehen des überwundenen Übelwollens vorgebeugt werden kann.

Wenn Dumpfheit und Mattheit in ihm vorhanden ist, erkennt er: ›In mir ist Dumpfheit und Mattheit‹; wenn Dumpfheit und Mattheit nicht in ihm vorhanden ist, erkennt er: ›In mir ist keine Dumpfheit und Mattheit.‹ Und er erkennt, wie nicht entstandene Dumpfheit und Mattheit entstehen kann, wie entstandene Dumpfheit und Mattheit überwunden werden kann und wie dem künftigen Entstehen der überwundenen Dumpfheit und Mattheit vorgebeugt werden kann.

Wenn Rastlosigkeit und Sorge in ihm vorhanden ist, erkennt er: ›In mir ist Rastlosigkeit und Sorge‹; wenn Rastlosigkeit und Sorge nicht in ihm vorhanden ist, erkennt er: ›In mir ist keine Rastlosigkeit und Sorge.‹ Und er erkennt, wie nicht entstandene Rastlosigkeit und Sorge entstehen kann, wie entstandene Rastlosigkeit und Sorge überwunden werden kann und wie dem künftigen Entstehen der überwundenen Rastlosigkeit und Sorge vorgebeugt werden kann.

Wenn Zweifel in ihm vorhanden ist, erkennt er: ›In mir ist Zweifel‹; wenn Zweifel nicht in ihm vorhanden ist, erkennt er: ›In mir ist kein Zweifel.‹ Und er erkennt, wie nicht entstandener Zweifel entstehen kann, wie entstandener Zweifel überwunden werden kann und wie dem künftigen Entstehen des überwundenen Zweifels vorgebeugt werden kann.

[KEHRVERS:]
Auf diese Weise verweilt er hinsichtlich der *Dhammas, Dhammas* innerlich …, äußerlich …, sowohl innerlich als auch äußerlich betrachtend. Er verweilt, die Natur des Entstehens …, des Vergehens …, sowohl des Entstehens als auch des Vergehens in den *Dhammas* betrachtend. Die Achtsamkeit ›*Dhammas* sind da‹ ist in ihm gegenwärtig in dem Maße, das zum reinen Erkennen und für andauernde Achtsamkeit erforderlich ist. Und er verweilt unabhängig, an nichts in der Welt haftend.

Genau so verweilt er hinsichtlich der *Dhammas, Dhammas* in der Form der fünf Hindernisse betrachtend.

[DASEINSGRUPPEN:]
Sodann, ihr Mönche, verweilt er hinsichtlich der *Dhammas, Dhammas* in der Form der fünf Daseinsgruppen des Anhaftens betrachtend. Und wie verweilt er hinsichtlich der *Dhammas, Dhammas* in der Form der fünf Daseinsgruppen des Anhaftens betrachtend?

Hier erkennt er: ›So ist die materielle Form‹, ›so ist das Entstehen der materiellen Form‹, ›so ist das Vergehen der materiellen Form‹. ›So ist das Gefühl‹, ›so ist das Entstehen des Gefühls‹, ›so ist das Vergehen des Gefühls‹. ›So ist die Wahrnehmung‹, ›so ist das Entstehen der Wahrnehmung‹, ›so ist das Vergehen der Wahrnehmung‹. ›So sind die Willensregungen‹, ›so ist das Entstehen der Willensregungen‹, ›so ist das Vergehen der Willensregungen‹. ›So ist das Bewusstsein‹, ›so ist das Entstehen des Bewusstseins‹, ›so ist das Vergehen des Bewusstseins‹.

[KEHRVERS:]
Auf diese Weise verweilt er hinsichtlich der *Dhammas, Dhammas* innerlich …, äußerlich …, sowohl innerlich als auch äußerlich betrachtend. Er verweilt, die Natur des Entstehens …, des Vergehens …, sowohl des Entstehens als auch des Vergehens in den *Dhammas* betrachtend. Die Achtsamkeit ›*Dhammas* sind da‹, ist in

ihm gegenwärtig in dem Maße, das zum reinen Erkennen und für andauernde Achtsamkeit erforderlich ist. Und er verweilt unabhängig, an nichts in der Welt haftend.

Genau so verweilt er hinsichtlich der *Dhammas,* die *Dhammas* in der Form der fünf Daseinsgruppen des Anhaftens betrachtend.

[SINNESBEREICHE:]

Sodann, ihr Mönche, verweilt er hinsichtlich der *Dhammas, Dhammas* in der Form der sechs innerlichen und äußerlichen Sinnesbereiche betrachtend. Und wie verweilt er hinsichtlich der *Dhammas, Dhammas* in der Form der sechs innerlichen und äußerlichen Sinnesbereiche betrachtend?

Hier erkennt er das Auge, er erkennt Formen, und er erkennt die Fessel, die in Abhängigkeit von beiden entsteht, und er erkennt auch, wie eine nicht entstandene Fessel entstehen kann, wie eine entstandene Fessel überwunden werden kann und wie dem künftigen Entstehen der überwundenen Fessel vorgebeugt werden kann.

Er erkennt das Ohr, er erkennt Klänge, und er erkennt die Fessel, die in Abhängigkeit von beiden entsteht, und er erkennt auch, wie eine nicht entstandene Fessel entstehen kann, wie eine entstandene Fessel überwunden werden kann und wie dem künftigen Entstehen der überwundenen Fessel vorgebeugt werden kann.

Er erkennt die Nase, er erkennt Gerüche, und er erkennt die Fessel, die in Abhängigkeit von beiden entsteht, und er erkennt auch, wie eine nicht entstandene Fessel entstehen kann, wie eine entstandene Fessel überwunden werden kann und wie dem künftigen Entstehen der überwundenen Fessel vorgebeugt werden kann.

Er erkennt die Zunge, er erkennt Geschmäcke, und er erkennt die Fessel, die in Abhängigkeit von beiden entsteht, und er erkennt auch, wie eine nicht entstandene Fessel entstehen kann, wie eine entstandene Fessel überwunden werden kann und wie dem künftigen Entstehen der überwundenen Fessel vorgebeugt werden kann.

Er erkennt den Körper, er erkennt Tastbares, und er erkennt die Fessel, die in Abhängigkeit von beiden entsteht, und er erkennt auch, wie eine nicht entstandene Fessel entstehen kann, wie eine entstandene Fessel überwunden werden kann und wie dem künftigen Entstehen der überwundenen Fessel vorgebeugt werden kann.

Er erkennt den Geist, er erkennt Geistesobjekte, und er erkennt die Fessel, die in Abhängigkeit von beiden entsteht, und er erkennt auch, wie eine nicht entstandene Fessel entstehen kann, wie eine entstandene Fessel überwunden werden kann und wie dem künftigen Entstehen der überwundenen Fessel vorgebeugt werden kann.

[KEHRVERS:]
Auf diese Weise verweilt er hinsichtlich der *Dhammas, Dhammas* innerlich …, äußerlich …, sowohl innerlich als auch äußerlich betrachtend. Er verweilt, die Natur des Entstehens …, des Vergehens …, sowohl des Entstehens als auch des Vergehens in den *Dhammas* betrachtend. Die Achtsamkeit ›*Dhammas* sind da‹ ist in ihm gegenwärtig in dem Maße, das zum reinen Erkennen und für andauernde Achtsamkeit erforderlich ist. Und er verweilt unabhängig, an nichts in der Welt haftend.

Genau so verweilt er hinsichtlich der *Dhammas, Dhammas* in der Form der sechs innerlichen und äußerlichen Sinnesbereiche betrachtend.

[ERWACHENSFAKTOREN:]
Sodann, ihr Mönche, verweilt er hinsichtlich der *Dhammas, Dhammas* in der Form der sieben Erwachensfaktoren betrachtend. Und wie verweilt er hinsichtlich der *Dhammas, Dhammas* in der Form der sieben Erwachensfaktoren betrachtend?

Hier erkennt er, wenn der Erwachensfaktor Achtsamkeit in ihm vorhanden ist: ›Der Erwachensfaktor Achtsamkeit ist in mir‹; wenn der Erwachensfaktor Achtsamkeit nicht in ihm vorhanden ist, erkennt er: ›Der Erwachensfaktor Achtsamkeit ist nicht in mir‹; er erkennt, wie der nicht entstandene Erwachensfaktor Achtsamkeit entstehen kann und wie der entstandene Erwachensfaktor Achtsamkeit durch Entwicklung vervollkommnet werden kann.

Wenn der Erwachensfaktor Ergründung der *Dhammas* in ihm vorhanden ist, erkennt er: ›Der Erwachensfaktor Ergründung der *Dhammas* ist in mir‹; wenn der Erwachensfaktor Ergründung der Dhammas nicht in ihm vorhanden ist, erkennt er: ›Der Erwachensfaktor Ergründung der *Dhammas* ist nicht in mir‹; er erkennt, wie der nicht entstandene Erwachensfaktor Ergründung der *Dhammas* entstehen kann und wie der entstandene Erwachensfaktor Ergründung der *Dhammas* durch Entwicklung vervollkommnet werden kann.

Wenn der Erwachensfaktor Energie in ihm vorhanden ist, erkennt er: ›Der Erwachensfaktor Energie ist in mir‹; wenn der Erwachensfaktor Energie nicht in ihm vorhanden ist, erkennt er: ›Der Erwachensfaktor Energie ist nicht in mir‹; er erkennt, wie der nicht entstandene Erwachensfaktor Energie entstehen kann und wie der entstandene Erwachensfaktor Energie durch Entwicklung vervollkommnet werden kann.

Wenn der Erwachensfaktor Freude in ihm vorhanden ist, erkennt er: ›Der Erwachensfaktor Freude ist in mir‹; wenn der Erwachensfaktor Freude nicht in ihm vorhanden ist, erkennt er: ›Der Erwachensfaktor Freude ist nicht in mir‹; er erkennt, wie der nicht entstandene Erwachensfaktor Freude entstehen kann und wie der entstandene Erwachensfaktor Freude durch Entwicklung vervollkommnet werden kann.

Wenn der Erwachensfaktor Ruhe in ihm vorhanden ist, erkennt er: ›Der Erwachensfaktor Ruhe ist in mir‹; wenn der Erwachensfaktor Ruhe nicht in ihm vorhanden ist, erkennt er: ›Der Erwachensfaktor Ruhe ist nicht in mir‹; er erkennt, wie der nicht entstandene Erwachensfaktor Ruhe entstehen kann und wie der entstandene Erwachensfaktor Ruhe durch Entwicklung vervollkommnet werden kann.

Wenn der Erwachensfaktor Konzentration in ihm vorhanden ist, erkennt er: ›Der Erwachensfaktor Konzentration ist in mir‹; wenn der Erwachensfaktor Konzentration nicht in ihm vorhanden ist, erkennt er: ›Der Erwachensfaktor Konzentration ist nicht in mir‹; er erkennt, wie der nicht entstandene Erwachensfaktor Konzentration entstehen kann und wie der entstandene Erwachensfaktor Konzentration durch Entwicklung vervollkommnet werden kann.

Wenn der Erwachensfaktor Gleichmut in ihm vorhanden ist, erkennt er: ›Der Erwachensfaktor Gleichmut ist in mir‹; wenn der Erwachensfaktor Gleichmut nicht in ihm vorhanden ist, erkennt er: ›Der Erwachensfaktor Gleichmut ist nicht in mir‹; er erkennt, wie der nicht entstandene Erwachensfaktor Gleichmut entstehen kann und wie der entstandene Erwachensfaktor Gleichmut durch Entwicklung vervollkommnet werden kann.

[KEHRVERS:]
Auf diese Weise verweilt er hinsichtlich der *Dhammas, Dhammas* innerlich …, äußerlich …, sowohl innerlich als auch äußerlich betrachtend. Er verweilt, die Natur des Entstehens …, des Vergehens …, sowohl des Entstehens als auch des Vergehens in den *Dhammas* betrachtend. Die Achtsamkeit ›*Dhammas* sind da‹ ist in ihm gegenwärtig in dem Maße, das zum reinen Erkennen und für andauernde Achtsamkeit erforderlich ist. Und er verweilt unabhängig, an nichts in der Welt haftend.

Genau so verweilt er hinsichtlich der *Dhammas, Dhammas* in der Form der sieben Erwachensfaktoren betrachtend.

[EDLE WAHRHEITEN:]
Sodann, ihr Mönche, verweilt er hinsichtlich der *Dhammas, Dhammas* in der Form der vier edlen Wahrheiten betrachtend. Und wie verweilt er hinsichtlich der *Dhammas, Dhammas* in der Form der vier edlen Wahrheiten betrachtend?

Hier erkennt er, wie es wirklich ist: ›Dies ist *Dukkha*‹; er erkennt, wie es wirklich ist: ›Dies ist das Entstehen von *Dukkha*‹; er erkennt, wie es wirklich ist: ›Dies ist das Ende von *Dukkha*‹; er erkennt, wie es wirklich ist: ›Dies ist der Weg, der zum Ende von *Dukkha* führt.‹

[KEHRVERS:]
Auf diese Weise verweilt er hinsichtlich der *Dhammas, Dhammas* innerlich …, äußerlich …, sowohl innerlich als auch äußerlich betrachtend. Er verweilt, die Natur des Entstehens …, des Vergehens …, sowohl des Entstehens als auch des Vergehens in den *Dhammas* betrachtend. Die Achtsamkeit ›*Dhammas* sind da‹ ist in ihm gegenwärtig in dem Maße, das zum reinen Erkennen und für andauernde Achtsamkeit erforderlich ist. Und er verweilt unabhängig, an nichts in der Welt haftend.

Genau so verweilt er hinsichtlich der *Dhammas, Dhammas* in der Form der vier edlen Wahrheiten betrachtend.

[VORAUSSAGE:]
Ihr Mönche, wenn jemand diese vier *Satipaṭṭhānas* auf diese Weise sieben Jahre lang entwickelt, kann eines von zwei Ergebnissen für ihn erwartet werden: entweder vollendete Erkenntnis hier und jetzt oder, wenn noch eine Spur von Anhaften übrig ist, Nichtwiederkehr.

Dahingestellt bleiben mögen die sieben Jahre … sechs Jahre … fünf Jahre … vier Jahre … drei Jahre … zwei Jahre … ein Jahr … sieben Monate … sechs Monate … fünf Monate … vier Monate … drei Monate … zwei Monate … ein Monat … ein halber Monat …, wenn jemand diese vier *Satipaṭṭhānas* auf diese Weise sieben Tage lang entwickelt, kann eines von zwei Ergebnissen für ihn erwartet werden: entweder vollendete Erkenntnis hier und jetzt oder, wenn noch eine Spur von Anhaften übrig ist, Nichtwiederkehr. In Bezug hierauf wurde also gesagt:

[DIREKTER WEG:]

Ihr Mönche, dies ist der direkte Weg zur Läuterung der Wesen, zur Überwindung von Kummer und Wehklage, zum Beenden von *Dukkha* und Betrübtheit, zur Erlangung der richtigen Methode, zur Verwirklichung von *Nibbâna,* nämlich die vier *Satipaṭṭhānas*.«

So sprach der Erhabene. Die Mönche waren erfüllt und voller Freude ob der Worte des Erhabenen.

Anhang B
Glossar

Hinweise zur Aussprache

VOKALE:

a i u: kurz (rassa) wie in Apfel, in, unter

ā ī ū: lang (dīgha) wie in fahren, Miete, Uhr

e o: lang, ausgenommen vor Doppelkonsonanten, z.B. Sey.ya, ottha

KONSONANTEN:

Un. = Unaspirierte (Sithilā)

b d g: stimmlos wie in Ball, die, Gabe

c: wie in kla-tsch-en

j: wie in Dsch-ungel

ñ: wie in Ca-ny-on

n: gewöhnliche Aussprache

v: wie w

y: wie j

As. = Aspirierte (Dhanitā)

kh gh, ch jh, th dh, ph bh:

Sind mit unmittelbar folgendem Hauchlaut auszusprechen.

kh: wie in Bankhaus;
ch: wie in klatschhaft;
th: wie in Rathaus
dh und th sind Retroflex und mit unmittelbar folgendem Hauchlaut auszusprechen: Zungenlaut

Alle folgenden Begriffe sind in Pali; Ausnahmen werden erwähnt.

Abhidhamma	System der buddhistischen Psychologie; einer der drei »Körbe« der Lehren des Buddha, neben den Suttas (Lehrreden) und dem Vinaya (der monastischen Disziplin)
ādīnava	Gefahren
anattā	Nicht-Selbst
anicca	Unbeständigkeit
arahant	Vollständig erleuchtetes Individuum
asubha	Unschöne Aspekte des Körpers
bhāvanā	Meditation
bhikkhu	Mönch
bhikkhunī	Nonne
bodhicitta (Sanskrit)	Der erwachte Herz-Geist; das Streben, zum Wohl aller Wesen zu erwachen
bodhisattva (Sanskrit)	Ein Wesen auf dem Weg zur Buddhaschaft; umgangssprachlich: ein Wesen mit selbstlosen Absichten
brahmavihāra	Himmlische Verweilstätten
buddhadhamma	Lehren des Buddha
cetanā	Wille, Absicht
citta	Herz-Geist
deva	Himmlische Wesen
dhamma (Pali), **dharma** (Sanskrit)	Das Gesetz; die Wahrheit; die Lehren des Buddha
Dhammapada	Eine Sammlung von Versen des Buddha
dhammavicaya	Wirklichkeitsergründung, ein Erwachensfaktor
diṭṭhi	Ansicht (bezieht sich manchmal auf die falsche Ansicht)
dosa	Ärger, Hass, Übelwollen, Abneigung
dukkha	Leiden, Unzufriedenheit, Stress
Dzogchen	Tibetische Praxis der »Großen Vollkommenheit«
gocara	Gebiet; kann sich auf die vier Gebiete oder Grundlagen der Achtsamkeit beziehen

hiri	Moralische Scham, Selbstachtung, Gewissen
jhāna	Konzentration, meditative Vertiefung
kamma	Willentliches Handeln; bezieht sich oft auf Handlungen und ihre Folgen *(Kamma-vipāka)*
khandha	1. Aggregate, Daseinsgruppen, eine Sammlung von Dingen, eine Gruppe von Dingen, alle Elemente der Substanz von etwas 2. Elemente oder Substrat der Existenz, welches die Erscheinung eines Selbst hervorbringt
kilesas	Geistestrübungen
kukkucca	Sorge, Ängstlichkeit, Schuld
lobha	Gier
magga phala	Pfad und Frucht
Māra	Die Verkörperung von Verblendung und Unwissenheit
mettā	Liebende Güte, Wohlwollen
moha	Wahn, Ignoranz, Unwissenheit, Illusion, Verwirrung
muditā	Mitfreude, Glück durch das Glück der anderen
nāmarūpa	Geist-Körper
nibbāna	Der bedingungslose Zustand; der höchste Frieden
nimitta	Geistiges Bild als Zeichen der Konzentration
ottappa	Angst vor falschem Handeln, Achtung vor dem Weisen
paññā	Weisheit
pāramī	Vergangene heilsame Handlungen; Qualitäten, die für das Erwachen vervollkommnet werden müssen
pāramitā	Vollkommenheiten
Parinibbāna	Das Ableben eines Arahant
Parinibbāna Sutta	Eine Lehrrede aus den letzten Tagen des Buddha
passaddhi	Ruhe, Stille
paṭigha	Abneigung, Übelwollen
pīti	Begeisterung, Freude, Entzücken
pokati (Thai)	Natur, das Gewöhnliche
puñña	Verdienst

rāga	Lust
rūpa	Materielle Form, Stofflichkeit, physisches Element
sakkāyadiṭṭhi	Falsche Ansicht über das Selbst
samādhi	Konzentration
samatha	Ruhe; Konzentrationspraxis
sammādiṭṭhi	Rechte Ansicht
sammāsankappa	Rechter Gedanke, rechte Absicht
sampajañña	Wissensklarheit
samphappalāpa	Nutzloses Gerede
saṃsāra	1. Zyklus von Leben und Tod 2. Unaufhörliches Wandern, Weitergehen
Samyutta Nikāya	Die gruppierte Sammlung der Lehrreden des Buddha
Sangha	Versammlung der Mönche und Nonnen; im zeitgenössischen westlichen Verständnis jede Gemeinschaft von buddhistischen Praktizierenden
saṅkārā	1. Alle bedingten Dinge 2. Willentliches Handeln 3. Als eine der fünf Daseinsgruppen: alle mentalen Faktoren außer den Gefühlen und der Wahrnehmung
saññā	Wahrnehmung
sati	Achtsamkeit
satipaṭṭhāna	Grundlagen der Achtsamkeit
sīla	Ethisches Verhalten
skandha (Sanskrit)	Daseinsgruppen, Aggregate
sukha	Glück, Wohlbefinden
sutta	Begriff für die Lehrreden des Buddha
taṇhā	Begehren, Verlangen, Durst
Tathāgata	Ein Synonym für Buddha; bedeutet: der so Gegangene; oder auch: der so Gekommene
Theravāda	»Schule der Älteren«: buddhistische Tradition, die vor allem in Sri Lanka, Burma, Thailand, Laos und Kambodscha verbreitet ist; jetzt auch eine der im Westen praktizierten buddhistischen Traditionen
uddacca	Rastlosigkeit, Erregung, Aufregung, Ablenkung

upekkhā	Gleichmut
vedanā	Gefühl
vicāra	Fortgesetzte, anhaltende Tätigkeit; ein Faktor des ersten Jhānas
vihāra	Wohnsitz, Verweilstätte
viññāna	Bewusstsein
vipassanā	Einsichtsmeditation
viriya	Energie
vitakka	Anfängliche Tätigkeit; ein Faktor des ersten Jhānas

Anmerkungen

Alle Hinweise auf deutschsprachige Internetseiten beziehen sich auf den Stand von Mai/Juni 2017. (Anm. d. Übers.)

EINLEITUNG

1. Kelly McGonigal, »Healing the Whole Person«, *Shambhala Sun,* Januar 2011, 60.
2. Bhikkhu Ñāṇamoli und Bhikkhu Bodhi, Übers., *The Middle Length Discourses of the Buddha* (Somerville, MA: Wisdom Publications, 1995), 145.
   Dt.: *Die Lehrreden des Buddha aus der Mittleren Sammlung,* übers. von Mettiko Bhikkhu (Kay Zumwinkel), Jhana Verlag, Uttenbühl, 2. Auflage 2012, Nr. 10.
   http://www.palikanon.com/majjhima/zumwinkel/m010z.html.

KAPITEL 1

1. Anālayo, *Der direkte Weg.* Aus dem Englischen übersetzt von Ilse Maria Bruckner und Siegfried C.A. Fay, Verlag Beyerlein & Steinschulte, Stammbach 2010.
   https://www.buddhismuskunde.uni-hamburg.de/pdf/5-personen/analayo/direkte-weg.pdf. (Da der Text online steht, sind bei den betreffenden Zitaten keine Seitenzahlen angegeben. Jede Stelle kann leicht mit der Suchfunktion gefunden werden.)
2. Zitiert in Dilgo Khyentse Rinpoche, »Teachings on Nature of Mind and Practice«, *Tricycle: The Buddhist Review,* Winter 1991.
3. Shabkar Tsogdruk Rangdrol, *Das Leben des Shabkar*, Manjughosha Edition, Berlin 2011, 58–59.
4. Aus der *Dhammapada.* Es gibt zahllose Übersetzungen der Dhammapada. Dies ist meine eigene Version, die sich im Laufe der Jahre bei der Lektüre verschiedener Quellen herausgebildet hat.

KAPITEL 2

1. Nārada Thera, *The Buddha Dhamma or The Life and Teachings of the Buddha* (New Delhi, India: Asian Educational Services, 1999), 69.
   Dt.: http://www.palikanon.com/vinaya/mahavagga/mv01_02_07-14.html.

KAPITEL 3

1. Stephen Carter, *Civility* (New York: Harper Perennial, 1999).
2. Bhikkhu Ñāṇamoli und Bhikkhu Bodhi, Übers., *The Middle Length Discourses of the Buddha* (Somerville, MA: Wisdom Publications, 1995), 207.
   Dt.: *Die Lehrreden des Buddha aus der Mittleren Sammlung*, übers. von Mettiko Bhikkhu (Kay Zumwinkel), Jhana Verlag, Uttenbühl, 2. Auflage 2012, Nr. 19.
   http://www.palikanon.com/majjhima/zumwinkel/m019z.html.
3. Ebenda, 209; dt.: 19.
4. Ajahn Chaa, *Der Weg in die Freiheit*, Dhammapala Verlag, Kandersteg/CH 1996.

KAPITEL 4

1. Ajahn Sucitto, aus seinem Vortrag vom 10. März 1999 in der Insight Meditation Society.
   (Eigene Übersetzung; Anm. d. Übers.)

KAPITEL 5

1. Bhikkhu Bodhi, Übers., *The Connected Discourses of the Buddha* (Somerville, MA: Wisdom Publications, 2000), 961.
   Dt.: http://www.palikanon.com/samyutta/sam22_120.html#s22_102.
2. Gil Fronsdal, Übers., *The Dhammapada* (Boston: Shambhala Publications, 2005), 29.
   Dt.: *Dhammapada*, übers. von Nyanatiloka Mahathera, Jhana Verlag, Uttenbühl, 5. Auflage 2016, Vers 113.
   http://www.palikanon.com/khuddaka/dhp/dhp2.htm#Sahassa.
3. Bhikkhu Ñāṇamoli und Bhikkhu Bodhi, Übers., *The Middle Length Discourses of the Buddha* (Somerville, MA: Wisdom Publications, 1995), 983.

Dt.: *Die Lehrreden des Buddha aus der Mittleren Sammlung*, übers. von Mettiko Bhikkhu (Kay Zumwinkel), Jhana Verlag, Uttenbühl, 2. Auflage 2012, Nr. 123. http://www.palikanon.com/majjhima/zumwinkel/m123z.html

4. Bhikkhu Bodhi, Übers., *The Connected Discourses of the Buddha* (Somerville, MA: Wisdom Publications, 2000), 1825. Dt.: http://www.palikanon.com/samyutta/sam55.html#s55_21.

KAPITEL 6

1. Walter Harding, *The Days of Henry David Thoreau* (Princeton, NJ: Princeton University Press, 1983), 464–465.
2. Zitiert in Aldous Huxley, *The Perennial Philosophy* (New York: HarperPerennial, 2009), 285.
3. Zitiert in Anālayo, *Der direkte Weg.* Aus dem Englischen übersetzt von Ilse Maria Bruckner und Siegfried C.A. Fay, Verlag Beyerlein & Steinschulte, Stammbach 2010. Siehe Anmerkung Kapitel 1, Punkt 1.
4. »The Udana: Inspired Utterances of the Buddha, 1.10«, zitiert in: Ajahn Pasanno / Ajahn Amaro, *The Island* (Redwood Valley, CA: Abhayagiri Monastic Foundation, 2009), 62–63. Dt.: http://www.palikanon.com/khuddaka/ud_schmidt/udana.htm#ud_i.

KAPITEL 7

1. Bhikkhu Ñāṇamoli und Bhikkhu Bodhi, Übers., *The Middle Length Discourses of the Buddha* (Somerville, MA: Wisdom Publications, 1995), 955. Dt.: *Die Lehrreden des Buddha aus der Mittleren Sammlung*, übers. von Mettiko Bhikkhu (Kay Zumwinkel), Jhana Verlag, Uttenbühl, 2. Auflage 2012, Nr. 119. http://www.palikanon.com/majjhima/zumwinkel/m119z.html.
2. Ebenda 956–58; dt.: 119.
3. Ebenda, 145; dt.: 10.
4. Anālayo, *Der direkte Weg.* Aus dem Englischen übersetzt von Ilse Maria Bruckner und Siegfried C.A. Fay, Verlag Beyerlein & Steinschulte, Stammbach 2010. Siehe Anmerkung Kapitel 1, Punkt 1.
5. Ebenda.

6. Bhikkhu Ñāṇamoli und Bhikkhu Bodhi, Übers., *The Middle Length Discourses of the Buddha* (Somerville, MA: Wisdom Publications, 1995), 748.
   Dt.: *Die Lehrreden des Buddha aus der Mittleren Sammlung*, übers. von Mettiko Bhikkhu (Kay Zumwinkel), Jhana Verlag, Uttenbühl, 2. Auflage 2012, Nr. 91.
   http://www.palikanon.com/majjhima/zumwinkel/m091z.html.
7. Ebenda, 943; dt.: 118.
8. Ebenda, 944; dt.: 118.
9. Bhikkhu Bodhi, Übers., *The Connected Discourses of the Buddha* (Somerville, MA: Wisdom Publications, 2000), 1778.
   Dt.: http://www.palikanon.com/samyutta/sam54.html#s54_11.

KAPITEL 8

1. Anālayo, *Der direkte Weg.* Aus dem Englischen übersetzt von Ilse Maria Bruckner und Siegfried C.A. Fay, Verlag Beyerlein & Steinschulte, Stammbach 2010. Siehe Anmerkung Kapitel 1, Punkt 1.
2. Bhikkhu Ñāṇamoli und Bhikkhu Bodhi, Übers., *The Middle Length Discourses of the Buddha* (Somerville, MA: Wisdom Publications, 1995), 104.
   Dt.: *Die Lehrreden des Buddha aus der Mittleren Sammlung*, übers. von Mettiko Bhikkhu (Kay Zumwinkel), Jhana Verlag, Uttenbühl, 2. Auflage 2012, Nr. 4.
   http://www.palikanon.com/majjhima/zumwinkel/m004z.html.
3. Jack Kornfield und Paul Breiter (Hrsg.), *Ein stiller Waldteich*, Theseus Verlag, Berlin 2013, S. 147.

KAPITEL 9

1. Anālayo, *Der direkte Weg.* Aus dem Englischen übersetzt von Ilse Maria Bruckner und Siegfried C.A. Fay, Verlag Beyerlein & Steinschulte, Stammbach 2010. Siehe Anmerkung Kapitel 1, Punkt 1.

KAPITEL 10

1. Anālayo, *Der direkte Weg.* Aus dem Englischen übersetzt von Ilse Maria Bruckner und Siegfried C.A. Fay, Verlag Beyerlein & Steinschulte, Stammbach 2010. Siehe Anmerkung Kapitel 1, Punkt 1.

2. Ebenda. (Mit leichter Abwandlung, um näher am englischen Original zu bleiben; Anm. d. Übers.)
3. Ebenda. (Dito.)
4. Bhikkhu Ñāṇamoli und Bhikkhu Bodhi, Übers., *The Middle Length Discourses of the Buddha* (Somerville, MA: Wisdom Publications, 1995), 281.
   Dt.: *Die Lehrreden des Buddha aus der Mittleren Sammlung*, übers. von Mettiko Bhikkhu (Kay Zumwinkel), Jhana Verlag, Uttenbühl, 2. Auflage 2012, Nr. 28.
   http://www.palikanon.com/majjhima/zumwinkel/m028z.html 4.
5. Ebenda, 148; dt.: 10.
6. Buddhagosa, *Der Weg zur Reinheit. Visuddhi-Magga*, übers. von Nyanatiloka Mahathera, Theravadanetz, 8. Auflage 2014, 423. http://www.theravadanetz.de/studium/VISUDDHIMAGGA_Lz.pdf.
7. John D. Ireland, Übers., »Attadanda Sutta: The Training (Sn 4.15)«, Access to Insight, abgerufen 20. August 2012, accesstoinsight.org.
   Dt.: *Sutta-Nipata*, übers. von Nyanaponika Mahathera, Verlag Beyerlein & Steinschulte, Stammbach, 3. Auflage, IV.15 (Attadanda-Sutta).
   http://www.palikanon.com/khuddaka/sn/sn_iv15_954.html.
8. Nārgārjuna, zitiert in Übers. von Lama Surya Das, *Natural Great Perfection* (Ithaca, NY: Snow Lion Publications, 1995), 61.
9. Nyoshul Khen Rinpoche, zitiert in Übers. von Lama Surya Das, *Natural Great Perfection* (Ithaca, NY: Snow Lion Publications, 1995), 61.
10. The Dalai Lama, *A Flash of Lightning in the Dark of Night* (Boston: Shambhala Publications, 1994), 97.
11. Anālayo, *Der direkte Weg.* Aus dem Englischen übersetzt von Ilse Maria Bruckner und Siegfried C. A. Fay, Verlag Beyerlein & Steinschulte, Stammbach 2010. Siehe Anmerkung Kapitel 1, Punkt 1.

KAPITEL 11

1. Bhikkhu Bodhi, Übers., *The Connected Discourses of the Buddha* (Somerville, MA: Wisdom Publications, 2000), 1265.
   Dt.: http://www.palikanon.com/samyutta/sam36.html.
2. Ebenda.
3. Ebenda.

4. Bhikkhu Ñāṇamoli und Bhikkhu Bodhi, Übers., *The Middle Length Discourses of the Buddha* (Somerville, MA: Wisdom Publications, 1995), 1134–35.
   Dt.: *Die Lehrreden des Buddha aus der Mittleren Sammlung*, übers. von Mettiko Bhikkhu (Kay Zumwinkel), Jhana Verlag, Uttenbühl, 2. Auflage 2012, Nr. 148.
   http://www.palikanon.com/majjhima/zumwinkel/m148z.html.
5. Anālayo, *Der direkte Weg.* Aus dem Englischen übersetzt von Ilse Maria Bruckner und Siegfried C.A. Fay, Verlag Beyerlein & Steinschulte, Stammbach 2010. Siehe Anmerkung Kapitel 1, Punkt 1.
6. Bhikkhu Bodhi, Übers., *The Connected Discourses of the Buddha* (Somerville, MA: Wisdom Publications, 2000), 1272.
   Dt.: http://www.palikanon.com/samyutta/sam36.html#s36_4.
7. Amaro Bhikkhu, *Small Boat, Great Mountain* (Redwood Valley, CA: Abhayagiri Buddhist Monastery, 2003), 67.
8. Bhikkhu Ñāṇamoli und Bhikkhu Bodhi, Übers., *The Middle Length Discourses of the Buddha* (Somerville, MA: Wisdom Publications, 1995), 347.
   Dt.: *Die Lehrreden des Buddha aus der Mittleren Sammlung*, übers. von Mettiko Bhikkhu (Kay Zumwinkel), Jhana Verlag, Uttenbühl, 2. Auflage 2012, Nr. 37.
   http://www.palikanon.com/majjhima/zumwinkel/m037z.html.

KAPITEL 12

1. Bhikkhu Ñāṇamoli und Bhikkhu Bodhi, Übers., *The Middle Length Discourses of the Buddha* (Somerville, MA: Wisdom Publications, 1995), 1134.
   Dt.: *Die Lehrreden des Buddha aus der Mittleren Sammlung*, übers. von Mettiko Bhikkhu (Kay Zumwinkel), Jhana Verlag, Uttenbühl, 2. Auflage 2012, Nr. 148.
   http://www.palikanon.com/majjhima/zumwinkel/m148z.html.
2. Ebenda, 340; dt.: 36
3. Ebenda, 730; dt.: 89.
4. Ebenda, 401; dt.: 44.
5. Ebenda.
6. Maurice Walshe, Übers., *The Long Discourses of the Buddha* (Somerville, MA: Wisdom Publications, 1987, 1995), 167.
   Dt.: http://www.palikanon.com/digha/d09.html.

7. Anālayo, *Der direkte Weg.* Aus dem Englischen übersetzt von Ilse Maria Bruckner und Siegfried C.A. Fay, Verlag Beyerlein & Steinschulte, Stammbach 2010. Siehe Anmerkung Kapitel 1, Punkt 1.

KAPITEL 13

1. Anālayo, *Der direkte Weg.* Aus dem Englischen übersetzt von Ilse Maria Bruckner und Siegfried C.A. Fay, Verlag Beyerlein & Steinschulte, Stammbach 2010. Siehe Anmerkung Kapitel 1, Punkt 1.
2. Bhikkhu Bodhi, Übers., *The Numerical Discourses of the Buddha* (Somerville, MA: Wisdom Publications, 2012), 97. Dt.: *Die Lehrreden des Buddha aus der Angereihten Sammlung,* übers. von Nyanatiloka, überarbeitet von Nyanaponika, Verlag Beyerlein & Steinschulte, Stammbach, Nr. I.11. http://www.palikanon.com/angutt/a01_011-033.html#a_i11.
3. Anālayo, *Der direkte Weg.* Aus dem Englischen übersetzt von Ilse Maria Bruckner und Siegfried C.A. Fay, Verlag Beyerlein & Steinschulte, Stammbach 2010. Siehe Anmerkung Kapitel 1, Punkt 1.
4. Ajahn Chaa, *Der Weg in die Freiheit,* Dhammapala Verlag, Kandersteg CH, 1996.
5. Anālayo, *Der direkte Weg.* Aus dem Englischen übersetzt von Ilse Maria Bruckner und Siegfried C.A. Fay, Verlag Beyerlein & Steinschulte, Stammbach 2010. Siehe Anmerkung Kapitel 1, Punkt 1.
6. Sayadaw U Tejaniya, *Don't Look Down on the Defilements, They Will Laugh at You,* 1. US-Ausgabe (Kula, HI: Vipassana Metta Foundation, ohne Datum), 76.

KAPITEL 14

1. Anne Lamott, zitiert in Anne Cushman, »The Wellspring of Joy«, *Yoga Journal* (Jan./Feb. 2004).
2. Gil Fronsdal, Übers., *The Dhammapada* (Boston: Shambhala Publications, 2005), 29. Dt.: *Dhammapada,* übers. von Nyanatiloka Mahathera, Jhana Verlag, Uttenbühl, 5. Auflage 2016, Vers 113.

KAPITEL 15

1. Michael Carrithers, *The Forest Monks of Sri Lanka* (Delhi: Oxford University Press, 1983), zitiert in Anālayo; siehe Anmerkung Kapitel 1, Punkt 1.
2. Anālayo, *Der direkte Weg.* Aus dem Englischen übersetzt von Ilse Maria Bruckner und Siegfried C.A. Fay, Verlag Beyerlein & Steinschulte, Stammbach 2010. Siehe Anmerkung Kapitel 1, Punkt 1.
3. Bhikkhu Ñāṇamoli und Bhikkhu Bodhi, Übers., *The Middle Length Discourses of the Buddha* (Somerville, MA: Wisdom Publications, 1995), 366.
   Dt.: *Die Lehrreden des Buddha aus der Mittleren Sammlung,* übers. von Mettiko Bhikkhu (Kay Zumwinkel), Jhana Verlag, Uttenbühl, 2. Auflage 2012, Nr. 39.
   http://www.palikanon.com/majjhima/zumwinkel/m039z.html.
4. Bhikkhu Bodhi, Übers., *The Connected Discourses of the Buddha* (Somerville, MA: Wisdom Publications, 2000), 1594.
   Dt.: http://www.palikanon.com/samyutta/sam46.html#s46_33t34.
5. Anālayo, *Der direkte Weg.* Aus dem Englischen übersetzt von Ilse Maria Bruckner und Siegfried C.A. Fay, Verlag Beyerlein & Steinschulte, Stammbach 2010. Siehe Anmerkung Kapitel 1, Punkt 1.
6. Bhikkhu Ñāṇamoli und Bhikkhu Bodhi, Übers., *The Middle Length Discourses of the Buddha* (Somerville, MA: Wisdom Publications, 1995), 208.
   Dt.: *Die Lehrreden des Buddha aus der Mittleren Sammlung,* übers. von Mettiko Bhikkhu (Kay Zumwinkel), Jhana Verlag, Uttenbühl, 2. Auflage 2012, Nr. 19.
   http://www.palikanon.com/majjhima/zumwinkel/m019z.html.
7. Bhikkhu Bodhi, Hg., *In the Buddha's Words* (Somerville, MA: Wisdom Publications, 2005), 203–4.
   Dt.: *Die Lehrreden des Buddha aus der Mittleren Sammlung,* übers. von Mettiko Bhikkhu (Kay Zumwinkel), Jhana Verlag, Uttenbühl, 2. Auflage 2012, Nr. 75.
   http://www.palikanon.com/majjhima/zumwinkel/m075z.html.

KAPITEL 16

1. Carl Gustav Jung, »The Philosophical Tree«, Paragraph 335, in R.F.C. Hull, Übers., *Alchemical Studies: Collected Works of C.G. Jung,* Band 13 (Princeton, NJ: Princeton University Press, 1967), 265. (Eigene Rückübersetzung auf der Grundlage von Zitatbruchstücken im Internet. Anm. d. Übers.)
2. Thich Nhat Hanh, zitiert in »Psychology – Seeding the Unconscious«, Auszug aus *Common Boundary*-Magazin auf der Website LifePositive, lifepositive.com, im April 1999 abgerufen.
3. Shāntideva, *Anleitung zum Leben als Erleuchteter*, Angkor Verlag, Frankfurt 2012, 34.

KAPITEL 17

1. Bhikkhu Bodhi, Übers., *The Connected Discourses of the Buddha* (Somerville, MA: Wisdom Publications, 2000), 1597. Dt.: http://www.palikanon.com/samyutta/sam46.html#s46_51.
2. Ebenda, 1600. – Dt.: Eigene Übersetzung auf der Grundlage von http://zugangzureinsicht.org/html/tipitaka/sn/sn46/sn46.051.than.html und http://www.palikanon.com/samyutta/sam46.html#s46_51.
3. Kornfield und Breiter, *Ein stiller Waldteich,* Theseus Verlag, Berlin 1996, S. 169.

KAPITEL 18

1. Nyanaponika Thera und Hellmuth Hecker, *Die Jünger des Buddha,* O.W. Barth Verlag/Scherz Verlag, Bern/München/Wien 2000, 214.
2. Anālayo, *Der direkte Weg.* Aus dem Englischen übersetzt von Ilse Maria Bruckner und Siegfried C.A. Fay, Verlag Beyerlein & Steinschulte, Stammbach 2010. Siehe Anmerkung Kapitel 1, Punkt 1.

KAPITEL 19

1. Anālayo, *Der direkte Weg.* Aus dem Englischen übersetzt von Ilse Maria Bruckner und Siegfried C.A. Fay, Verlag Beyerlein & Steinschulte, Stammbach 2010. Siehe Anmerkung Kapitel 1, Punkt 1.
2. Bhikkhu Bodhi, Übers., *The Connected Discourses of the Buddha* (Somerville, MA: Wisdom Publications, 2000), 1568. Dt.: http://www.palikanon.com/samyutta/sam46.html#s46_51.

KAPITEL 20

1. Der Ausdruck »das lautere, fleckenlose Auge des Dhamma« taucht mehrfach in den Suttas auf. Der zweite Teil des Zitats stammt im Deutschen aus: http://www.palikanon.com/majjhima/zumwinkel/m027z.html.
2. Bhikkhu Bodhi, Übers., *The Connected Discourses of the Buddha* (Somerville, MA: Wisdom Publications, 2000), 230. Dt.: http://www.palikanon.com/samyutta/sam05.html#s5_5.
3. Fernando Pessoa, Verstreute Gedichte 27, *Alberto Caeiro – Dichtungen; Ricardo Reis – Oden*; Ammann Verlag, Zürich 1986.
4. Acharya Buddharakkhita, Übers., *Dhammapada: The Buddha's Path of Wisdom* (Kandy, Sri Lanka: Buddhist Publication Society, 1985), 76.
   Dt.: *Dhammapada*, übers. von Nyanatiloka Mahathera, Jhana Verlag, Uttenbühl, 5. Auflage 2016, Vers 348.
5. Christine Cox, »The Groucho Moment: Horsing Around with His Holiness«, *Tricycle: The Buddhist Review,* Frühjahr 2004. Nachgedruckt mit freundl. Genehmigung von Christine Cox.
6. Wislawa Symborska, »View with a Grain of Sand«, *View with a Grain of Sand: Selected Poems* (New York: Harcourt Brace and Company, 1995).

KAPITEL 21

1. Bhikkhu Ñāṇamoli und Bhikkhu Bodhi, Übers., *The Middle Length Discourses of the Buddha* (Somerville, MA: Wisdom Publications, 1995), 350.
   Dt.: *Die Lehrreden des Buddha aus der Mittleren Sammlung*, übers. von Mettiko Bhikkhu (Kay Zumwinkel), Jhana Verlag, Uttenbühl, 2. Auflage 2012, Nr. 38.
   http://www.palikanon.com/majjhima/zumwinkel/m038z.html.
2. Bhikkhu Bodhi, Hrsg., *A Comprehensive Manual of Abhidhamma* (Kandy, Sri Lanka: Buddhist Publication Society, 2003), 156.
3. Bhikkhu Bodhi, Übers., *The Connected Discourses of the Buddha* (Somerville, MA: Wisdom Publications, 2000), 952. Dt.: http://www.palikanon.com/samyutta/sam22_120.html#s22_95.
4. Victor S. Johnston, *Why We Feel: The Science of Human Emotions* (New York: Basic Books, 1999), 19–20.

5. Ajahn Jumnien, zitiert in Anālayo, 94n7; siehe Anmerkung Kapitel 1, Punkt 1.
6. Mahāsi Sayadaw, aus der Übersetzung eines transkribierten Vortrags »The Purification and Progress of Insight« (Malaysia, 1988), gehalten für Meditierende, die auf einer bestimmten Stufe ihrer Praxis standen.

KAPITEL 22

1. Anālayo, *Der direkte Weg.* Aus dem Englischen übersetzt von Ilse Maria Bruckner und Siegfried C.A. Fay, Verlag Beyerlein & Steinschulte, Stammbach 2010.
   Siehe Anmerkung Kapitel 1, Punkt 1.
2. Bhikkhu Bodhi, Übers., *The Connected Discourses of the Buddha* (Somerville, MA: Wisdom Publications, 2000), 955–56. Dt.: http://www.palikanon.com/samyutta/sam22_120.html#s22_97.
3. Ebenda., 877. – Dt.: http://www.palikanon.com/majjhima/zumwinkel/m022z.html.
4. Dilgo Khyentse Rinpoche, »Teachings on the Nature of Mind and Practice«, *Tricycle: The Buddhist Review,* Winter 1991.
5. Bhikkhu Bodhi, Übers., *The Connected Discourses of the Buddha* (Somerville, MA: Wisdom Publications, 2000), 973.
6. Bearbeiteter Auszug aus: Bhikkhu Bodhi, Übers., *The Connected Discourses of the Buddha* (Somerville, MA: Wisdom Publications, 2000), 936–37.
   Dt.: Eigene Übersetzung auf Grundlage von http://zugangzur-einsicht.org/html/tipitaka/sn/sn22/sn22.086.than.html.
7. Ebenda.
8. Ebenda.
9. Dilgo Khyentse, *The Collected Works of Dilgo Khyentse: Volume One* (Boston: Shambhala Publications, 2010), 292–93.

KAPITEL 23

1. Bhikkhu Bodhi, Übers., *The Connected Discourses of the Buddha* (Somerville, MA: Wisdom Publications, 2000), 1140
   Dt.: http://palikanon.com/samyutta/sam35_030.html#s35_23.
2. Anālayo, *Der direkte Weg.* Aus dem Englischen übersetzt von Ilse Maria Bruckner und Siegfried C.A. Fay, Verlag Beyerlein & Steinschulte, Stammbach 2010.
   Siehe Anmerkung Kapitel 1, Punkt 1.

3. Bhikkhu Bodhi, Übers., *The Connected Discourses of the Buddha* (Somerville, MA: Wisdom Publications, 2000), 1232–33.
   Dt.: http://palikanon.com/samyutta/sam35_200.html#s35_193 S.35.193 Udāyi - 7. Udāyī Sutta.
4. Sallie Tisdale, *Women of the Way: Discovering 2500 Years of Buddhist Wisdom* (San Francisco: Harper San Francisco, 2006).
5. Bhikkhu Bodhi, Hg., *In the Buddha's Words* (Somerville, MA: Wisdom Publications, 2005), 346.
   Dt.: http://www.palikanon.com/vinaya/mahavagga/mv01_03_15-21.htm#Feuerpredigt MV.I.21. Die Feuerpredigt - Āditta pariyāya.
6. Bhikkhu Bodhi, Übers., *The Connected Discourses of the Buddha* (Somerville, MA: Wisdom Publications, 2000), 207.
   Dt.: http://palikanon.com/samyutta/sam04_20.html S.4.17. Bereich 7. Chaphassāyatana Sutta.

KAPITEL 24

1. Anālayo, *Der direkte Weg.* Aus dem Englischen übersetzt von Ilse Maria Bruckner und Siegfried C.A. Fay, Verlag Beyerlein & Steinschulte, Stammbach 2010.
   Siehe Anmerkung Kapitel 1, Punkt 1.
2. Bhikkhu Bodhi, Hg., *In the Buddha's Words* (Somerville, MA: Wisdom Publications, 2005), 358.
   Dt.: http://www.palikanon.com/samyutta/sam12_50.html#s12_44.
3. Rune E.A. Johansson, *The Psychology of Nirvana* (London: Allen and Unwin, 1985), 96.
4. Anālayo, *Der direkte Weg.* Aus dem Englischen übersetzt von Ilse Maria Bruckner und Siegfried C.A. Fay, Verlag Beyerlein & Steinschulte, Stammbach 2010.
   Siehe Anmerkung Kapitel 1, Punkt 1.
5. Ebenda.

Index

Danksagung

Eine tiefe Verneigung vor all meinen Lehrern, insbesondere vor Anagārika Munindra und Sayadaw U Paṇḍita, die in mir eine tiefe Liebe zu den Satipaṭṭhāna-Lehren gefördert haben. Munindras offene Haltung zur Dharma-Praxis legte das Fundament für mein bis heute andauerndes Interesse an der Erforschung verschiedener Wege zur Entwicklung von Achtsamkeit. Sayadaws Meisterschaft und seine großartigen Lehren legten dabei den Maßstab dessen, wonach ich strebe, sehr hoch.

Ich danke Anālayo und seinem inspirierenden Werk über das Satipaṭṭhāna Sutta sowie Bhikkhu Bodhi (und Wisdom Publications), dessen meisterhafte Übersetzungen die Lehren des Buddha vielen Schülern, die nicht des Pali kundig sind, besonders zugänglich gemacht haben.

Ein gutes Lektorat ist für jeden Autor Gold wert, und ich hatte das große Glück, mit zwei der Besten zu arbeiten. Die Struktur und Klarheit dieses Buches ist zum großen Teil Nancy Burnett und Amy Rost zu verdanken. Jede Seite hat von ihren Fähigkeiten und Einsichten profitiert.

Ich möchte auch Jill Shepherd für ihre Bemühungen danken, die Quellen der vielen Zitate herauszufinden, und ich danke Dennis Holmes und Lloyd Williams für die Ermutigung, diese Lehren über Satipaṭṭhāna einer größeren Öffentlichkeit zugänglich zu machen.

Zu guter Letzt danke ich meinem Agenten Reid Boates sowie Tami Simon und dem Team von Sounds True, deren Interesse und Begeisterung all die vielen Stunden an Arbeit, die für die Fertigstellung dieses Buches notwendig waren, nicht nachließen.

So viele Menschen auch zu diesem Werk beigetragen haben: Alle Fehler und Irrtümer, die darin enthalten sein mögen, liegen allein in meiner Verantwortung.

Über den Autor

Joseph Goldstein studiert und praktiziert Meditation seit 1967. Er ist Mitbegründer der Insight Meditation Society in Barre, Massachusetts, wo er einer der dort ansässigen leitenden Lehrer ist. 1989 half er bei der Gründung des Barre Center for Buddhist Studies, das sich der Integration von meditativen Einsichten und gelehrtem Schriftverständnis widmet. 1999 trug er dazu bei, das Forest Refuge zu entwickeln, ein Praxiszentrum für Langzeitmeditierende. (Weitere Informationen erhalten Sie unter onedharma.org.)

Joseph verließ 1965 die Columbia University mit einem Bachelor in Philosophie.

Danach verbrachte er zwei Jahre als Volontär des Peace Corps in Thailand, wo er Englisch unterrichtete und sich für buddhistische Meditation zu interessieren begann. Den größten Teil der darauffolgenden sieben Jahre lebte er in Indien, wo er bei den bekannten Vipassanā-Lehrern Anagārika Munindra, S.N. Goenka und Dipa Ma studierte und praktizierte.

1974 begann er in seinem Heimatland zu unterrichten. Seit jener Zeit leitet er intensive Meditations-Retreats in aller Welt, darunter alljährlich ein dreimonatiges Retreat in der Insight Meditation Society. Seit 1984 war er Schüler von Sayadaw U Paṇḍita von Burma, und seit den frühen 1990er-Jahren meditierte er auch unter der Anleitung von Tulku Urgyen Rinpoche und Nyoshul Khen Rinpoche, zwei bedeutenden Dzogchen-Meistern.

Er ist Autor mehrerer Bücher und hat einen Beitrag verfasst in *Benedict's Dharma: Buddhists Reflect on the Rule of Saint Benedict.*

Kommentare zu Joseph Goldsteins Buch »Achtsamkeit – Eine praktische Anleitung zum Erwachen«

»Ein wesentlicher Beitrag zur Klärung und Vertiefung unseres Verständnisses von Achtsamkeit und ihrer Wurzeln im traditionellen Dharma.« ••• John Kabat-Zinn, Autor von *Zur Besinnung kommen, Gesund durch Meditation* sowie *Stressbewältigung durch die Praxis der Achtsamkeit*

»Joseph Goldstein, einer der weisesten, weitsichtigsten und erfahrensten Lehrer unserer Zeit, hat ein Buch über Achtsamkeit geschrieben, in dem er die Tiefe und die Kraft der klassischen buddhistischen Lehren auslotet. Wenn Sie sich zur Meditation hingezogen fühlen, weil Sie sich nach spiritueller Freiheit sehnen, wird Ihnen dieses Buch ein kostbarer Wegbegleiter sein.« ••• Tara Brach, Autorin von *Nach Hause kommen zu sich selbst, Mit dem Herzen eines Buddha* und *Einführung in die Meditation*

»Joseph Goldstein ist einer unserer brillantesten Lehrer. Dies ist ein Meisterwerk der Weisheit und Erfahrung, welches auf einer Kombination aus sorgfältiger Analyse, meditativer Anleitung und tiefer Liebe beruht.« ••• Jack Kornfield, Autor von *Meditation für Anfänger, Das innere Licht entdecken* sowie *Frag den Buddha und geh den Weg des Herzens*

»Joseph Goldstein hat einen unglaublich klaren, praktischen und zugänglichen Leitfaden für ein achtsames Leben geschrieben. Von der Erkundung ihrer Wurzeln bis zur Erforschung ihrer vielfältigen Ausdrucksformen weist dieses bedeutsame Werk den Weg, die Achtsamkeit zu unserer besten Freundin zu machen. Mir scheint, ich habe lange auf ein Buch wie dieses gewartet. Endlich ist es da!« ••• Sharon Salzberg, Autorin von *Entdecke die Kraft der Meditation* und *Metta-Meditation*

»Mit der Schönheit und Präzision eines Meisterstücks zeigt Goldsteins neues Buch, wie Achtsamkeit zu Ruhe, Wohlbefinden und zur Freude der Selbsterkenntnis führt. Dies ist das vollständigste und verständlichste Buch über Achtsamkeit, das derzeit zu haben ist.« ••• Reginald Ray, Ph.D., Autor von *Die Intelligenz des Körpers* sowie *Mahamudra for the Modern World*

Joseph Goldstein

Achtsamkeit Band 2

Im Mittelpunkt des zweiten Bandes stehen die grundlegenden buddhistischen Lehren der vier edlen Wahrheiten, des edlen achtfachen Pfades und der sieben Faktoren des Erwachens. Goldstein widmet sich dabei vor allem der Frage, wie uns die Jahrhunderte alten Weisheiten des Buddhas in unserer heutigen Praxis und Lebensweise nützlich sein können. Dieser Band vervollständigt dieses umfassende und gleichzeitig gut lesbare Handbuch, welches jedem, der sich dem achtsamen Leben und dem Erwachen zu innerer Freiheit verschrieben hat, als ein lebenslanger Begleiter dienen kann.

Hardcover, 264Seiten
ISBN 978-3-86728-329-8

Tara Brach

Nach Hause kommen zu sich selbst
Im erwachten Herzen Zuflucht
und Geborgenheit finden

Jenseits unserer turbulenten Gedanken und Emotionen ist eine tiefe, von grenzenloser Liebe erfüllte Stille. An diesem Ort des Gewahrseins, der immensen Weisheit und Güte erwartet uns aller Reichtum und alles Glück, wonach wir so lange gesucht haben. Wer sich beharrlich, ängstlich und trotzig gegen Krisen und Verluste wehrt, vergrößert nur sein Leiden; indem wir uns verzweifelt, verärgert, mit Selbstverachtung oder Suchtverhalten in alte Strategien der Alltagsbewältigung stürzen, wenn unser Dasein erschüttert wird, wenn Krankheiten unsere Lieben bedrohen oder traumatische Erlebnisse uns quälen, vertiefen wir den unaufhörlichen Schmerz. Doch durch das Ja zur Fülle des Lebens stellt sich Herzensfrieden ein, und in unserem inneren Heiligtum finden wir die wahre Zuflucht!

Tara Brach kennt das Refugium des Heilseins aus eigener und profunder therapeutischer Erfahrung – und sie hilft unser Sehnen zu stillen, indem sie uns mit spirituellen Lehren, geführten Meditationen und inspirierenden Geschichten den Weg des Erwachens entschlüsselt.

Hardcover, 416 Seiten
ISBN 978-3-86728-240-6

Tara Brach

Einführung in die Meditation

Den größten Teil unserer Lebenszeit verbringen wir in der Identifikation mit einem kleinen, getrennten Selbst, das geschäftig auf dem Weg irgendwohin ist. Tara Brach nennt das »unsere Trance«. Meditation ist die Praxis des Aufwachens aus dieser Trance, des Zurückkommens in den gegenwärtigen Augenblick, in unser natürliches Gewahrsein, in unsere Urheimat der liebevollen Präsenz.

In einer klaren, leicht verständlichen Sprache und mit viel herzlichem Verständnis für die Herausforderungen des Lebens in unserer hoch technisierten, schnelllebigen Zeit lädt Tara Brach ein, bewusst innezuhalten und uns dem jeweiligen Geschehen liebevoll zuzuwenden, unabhängig davon, ob es uns angenehm oder unangenehm ist. Ihr Buch ist ein erfrischendes Plädoyer für die Heimkehr zu uns selbst, in unsere natürliche, offene, wache Präsenz und in die Geborgenheit der Liebe.

Taschenbuch, 112 Seiten
ISBN 978-3-86728-245-1

Bruce Lipton

Intelligente Zellen
Wie Erfahrungen unsere Gene steuern

Erstaunliche wissenschaftliche Erkenntnisse über die biochemischen Funktionen unseres Körpers zeigen, dass unser Denken und Fühlen bis in jede einzelne unserer Zellen hineinwirkt. Der Zellbiologe Bruce Lipton beschreibt genau, wie dies auf molekularer Ebene vor sich geht. In leicht verständlicher Sprache und anhand eingängiger Beispiele führt er vor, wie die Wissenschaft der Epigenetik die Idee auf den Kopf stellt, dass unser physisches Dasein durch unsere DNS bestimmt würde. Vielmehr wird sowohl unser persönliches Leben als auch unser kollektives Dasein durch die Verbindung zwischen Innen und Außen, zwischen Geist und Materie gesteuert.

Bruce Liptons Buch gehört seit einem Jahrzehnt zu den wichtigsten Werken zum Thema »Epigenetik, Geist und Materie«. Es sichert dem Autor seit Jahren einen Platz auf der Watkins Liste der weltweit spirituell einflussreichsten Menschen. Jetzt als aktualisierte Neuauflage mit den neuesten wissenschaftlichen Ergebnissen!

Hardcover, 320 Seiten
ISBN 978-3-86728-307-6

DVD zum Buch
Spieldauer: 240 Minuten
ISBN 978-3-86728-068-6

Joe Dispenza

Werde übernatürlich
Wie gewöhnliche Menschen
das Ungewöhnliche erreichen

Wir können lernen, unsere schöpferischen Fähigkeiten auf einer höheren Ebene zum Ausdruck zu bringen; wir können uns in Frequenzen einschwingen, die unsere materielle Welt transzendieren, sowie unser Bewusstsein und unsere Energie auf mehr Ordnung und Kohärenz ausrichten. Durch regelmäßige Meditationspraxis ist es möglich, die chemischen Prozesse im Gehirn willentlich zu verändern und dadurch profunde mystisch-transzendente Erfahrungen auszulösen. Weiterhin profitieren wir von einem gesünderen Körper, einem Geist, der weniger Beschränkungen unterliegt, und gewinnen den Zugang zu spirituellen Wahrheiten.

Hardcover, 400 Seiten
ISBN 978-3-86728-325-0